本书得到平顶山学院河南省重点学科"广播电视艺术学"和河南省高等学校人文社会科学重点研究基地"伏牛山文化圈研究中心"的资助。

北朝汉语复音词研究

王冰◎著

中国社会科学出版社

图书在版编目(CIP)数据

北朝汉语复音词研究/王冰著. —北京：中国社会科学出版社，2023.8
ISBN 978 - 7 - 5227 - 2243 - 6

Ⅰ.①北… Ⅱ.①王… Ⅲ.①汉语—复音字—研究—北朝时代
Ⅳ.①H131

中国国家版本馆 CIP 数据核字(2023)第 127017 号

出 版 人	赵剑英
责任编辑	张 湉
责任校对	姜志菊
责任印制	李寡寡

出　　版	中国社会科学出版社
社　　址	北京鼓楼西大街甲 158 号
邮　　编	100720
网　　址	http://www.csspw.cn
发 行 部	010 - 84083685
门 市 部	010 - 84029450
经　　销	新华书店及其他书店
印　　刷	北京明恒达印务有限公司
装　　订	廊坊市广阳区广增装订厂
版　　次	2023 年 8 月第 1 版
印　　次	2023 年 8 月第 1 次印刷
开　　本	710 × 1000　1/16
印　　张	22.5
插　　页	2
字　　数	325 千字
定　　价	118.00 元

凡购买中国社会科学出版社图书，如有质量问题请与本社营销中心联系调换
电话：010 - 84083683
版权所有　侵权必究

目　　录

第一章　绪论 ……………………………………………………（1）
　第一节　北朝汉语词汇研究回顾 ………………………………（1）
　第二节　北朝语言研究的可行性及本研究的意义与价值 ……（13）

第二章　北朝汉语语料概况与本书取材范围 ……………………（17）
　第一节　北朝语料概况及其价值分析 …………………………（18）
　第二节　本书的取材范围 ………………………………………（29）

第三章　汉语复音词的判断标准 …………………………………（35）
　第一节　20世纪80年代以前的汉语复音词标准概观 …………（35）
　第二节　20世纪80年代以来汉语复音词标准研究述论 ………（37）
　第三节　本书认定复音词的标准 ………………………………（42）

第四章　北朝同义复音词 …………………………………………（44）
　第一节　同义复音词的系联原则与方法 ………………………（44）
　第二节　北朝同义复音动词 ……………………………………（48）
　第三节　北朝同义复音形容词 …………………………………（165）
　第四节　北朝同义复音名词 ……………………………………（214）
　第五节　北朝同义复音词形成原因探析 ………………………（237）

第五章　北朝反义复音词 …………………………………… (249)
- 第一节　古汉语反义词研究状况与反思 ……………………… (249)
- 第二节　反义词的判定方法 …………………………………… (253)
- 第三节　北朝反义复音动词 …………………………………… (255)
- 第四节　北朝反义复音形容词 ………………………………… (260)
- 第五节　北朝反义复音名词 …………………………………… (271)
- 第六节　北朝反义词概况及相关问题 ………………………… (275)

第六章　北朝复音词研究与词语探源和释义 ……………… (277)
- 第一节　北朝复音词研究与新词新义的抉发 ………………… (278)
- 第二节　《汉语大词典》对部分复音词释义问题之讨论 ……… (290)

结　语 ………………………………………………………… (298)

参考文献 ……………………………………………………… (302)

词语索引 ……………………………………………………… (329)

后　记 ………………………………………………………… (353)

第一章 绪论

第一节 北朝汉语词汇研究回顾

一 关于北朝汉语史研究语料价值的认识

20世纪80年代以来,在魏晋南北朝词汇语法史的研究过程中,学者们对北朝汉语史研究语料的认识逐步深入,一批重要的语料受到研究者的重视,主要体现在以下两个方面。

(一) 对中土文献语料价值的认识

蔡镜浩在《魏晋南北朝口语材料与汉语辞书》(《辞书研究》1988年第2期)一文中指出:"魏晋南北朝时期书面语与口语的差距越来越大,而且出现了一批十分接近当时口语的作品。因而,这一时期应该是我国古白话的萌芽时期,值得我们重视。"他具体分析了此期的语料,其中中土语料有《齐民要术》等农业科技类语料以及北朝史书《魏书》。他在对各种语料的特点作出具体分析后指出:"科技类著作重在说明问题,指导实践,故以明白易懂为宗旨,不求文采的华丽,与口语接近……其中不少当时的俗词语,值得注意。"关于本时期的史书,他认为:"这类正史基本上是用文言写成的,但其中记录的历史人物的谈话、信件等则保留了相当多的口语成分。"文章还指出了发掘魏晋南北朝口语资料,加强这一时期俗语词研究对提高辞书质量的重要性。后来,在他与董志翘合著的《中古虚词语法例释》(吉林教育出版社1994年版)一书的前言中也对魏晋南北朝时期的语料进行了全面分析。方一新在《魏晋南北朝史书词语笺释》（黄山书社1997年版）的前言中着重分析了魏晋南北朝时期的史书语料特点，强调指出此期史书语言研究在中古汉语研究中的重要意义，提出了区别对待史书中原始材料与同时材料的意见。周一良对魏晋南北朝时期的史书语言也有深入透辟的论断，对包括《魏书》在内的魏晋南北朝时期史书的语言特色作了很好的分析，指出此期的史书语言有模拟古人和以雅代俗两个方面的倾向。他认为："在书面语言的文体中，记述对话时如果用当时的俗语或方言，可以更为生动……可惜的是，魏晋南北朝史家在可以用生动活泼的口语使文章生色时，却代之以古雅而僵死的词句，使历史叙述丧失了时代感。"① 黄征《〈魏书〉俗语词辑释》（《语文研究》2003年第2期）一文认为《魏书》使用了许多北魏至北齐的俗语词，肯定了《魏书》的语言价值。董志翘《试论〈洛阳伽蓝记〉在中古汉语词汇史研究上的地位》（《古汉语研究》1998年第1期）对《洛阳伽蓝记》的语料价值进行了十分深入的考察，从口语色彩、新词新义以及构词法发展等方面详细地分析了该书的语言特色，充分肯定了其在中古汉语史研究中的价值和地位。他在《中土佛教文献词语零札》（《南京师大学报》2004年第5期）一文中还认真分析了魏晋南北朝时期的中土佛教文献的语料特点与价值，指出此期的一些中土佛教文献，"一方面受到佛典用语较为口语化的熏染，虽然从文体上尚未摆脱当时的骈俪之风，但用词上已较为通俗。另一方面作者大多是中土文人（僧人），因此有较高的汉语素养，其作品大多是规范的语言材料，并且这些撰作对中土其他文献语言的直接影响也远比汉译佛典为大，其语料价值不可低估"。文章对《洛阳伽蓝记》等中土佛教文献的语料价值作了详细分析，指出这些文献涉及范围广，体裁多样，用词极其丰富。柳士镇《从语言角度看〈齐民要术〉卷前杂说非贾氏所作》（《中国语文》1989年第2期）一文在对《齐民要

---

① 周一良：《魏晋南北朝史学著作的几个问题》，载《魏晋南北朝史论集续编》，北京大学出版社1991年版，第95页。

术》的语言成分进行了详细的分析、辨伪后,明确指出,杂说可能是唐人所作,并经唐以后人改动。汪维辉在《试论〈齐民要术〉的语料价值》(《古汉语研究》2004年第4期)一文中认为《齐民要术》在传世的北魏三书中"最贴近口语,而且带有明显的北方方言色彩,是研究南北朝汉语不可多得的宝贵资料"。王云路《中古汉语词汇研究综述》(《古汉语研究》2003年第2期)在对汉魏六朝诗歌、医书、史书、汉魏注释等语料的论述中也对有关北朝的相关语料进行了分析。牛太清《〈汉语大词典〉书证迟后例补》(《中国语文》2004年第2期)一文通过研究指出了《洛阳伽蓝记》对提前《汉语大词典》书证的重要作用。

一些研究北朝专书词汇的博士论文,也分别对相关专书的语料价值进行了深入的分析。化振红《〈洛阳伽蓝记〉词汇研究》(博士学位论文,四川大学,2001年)通过对《洛阳伽蓝记》专书的词汇研究,对其语料价值作了分析讨论。王东《〈水经注〉词汇研究》(博士学位论文,四川大学,2003年)对《水经注》的语言性质及研究意义进行了考察,他认为《水经注》"书中保留有丰富的中古汉语词语""现代汉语中的有些词义在《水经注》中可以看到其萌芽""《水经注》的词汇研究除对汉语史的研究有重要的价值外,还有助于大型语文性辞书如《汉语大词典》的修订与编纂"。李丽《〈魏书〉词汇研究》(博士学位论文,南京师范大学,2006年)和呼叙利《〈魏书〉复音同义词研究》(博士学位论文,浙江大学,2006年)都对《魏书》的语料价值作了分析。

(二)对汉译佛经语料价值的认识

自20世纪80年代汉译佛经的语言价值引起学术界的注意之后,"经过众多学者二十多年的研究,汉译佛典的语言独立性质和语料价值越来越清晰地呈现在人们的面前"。[1]北朝译经的语料价值也引起了

---

[1] 周俊勋:《中古汉语分期及相关问题》,载《汉语史研究集刊》(第十辑),巴蜀书社2007年版,第338页。

学者们的充分重视。俞理明《汉魏六朝佛经在汉语史研究中的价值》(《四川大学学报》1987年第4期)一文对包括北朝佛经《杂宝藏经》等在内的语料进行了分析。梁晓虹《汉魏六朝译经对汉语词汇双音化的影响》一文(《南京师大学报》1991年第2期)通过对比指出了《贤愚经》对复音词研究的意义。文章认为,虽然《贤愚经》总字数只有《论衡》的三分之二,而双音词却有4200个(不包括专名),《论衡》包括专名才2300个。唐钰明《利用佛经材料考察汉语词汇语法史札记》(《中山大学学报》1993年第4期),从词汇语法两个方面分析了北朝《贤愚经》《杂宝藏经》等相关佛经的语料价值。颜洽茂《利用六朝佛典编写汉语语文辞书》(《辞书研究》1998年第5期)一文分析了六朝译经的语言特点和价值;在其专著《佛经语言阐释——中古佛经语言研究》一书中详细地分析了中古译经的规模、语言特色及价值,指出:"从语言角度说,译经文体对中古汉语词汇的发展演变具有极为重要的影响:'华梵交错'决定了大量吸收外语词,'文白结合'决定了口语和方俗语词的大量使用,而译经字数的限止,会引起词语的增扩、节缩。"[①]

总之,北朝汉语的主要语料已经引起学者们的高度重视,从中土文献到汉译佛经,认识范围逐渐扩大,标志着北朝汉语研究的深入。

二 北朝汉语词汇研究概况

20世纪80年代以后,经过一些学者的大力提倡和身体力行,魏晋南北朝时期的汉语研究取得了可喜的进展,北朝汉语词汇的研究成果也不断问世。鉴于在研究过程中学者们往往是将魏晋南北朝作一个整体时段来研究,无论是词语考释性文章,还是词汇现象的理论分析都存在这种倾向,因而给单独总结北朝的词汇研究状况带来了困难,我们主要根据现有研究成果,从中提取一些重要的成果来考察和了解北朝汉语词汇的研究状况。

[①] 颜洽茂:《佛教语言阐释——中古佛经词汇研究》,杭州大学出版社1997年版,第44页。

（一）泛时语料词语的考释

北朝词语考释是学者们用力较勤、成果较多的一个方面。学界对中土文献和汉译佛经语料中的一些疑难词语、俗语词进行了考释，解决了人们阅读中的困难，对汉语史的研究和汉语语文工具书的编写与修订都有重要的参考价值。

中土文献的词语考释涉及史书、地理书、小说以及诗歌各方面的语料。这方面的代表专著有三种：一是蔡镜浩的《魏晋南北朝词语例释》，该书取材广泛，"可以说，魏晋六朝时期各方面的文献都已涉及"。[①] 对魏晋南北朝时期的一大批词语进行了较详细的考释，其中较广泛地涉及了北朝的一些重要文献。二是王云路、方一新的《中古汉语词语例释》，该书考释了大量的北朝汉语的词语，中土文献有《水经注》《洛阳伽蓝记》《颜氏家训》《齐民要术》《庾子山集注》，汉译佛经有佛陀扇多译《如来狮子吼经》、瞿昙般若流支译《得无垢女经》《毗耶娑问经》《奋迅王问经》、月婆首那译《僧伽吒经》等。三是徐仁甫的《广释词》，该书对北朝的《齐民要术》《颜氏家训》《水经注》《魏书》《洛阳伽蓝记》《十六国春秋》等文献，北朝文人魏澹、萧综、温子升等的诗文以及北周释亡名等人的诗作都有涉及。由于该书对六朝时俗语词作了许多考释，郭在贻曾评价其"虽属于《经传释词》之作，但书中也接触到俗语词问题，对汉魏六朝时期的俗语词，搜罗尤多"。[②] 在词语考释论文方面，较为突出的是蔡镜浩的《魏晋南北朝词语考释》（《中国语文》1985年第6期）、《魏晋南北朝词语解诂》（《苏州大学学报》1986年第4期）、《魏晋南北朝词语拾零》（《扬州师院学报》1988年第3期）等，这些文章分别对《齐民要术》《魏书》《水经注》《木兰诗》《十六国春秋》等中土文献及佛经《贤愚经》等文献的相关词语进行了考释。此外还有一大批考释北朝词语的论文，如郭在贻的《六朝俗语词杂释》（《中国语文》1981年第1

[①] 张联荣：《读〈魏晋南北朝词语例释〉》，《古汉语研究》1992年第3期。
[②] 郭在贻：《俗语词研究概述》，《语文导报》1985年第9、10期。

期,又收入《郭在贻文集》第一卷,中华书局2002年版,第65—74页),吴金华《略谈汉魏六朝的词语》(《语文学习》1983年第5期),顾久《六朝词语杂释》(《贵州师范大学学报》1989年第4期),董志翘《魏晋南北朝词语溯源》(《中国语文天地》1989年第6期),张联荣《魏晋六朝词语释义》(《古汉语研究》1990年第1期),汪维辉《汉魏六朝词杂释》(《语言研究》1990年第2期),黄征《魏晋南北朝俗语词考释》(《杭州大学学报》1990年第3期),王继如《魏晋南北朝疑难词语辨析三则》(《中国语文》1990年第5期),方一新《汉魏六朝俗语词杂释》(《中国语文》1992年第1期),黄征《魏晋南北朝词语零札:指授、指取》(《中国语文》1993年第3期),《魏晋南北朝俗语词辑释》(《杭州大学学报》1994年第3期),朱诚《魏晋南北朝词语杂释》(《古籍整理研究学刊》1994年第4期),王小莘《魏晋南北朝词汇研究与词书的编纂》(《中国语文》1997年第4期),《魏晋南北朝词语札记》(《学术研究》1998年第7期)等。这些论文都对有关北朝文献的词语进行了考释,有的还结合辞书的编写强调了此期词汇研究的重要意义。

在考释词语的同时,一些学者还对考释词语、推求词义的方法进行了理论上的总结和归纳,主要有郭在贻《俗语词研究概述》(《语文导报》1985年第9、10期)、蔡镜浩《魏晋南北朝词语考释方法论——〈魏晋南北朝词语汇释〉编撰琐议》(《辞书研究》1989年第6期)、方一新《中古汉语词义求证法论略》(《浙江大学学报》2002年第5期)、李维琦《考释佛经中疑难词语例说》(《湖南师范大学社会科学学报》2003年第4期)等。在上述文章中,郭在贻归纳出了审辨字形、比类综合、据对文以求同义或反义词、据异文以求同义或近义词、即音求义、探求语源与方言佐证等七种方法;蔡镜浩提出了比类归纳、利用互文与对文、利用异文、利用同义并列词组与复合词、钩沉旧注、方言佐证、因声求义、寻绎词义演变轨迹、考察历史文化背景等九种方法;方一新提出了考释中古汉语词应分为辨字、明词、释义三个步骤,其中释义要充分运用查考、汇证、推阐、审例、比较、探源、求验等七个步骤;李维琦总结出对佛经词语的考释方法,如利用古注、翻检词书、与中土文献对勘、从佛经本身求解、从众多的使用同一词语的语句中归纳、以经证经、揣摩文例、比照非汉文佛典等。上述考释方法的理论总结,归纳出了行之有效的考释方法,对研究汉语词汇史具有重要的指导作用,对北朝汉语词汇的研究也有重要的参考价值。

(二)专门语料与专书的词语考释

专门语料词语的考释,涉及北朝史籍、小说、诗歌及佛经等多种语料。史书词语考释方面的专著有周一良的《魏晋南北朝史札记》(中华书局1985年版)和方一新的《魏晋南北朝史书词语笺释》。这两部专著对魏晋南北朝时期的史书词语作了较为充分的考释,前者还对《水经注》《颜氏家训》《洛阳伽蓝记》《齐民要术》等书的词语进行了考释。后者对北朝佛经《贤愚经》《杂宝藏经》等多有涉及。此外,刘百顺的《魏晋南北朝史书词语考释》(陕西师范大学出版社1993年版)一书,也对魏晋南北朝史书词语进行了具体考释。论文方面则有段观宋《魏晋南北朝史书词语考释》(《湘潭大学学报》1989年第1期)、骆晓平《史书词语札记》(《古汉语研究》1989年第1期)、郭在贻《魏晋南北朝史书词语札记》(《古汉语研究》1990年第3期)、王启涛《〈魏书〉词语小札》(《汉语史研究集刊》第二辑,巴蜀书社1999年版)、黄征《〈魏书〉俗语词辑释》(《语文研究》2003年第2期)等,都对北朝史书《魏书》的相关词语进行了考释。

小说词语考释以江蓝生《魏晋南北朝小说词语汇释》(语文出版社1988年版)为代表,该书在全面考释魏晋南北朝小说词语过程中,不但考释了北朝颜之推的小说《还冤志》中的词语,同时还对《水经注》《颜氏家训》《贤愚经》等文献中的词语也进行了考释。周俊勋《魏晋南北朝志怪小说词汇研究》(巴蜀书社2006年版)、张凡的博士学位论文《魏晋南北朝志怪小说同义词研究》(博士学位论文,浙江大学,2006年)等也对颜之推的小说《冤魂志》(即《还冤志》)的相关词语进行了研究和分析。郭在贻《读江蓝生〈魏晋南北朝小说词语汇释〉》(《中国语文》1989年第3期)、高福生《读〈魏晋南北朝小说词语汇释〉札记》(《江西师范大学学报》1991年第3期)也对此期小说中的相关词语进行了考释,并对小说词汇研究提出了很好的意见。

对本期诗歌词语进行研究的专著有王云路《汉魏六朝诗歌语言论稿》(陕西人民教育出版社1997年版)与《六朝诗歌语词研究》(黑龙江教育出版社1999年版),论文有杜延君《〈木兰诗〉"唧唧"释义》(《社会科学战线》1991年第4期)、席天文《〈木兰诗〉注解订疑》(《文史知识》1991年第11期)、王云路《汉魏六朝诗歌语言研究与辞书编纂》(《辞书研究》1992年第3期)。

专书词语考释除了前面提到的博士论文专门对《水经注》《洛阳伽蓝记》《魏书》等的词语进行考释外,还有何亚南《〈水经注〉词语简释》(《古文献研究文集》1987年第二辑)、涂三品《〈水经注·三峡〉中的"奔"和"以"》(《文史知识》1991年第9期)、方向东《〈水经注〉词语举隅》(《语文研究》2002年第4期)、周一良《〈洛阳伽蓝记〉的几条补注》(《文献》1980年第3期)等。一些古籍整理专著如范祥雍《洛阳伽蓝记校注》(上海古籍出版社1978年版)、王利器《颜氏家训集解》(中华书局1993年版)以及何勇《洛阳伽蓝记校笺》(中华书局2006年版)等也对这些专书中的有关词语进行了分析考释。

佛经语言的研究以周一良、蒋礼鸿等为先导。周一良在他的一些论著中较早地开展了六朝佛经词汇、语法的研究。王云路指出:"周一良也曾对六朝佛典中的词汇、语法作过研究,开了佛典研究风气之先。"[1] 蒋礼鸿则集中考释了中古、近代佛典材料中的一些词语,董志翘认为:"在中古、近代汉语词语训释过程中,以汉译佛典用例作佐证,当以蒋礼鸿先生为先导。"[2] 他在《敦煌变文字义通释》一书中大量引用了北朝佛经《贤愚经》《杂宝藏经》等来作旁证对相关词语进行考释,对北朝汉语词汇的研究有很大的参考价值。

---

[1] 王云路:《中古汉语词汇研究综述》,《古汉语研究》2003年第2期。
[2] 董志翘:《汉文佛教文献语言研究与训诂学》,载《汉语史研究集刊》(第八辑),巴蜀书社2005年版,第3页。

李维琦对佛经词语考释用力最多,先后出版《佛经释词》《佛经续释词》《佛经词语汇释》等三部佛经词语考释专著,其中《佛经词语汇释》是在前二书的基础上重新修订、统一体例而成。作为考释佛经词语最丰富的学术专著,该书对北朝的佛经如《贤愚经》《杂宝藏经》以及菩提流支译《金刚仙论》《大萨遮尼乾子所说经》《伽耶山经》,瞿昙般若流支译《正法念处经》《毗耶娑问经》《得无垢女经》《奋迅王问经》等许多北朝佛经的词语进行了详细的考释,从而成为考释北朝佛经词语最为丰硕的成果,具有极高的参考价值。

专门考释北朝佛经词语的论文有陈文杰的《〈贤愚经〉词语考》(《钦州师范高等专科学校学报》2000 年第 1 期),对《贤愚经》中的"会众""前后"等词作了考释。郑贤章、漆灏《〈贤愚经〉词语札记》(《古汉语研究》2005 年第 1 期)考释了"手许""纳""虽"等词。此外涉及北朝佛经《贤愚经》《杂宝藏经》《正法念处经》《大萨遮尼乾子所说经》等词语的论文有:张锡德《〈百喻经〉词语札记》(《语文园地》1985 年第 9 期)、张联荣《汉魏六朝佛经释词》(《北京大学学报》1988 年第 5 期)、吴金华《〈三国志〉词语简释》(《语言研究集刊》第三辑,江苏教育出版社 1989 年版)、蔡镜浩《魏晋南北朝佛经中的几个俗语词》(《中国语文》1989 年第 1 期)及《魏晋南北朝词语与辞书编纂》(《语言研究集刊》第三辑,江苏教育出版社 1989 年版)、方一新《汉魏六朝翻译佛经释词》(《语言研究》1992 年第 2 期)、李维琦《隋以前佛经释词》(《古汉语研究》1992 年第 2 期)、汪维辉《先唐佛经词语札记六则》(《中国语文》1997 年第 2 期)、李维琦《"经行"、"应时"与"前却"》(《古汉语研究》1997 年第 3 期)、杨黛《佛经词语随札》(《古汉语研究》1998 年第 2 期)、钱群英《魏晋南北朝佛经词语考释》(《杭州师范学院学报》1999 年第 5 期)、陈文杰《早期佛典词语杂俎》(《宗教学研究》1999 年第 2 期)、高育花《中古副词"故"探源》(《唐都学刊》2002 年第 1 期)、曾昭聪与朱惠仙《中古佛经词语与辞书书证溯源》(《台州学院学报》2003 年第 2 期)、曾昭聪《从中古佛经词语看辞书的书证溯源问题》

(《中南大学学报》2003年第1期)、曾良与李军《佛经字词考释》(《语言科学》2004年第3期)、曾昭聪《中古佛典词义抉要》(《咸阳师院学报》2005年第1期)等。

(三)北朝词汇的宏观研究

关于这方面的研究成果,笔者从两个方面加以总结,一是专门语料与专书的词汇宏观研究,二是词汇现象的理论探讨,二者的关系有时也很难截然分清,为了叙述的方便,暂且这样处理。

专门语料与专书的词汇宏观研究方面。在研究中较为深入地分析此期佛经语料词汇现象的是颜洽茂《佛教语言阐释——中古佛经词汇研究》(杭州大学出版社1997年版)一书,该书在分析佛经文体、词汇构成之后,重点对《百喻经》《贤愚经》《杂宝藏经》三部译经的复音词从结构和意义两个方面进行了比较全面的分析。

专书词汇现象的研究主要集中在《颜氏家训》《齐民要术》《水经注》《洛阳伽蓝记》《魏书》等语料。周日健与王小莘主编的《〈颜氏家训〉词汇语法研究》(广东人民出版社1998年版)以及王小莘《〈颜氏家训〉词汇中反映魏晋南北朝时代特点的语词的研究》(《华南师范大学学报》1993年第4期),《〈颜氏家训〉实词及时代特色的研究》(《中国语言学报》第七辑,商务印书馆1995年版),《〈颜氏家训〉中反映魏晋南北朝时代色彩的新词》(《语文研究》1998年第2期),魏达纯《〈颜氏家训〉中的"断代"性词义现象研究》(《华南师范大学学报》1993年第4期),王小莘、魏达纯《〈颜氏家训〉中联合式双音词的词义构成论析》(《广西大学学报》1994年第6期),魏达纯《〈颜氏家训〉中反义语素并列双音词研究》(《东北师大学报》1998年第1期),周日健《〈颜氏家训〉复音词的构成方式》(《华南师范大学学报》1998年第2期),王忻《从〈颜氏家训〉管窥魏晋时期汉语词汇复音化的发展》(《古汉语研究》1998年第3期)等一系列论文对《颜氏家训》词汇的许多问题作了全面深入的探讨。

汪维辉《东汉—隋常用词演变研究》(南京大学出版社2000年版)一书,在探讨东汉至隋的常用词演变规律时,也对一些常用词在北朝文献中的演变规律作了具体的分析。在其专书研究成果《〈齐民要术〉词汇语法研究》(上海教育出版社2007年版)中全面探讨了该书中的常用词、疑难词和新词新义,并与《周氏冥通记》比较,考察了六世纪南北方词语的差异。

一些博士论文如前已述及的王东《〈水经注〉词汇研究》、化振红《〈洛阳伽蓝记〉词汇研究》、李丽《〈魏书〉词汇研究》、呼叙利《〈魏书〉同义复音词研究》、张凡《魏晋南北朝志怪小说同义词研究》等,在研究此期专书或专门语料词汇过程中,对这一时期词汇的复音化、借词特色、同义词构成状况与特点等宏观现象都作了理论上的探讨,标志着北朝词汇研究的进一步深入。

词汇现象的理论探讨方面。在对北朝语料进行微观词语考释的同时,北朝一些重要的词汇现象也渐渐引起研究者的注意。这方面的主要成果有梁晓虹《汉魏六朝佛经意译词初探》(《语言研究》1987年第1期)、蔡镜浩《论汉魏六朝词语的节略现象》(《语言研究》1988年第2期)、朱庆之《佛经翻译与中古汉语词汇二题》(《中国语文》1990年第2期)、骆晓平《魏晋六朝汉语词汇双音化三题》(《古汉语研究》1990年第4期)、梁晓虹《佛经用词特色杂议》(《浙江师范大学学报》1991年第4期)、王海棻《六朝以后汉语叠架现象举例》(《中国语文》1991年第5期)、王云路《中古诗歌附加式双音词举例》(《中国语文》1999年第5期)、颜洽茂《中古佛经借词略说》(《浙江大学学报》2002年第3期)、朱庆之《论佛教对古代汉语词汇发展演变的影响》[①]等。这些论文对此期的词汇中的借词、双音化、词语并用及构词法等一些重要现象都作了深入分析和理论探讨。

三 对北朝汉语词汇研究的反思

蒋绍愚在回顾汉语词汇史研究现状时曾指出:"至于东汉以下,

[①] 朱庆之:《论佛教对古代汉语词汇发展演变的影响》,载《21世纪的中国语言学》(二),商务印书馆2006年版,第231—270页。

就以往的研究来说，几乎可以说是空白。近年来有不少学者致力于六朝到明清的词语研究，取得了很大的成绩，但总的来说，还处于初始阶段。"① 在一些学者的大力倡导下，中古汉语研究取得了很大的进展，但是就现有研究成果来看，还存在很多问题。王云路对此有很好的分析，她认为："早期研究中古汉语词汇者，大都集中在具体语词，尤其特殊语词、疑难语词的考释上，很少有人探讨语词产生、发展、演变的规律，很少考虑词语与词语之间的内在联系，也很少考虑词义系统等理论问题。后来在一些学者的倡导和身体力行的带动下，中古汉语研究者开始注意语言的系统性，从研究内容到方法都有了很大提高。"② 这个概括符合包括北朝在内的整个中古汉语词汇的研究实际。王锳指出："如所周知，汉语传世文献存在文言和白话两大系统，中古和近代正是白话系统由萌芽而渐至成熟的时期。在这一时期内，汉语词汇面貌发生了很大变化。但由于历史的原因，前人对此重视不够，给汉语词汇史的研究留下了大段空白。半个世纪以来，尤其是八十年代以来，在老一辈学者的倡导下，近代汉语阶段词汇研究已取得长足进展，研究成果较多，研究队伍不断壮大。中古阶段通过一些学者的努力，虽也取得不少成果，但相形之下却仍显得较为滞后。这一问题如不及时解决，则近代汉语词汇研究乃至整个汉语词汇史的系统性和科学性都将受到严重影响。"③ 王先生这里所说的中古是指魏晋南北朝时期。

  通过上文的综述，我们可以看出，在北朝汉语词汇的研究中，一些较为熟悉的专书和专门语料词语的考释与词汇现象研究占主流，而对北朝词汇中的同义词、反义词、复音词以及新词新义的宏观研究还很少，语料的开掘和利用也不够广泛，对此期的大量佛经以及道教材料的利用也不够充分，这都不利于全面考察北朝的词汇概貌，了解当时南北方语言的异同，明确北朝汉语的历史地位以及进一考察北朝语

---

① 蒋绍愚：《古汉语词汇纲要》（前言），北京大学出版社1989年版，第1页。
② 王云路：《中古汉语词汇研究综述》，《古汉语研究》2003年第2期。
③ 王锳：《近代汉语词汇研究与中古汉语》，《贵州大学学报》（社会科学版）2003年第4期。

言对隋唐语言的影响。

第二节　北朝语言研究的可行性及本研究的意义与价值

一　北朝语言研究的可行性

南北朝时期，南北分裂，虽有所交流，但分治是主流，其社会风尚、文化传统等各方面都有明显的不同，颜之推的《颜氏家训》对此都有很好的论述，近现代学者们也都从历史、文化、政治、经济与法律等方面对当时南北不同的情形进行了比较深入的研究，揭示出了当时南北方的诸多不同特点。就语言的差异来说，南方"失在浮浅，其辞多鄙俗"，北方"得其质直，其辞多古语"[①]。当时南北语言的不同在史书中也有所反映和记载。周一良在《魏晋南北朝史札记》中根据《梁书》和《宋书》中的记载，指出当时北方人语音鄙拙，为南人所鄙夷。他认为："此时南渡已久，侨姓士族益已形成独特语音，不复以'洛生咏'为贵，反目北来人语音为鄙。士族与寒人不仅社会政治地位迥别，甚至'服章言论'皆有区别。此种情况说明，南朝社会自四世纪初东晋南渡至五世纪中刘宋时，百余年间大有变化矣。"[②]

为了深化汉语史的研究，进一步了解此时南北方语言的不同特点，我们认为有必要对南北语言分别加以研究。关于对汉语史进行深入细致的研究，一些学者已提出很好的意见。鲁国尧指出："现在对汉语史的研究确实较以前深入多了，各个时期皆有学人在奋力攻关，但是有些论著，冠以'近代'或'魏晋南北朝'，所引材料上下数百年，地域遍全国，而书中却没有或较少言及时空的差异，则有压时线成时点，聚平面为一点之嫌，仍然有欠于精深。"[③] 赵振铎《论中古汉语》

[①] 王利器：《颜氏家训集解》（增补本），中华书局1993年版，第529页。
[②] 周一良：《魏晋南北朝史札记》，中华书局1985年版，第207页。
[③] 鲁国尧：《"布文"辨识本末及其他》，载《鲁国尧语言学论文集》，江苏教育出版社2003年版，第540页。

(《乐山师范学院学报》2001年第3期)一文中说:"中古时期上下几百年,东西南北中,语法不是铁板一块,其间有时间的变化,有方言的分歧,这些都值得去深入研讨,比如南北方方言语法有没有区别,区别又在什么地方,进入中古时期,到什么时候语法方面出现了变化,我们都还心中没数。"目前这方面的研究还不深入,无论是语法方面还是词汇方面。音韵学界对此已作出了努力,一些学者鲜明地提出了对南北朝语音史分别加以研究的见解,如刘广和《南朝梁语声母系统初探——〈孔雀王咒经〉僧伽婆罗译咒研究之一》一文指出:"研究魏晋南北朝语音史假如做尽可能细的切分,按历史的朝代分开,再按南、北方分开,分成若干小单元,研究各单元的语音状况,最后集单元为整体,这么求出来的魏晋南北朝语音史可能描写得更细密,也许更可靠。"① 施向东《北朝译经反映的北方共同汉语音系》一文认为:"《大藏经》中北朝经师所译佛典有四十余部,译经师有十六七人。译经地点多在邺城、洛阳,少数在长安,个别在高昌,但是反映出来的语音系统并没有太大的差别。可见当时实际存在一种北方汉语共同语。"②

鲁国尧在《客、赣、通泰方言源于南北通语说》《"布文"辨识及其他》等文(同载《鲁国尧语言学论文集》,江苏教育出版社2003年版)中多次指出南北朝时期已形成南北两个通语,并进一步指出:"至于南方'其辞多鄙俗',北方'其辞多古语',似乎还没有人就此作出充分的阐述,可能因为中古汉语的词汇研究尚未深入到地域差异的层面的缘故,其实这是高难课题之一。"③ 在词汇史研究中,目前虽然有一些学者也已开始尝试探讨南北朝词汇的不同特点,如汪维辉在《〈齐民要术〉词汇语法研究》中通过《齐民要术》与《周氏冥通记》

---

① 刘广和:《南朝梁语声母系统初探——〈孔雀王咒经〉僧伽婆罗译咒研究之一》,载《音韵论丛》,齐鲁书社2004年版,第213页。

② 施向东:《北朝译经反映的北方共同汉语音系》,载《音韵论丛》,齐鲁书社2004年版,第231页。

③ 鲁国尧:《论"历史文献考证法"与"历史比较法"的结合——兼议汉语研究中的"犬马鬼魅法则"》,《古汉语研究》2003年第1期。

的对比，考察六世纪南北词汇的差异；李丽的《从〈魏书〉、〈宋书〉授官语义场的比较看南北朝时期汉语的南北差异》（《燕山大学学报》2007年第2期）也意在考察南北词语的不同特点，但是由于这种研究本身的难度，这些工作仍然需要更多的学者投入大量的精力，分别研究南北朝的语言特点。

人文社会科学其他学科的研究，如历史、地理、法律等对当时南北不同特点分别加以研究的实践，不但启发我们努力探讨南北语言不同的面貌，同时也为我们的研究提供了认识的视角。作为语言研究者我们有责任去努力寻求当时南北方不同的语言运用状况和特点，进而推进汉语史研究的深入开展。

二　本研究的意义与价值

陈寅恪在分析隋唐制度渊源时指出："隋唐之制度虽极广博纷复，然究析其因素，不出三源：一曰（北）魏、（北）齐，二曰梁、陈，三曰（西）魏、周。"[①] 北朝在文化、制度方面对以后的隋唐产生了重要的影响。语言是社会生活的直接现实。在北朝时期，由于译经事业的发达，翻译水平的提高，民族之间文化交流的加深，使得作为文化载体的语言不断出现新的质素，许多语言要素已成为隋唐语言的源头。因此研究北朝词汇可以从词汇的角度来探索和考察当时的语言状况，为从宏观上研究南北朝语言的异同及近代汉语词汇探源提供材料。同时，北朝词汇研究不但有利于新词新义的抉发和大型语文工具书的编纂与修订，还可为古籍整理提供重要的参考，因而具有重要的理论意义和应用价值。

三　本书的研究重点

北朝时期正处于复音词大量形成、新词新义不断产生的中古时期，北朝复音词值得研究的问题很多，本书主要从复音词间的意义关系入

---

① 陈寅恪：《隋唐制度渊源略论稿》，上海古籍出版社1982年版，第1页。

手,来探讨北朝复音词的意义问题。李维琦曾将古代汉语词汇研究重点括为以下三点:"一是理论探讨,二是新词新义的确认,三是一组组的常用同义词、类义词使用时限研究。"① 蒋绍愚在《近代汉语研究概况》一书中谈到近代汉语词汇研究时指出,词汇研究包括五个方面:词语的考释,构词法的研究,常用词演变的研究,各阶段词汇系统的研究以及近代汉语词汇发展史的研究。在谈到各阶段词汇系统的描写时,他指出:"什么是词汇系统,这个问题现在还认识得不够清楚;要描写近代汉语各阶段的词汇系统,也绝非容易做到的事情。在我们还无法描写一个时期的词汇系统的时候,只能从局部做起,即除了对单个的词语进行考释之外,还要把某一阶段的某些相关的词语(包括不常用的和常用的)放在一起,做综合的或比较的研究。"②

受这些意见的启发,我们将北朝复音词特别是双音词中的同义词、反义词作为本书的研究重点,以北朝佛经主要是《正法念处经》(70卷,元魏瞿昙般若流支译)为主,系联出一批北朝常用的同义、反义复音词,在此基础上对《汉语大词典》在复音词的收录和释义特别是对北朝复音词的处理上存在的问题进行初步的考察,以揭示北朝复音词研究的理论意义和实践价值。

---

① 李维琦:《佛经词语汇释》,湖南师范大学出版社2004年版,第1页。
② 蒋绍愚:《近代汉语研究概况》,北京大学出版社1994年版,第287页。

第二章　北朝汉语语料概况与本书取材范围

淝水之战后,鲜卑拓跋珪在公元386年建立北魏,其后经过东征西伐,励精图治,于公元439年统一北方,雄踞中原,与南朝对峙,北朝开始。

北朝承五胡十六国之后,与十六国有着千丝万缕的联系,北魏建国后继续努力吸收华夏文明,重视文化建设与典籍编纂工作,但是由于战乱的影响,北朝文献遗存很少。《隋书·经籍志》对北朝的文献状况有详细的记述:"其中原战争相寻,干戈是务,文教之盛,苻、姚而已。宋武入关,收其图籍,府藏所有,才有四千卷。赤轴青纸,文字古拙。后魏始都燕、代,南略中原,粗收经史,未能全具。孝文徙都洛邑,借书于齐,秘府之中,稍以充实。暨于尔朱之乱,散落人间。后齐迁邺,颇更搜聚,迄于天统、武平,校写不辍。后周始基关右,外逼强邻,戎马生郊,日不暇给。保定之始,书止八千,后稍加增,方盈万卷。周武平齐,先封书府,所加旧本,才充五千。"[1] 于此可以看出当时的文献状况。时代迁移,流传至今的北朝文献既为数不多又残缺不全。据黄云鹤考察,北魏文献现存仅34部。[2] 柴德赓曾说:"今所流传的北魏书籍,几无一部完整,大部史料赖《魏书》保存。"[3] 其中

---

[1] (唐)魏徵:《隋书》,中华书局1973年标点本,第907页。
[2] 黄云鹤:《北魏时期对经籍整理与著述概说》,《古籍整理研究学刊》1990年第1期。
[3] 柴德赓:《史籍举要》,北京出版社2002年版,第105页。

可作为语言研究的理想语料则更少。董志翘、蔡镜浩在《中古虚词语法例释·前言》（吉林教育出版社1994年版）中指出，魏晋南北朝的口语材料主要有翻译佛经、笔记小说、医农科技著作、民歌、史书等五大类，并对北朝的《贤愚经》《齐民要术》《水经注》《魏书》等文献的语料价值作了分析。董志翘也曾对此期的语料有过总体的评价与分析，他指出此期的价值较高的语料有《魏书》《颜氏家训》《水经注》《齐民要术》以及一些乐府民歌和佛经。①

关于历代文献语料价值的认定与使用，徐正考、王冰曾提出要处理好书面语与口语、散文与韵文、中土文献与域外文献、传世文献与出土文献、个人风格、材料正误以及方言与通语等七个方面的问题②。下面笔者打算在前人与时贤研究的基础上，充分吸收语言、文学、历史以及哲学等方面的研究成果，对北朝的汉语史语料作一比较全面的调查、分析，以期了解北朝的各种语料性质，从而确定本书的取材范围。

第一节 北朝语料概况及其价值分析

一 北朝语料状况简述

（一）地理、科技、政治哲学、小说类语料

这些语料包括《洛阳伽蓝记》《水经注》《齐民要术》《颜氏家训》《还冤志》等。③其中《洛阳伽蓝记》《水经注》《齐民要术》号称"北魏三书"，一些学者对其语料价值进行了深入的分析论证。关于《洛阳伽蓝记》的语料价值，董志翘作了深入的分析，他指出："虽然总体上仍属文言，但已运用了不少具有那个时代特色的口语（特别是记言和记事部分）"，"出现了大量中古时期的新词、新义"，

---

① 董志翘：《漫议21世纪中古、近代汉语词汇研究》，载《21世纪的中国语言学》（一），商务印书馆2004年版，第75页。
② 徐正考、王冰：《两汉词汇语法史研究语料述论》，《南开语言学刊》2007年第1期。
③ 按《四部丛刊》的分类，《水经注》《洛阳伽蓝记》归在史部，《颜氏家训》《齐民要术》归在子部。笔者按一般的意见将《水经注》归为地理类著作，参考袁林"汉籍八百种"的分类，将《洛阳伽蓝记》也归为地理著作。

"突出地反映了一些常用词在中古时期的变迁交替现象","从构词方面看,双音词显著增加,构词法也更趋完备。"[1] 化振红也通过专书词汇研究进一步揭示了该书的语料价值。对《水经注》的语料价值,张永言[2]和郭在贻[3]都发表过重要的观点。王东通过专书词汇研究,指出了《水经注》对大型语文工具书的修订价值。对于《齐民要术》的语言成分辨伪及价值分析,柳士镇的《从语言角度看〈齐民要术〉卷前〈杂说〉非贾氏所作》、汪维辉的《试论〈齐民要术〉的语料价值》分别作了详尽的分析,具体情况前文已经述及。这些深入的研究和确当的分析对于认识这批文献的语料价值和指导汉语史研究都有重要的意义。总体来说,三部书的语料价值也不一样,《洛阳伽蓝记》的词汇与当时的佛经语言有较多的共同之处,但是由于在流传过程中,一部分正文与子注混淆不清,虽然杨勇在校笺中试图分清还原正文与子注,但仍有不尽之处;《齐民要术》的一些方言词语至今仍流行在中原一带,但是全书既述又作,作者在总结前代农业经验时,引用了大量的文献,并对这些材料作了注解,且注中也引用了他人的语言;《水经注》的语言成分因引书多而且明引、暗引不分,给判定该书中一些语言的时代造成了困难,给研究和使用带来了诸多不利因素。

北齐颜之推的《颜氏家训》,由于作者是当时的著名学者,写作自然是雅言成分大一些,文章骈体成分较上述北魏三书为多,通俗性较差。虽然书中也运用了一部分习语,能反映出若干新词新义,但其语料价值不如前三书。北朝小说现存主要有颜之推的《还冤志》,语言比较通俗,但篇幅不大。

(二) 史书语料

流传至今且规模较大的北朝史书《魏书》,共 130 卷(包括子

---

[1] 董志翘:《试论〈洛阳伽蓝记〉在中古汉语词汇研究史上的语料价值》,《古汉语研究》1998 年第 1 期。

[2] 张永言:《〈水经注〉中语音史料点滴》,《中国语文》1983 年第 2 期;张永言:《郦道元语言论拾零》,《中国语文》1964 年第 3 期。

[3] 郭在贻:《俗语词研究参考文献要目》,载《郭在贻文集》(一),中华书局 2002 年版,第 644 页。

卷），在语言研究中的价值也已为研究者所重视，并有一些学者对其进行过专书的词汇研究，前已述及。

从语言价值上看，《魏书》也具有同时期史书的共同特点，即"书中更有浅白的对话，生动的叙事，其中不乏方俗口语词"，通过对其语言的研究，"可以考察汉魏六朝时期流行的部分语词的使用情况，探寻中古史书词汇的基本面貌和演变规律，并进而为从总体上把握汉魏六朝词汇的发展演变提供帮助和参考"①。遗憾的是现存《魏书》不是完整的，缺失29卷，再剔除夹杂其中的大量文字典雅的奏章，可以利用的语料成分已大打折扣。更为重要的是《魏书》的语言和其他史书一样，有着很大的因袭性。周一良在《关于崔浩国史之狱》一文中已指出："魏收修一百六十年之历史仅十余月而成，其书前半大多因袭北魏旧史。"② 这表明《魏书》语言有滞后性的一面。周一良曾对魏晋南北朝时期的史书语言有过评定，他认为此期的史书语言有两个方面的倾向：一是模拟古人，二是以雅代俗，"在书面语言的文体中，记述对话时如果用当时的俗语或方言，可以更为生动……可惜的是，魏晋南北朝史家在可以用生动活泼的口语使文章生色时，却代之以古雅而僵死的词句，使历史叙述丧失了时代感"。③ 万绳楠在《魏晋南北朝史论稿》中谈到《魏书》时也曾指出："《北齐书·魏收传》说此书是在邓彦海的《代记》，崔浩的编年体，李彪的纪、表、志、传，邢峦、崔鸿的《孝文起居注》，元晖业的《辨宗录》等基础上勒成。"④ 可见其语言成分的复杂和滞后。尽管《魏书》的语言有很大的典雅成分，但是对传世文献留存较少的北朝来说，《魏书》仍然是语言研究的一部重要文献。此外，史书语料还有崔鸿的《十六国春秋》16卷，载于明何镗辑《广汉魏丛书》中，语言叙述直白，不事修辞，

---

① 方一新：《东汉魏晋南北朝史书词语笺释》，黄山书社1997年版，第2页。
② 周一良：《关于崔浩国史之狱》，转引自李凭《北魏平城时代》，社会科学文献出版社2000年版，第26页。
③ 周一良：《魏晋南北朝史学著作中的几个问题》，载《魏晋南北朝史论集续编》，北京大学出版社1991年版，第95页。
④ 万绳楠：《魏晋南北朝史论稿》，安徽教育出版社1983年版，第359页。

文字通俗。周一良《魏收之史学》① 一文经过详细的比勘后，说明魏收在撰写《魏书》的十六国史事部分时，已对《十六国春秋》的许多文字基本上照录，有的基本上是直接采用，未加改削，加上现存《十六国春秋》只有16卷，篇幅不大，因此，可以说其主要部分已包含在《魏书》中了。

在处理史书的各种语料成分的原则上，方一新提出了把史书中的材料分为原始资料和其他资料两大类的意见，很有见地。② 笔者认为对史书的诏令、奏疏、书札、文章等原始材料还需进一步区分，不能同等看待，就语料价值来说，诏书的语言比文人的奏疏要通俗直白，接近口语，因而利用价值也较奏疏大。这是笔者考察《魏书》得到的一点认识和体会。

（三）庾信等人的诗文、民歌及碑铭文字材料

北朝文学较之南朝相对落后，"北朝进至周齐时代，经过前代长期的提倡培育，文坛上已呈现繁荣景象，后来进入隋代的名作家卢思道、薛道衡等，都是这时成长起来的。及宇文氏平江陵，南朝文人大量北来，其中如庾信、王褒以其文名之高，受到北朝统治者的重视，成为北方文坛的泰斗。而庾信藉其素具的卓越艺术才能，以诗赋抒发其对故国的深重怀念，写出大量风格沉郁雄健的作品，发射出为南朝文人所不能仰视的强烈光辉"。③ 这些文人中以庾信成就最高，且有后人对其作品结集的文集，其他一些文人的作品比较零散，不利于集中考察。

从现存的庾信诗文集《庾子山集注》可以看出，其作品有诗赋、乐府、郊庙歌词、表启书赞、碑铭等，虽然数量不少，但是因其创作主流是追求风华靡丽，不以通俗质朴为目标，可以作为语言研究语料的成分不多。钱钟书对其诗文有深入的评价："窃谓子山所擅，正在早年结习咏物写景之篇，斗巧出奇"，词赋"早作多事白描，晚制善

---

① 周一良：《魏收之史学》，载《魏晋南北朝史论集》，中华书局1963年版，第237—272页。
② 方一新：《东汉魏晋南北朝史书词语笺释》，第9页。
③ 胡国瑞：《魏晋南北朝文学史》，上海文艺出版社2004年版，第150页。

运故实,明丽中出苍浑,绮缛中有流转";"至其诗歌,则入北以来,未有新声,反失故步,大致仍归于早岁之风华靡丽,与词赋之后胜于前者,为事不同。"① 确如钱先生所言,庾信入北以后的作品应酬的多,行文着力雕砌,文辞华丽。因此,在北朝语言研究中,我们不能将其作为主要语料。

北朝民歌虽然题材范围较广,内容丰富,② 但是由于数量不多,作为语料也不够理想。

随着汉语史研究的深入,碑刻文字材料也已引起一些学者的注意,对碑刻语料价值的分析与研究的论著也逐渐问世③。关于对碑刻文献的使用,我们认为应该从实际出发,根据各个时代碑刻文献的具体特点来确定取舍。尽管北朝的碑刻文字材料不少,学者们对此也作了整理研究,为我们进行研究提供了可资参考的凭借,但是我们考察后发现这个时期的碑刻语言大都典雅趋同,仿古成分居多,从汉语史研究的角度来看,对那些语料价值不大的材料要审慎选用。

(四)道教文献

北魏太平真君年间(公元440—445年),在崔浩等人的提倡下,寇谦之"清整道教,除去三张伪法""于是崇奉天师,显扬新法,宣布天下,道业大行"。④ 道教在北魏统治集团中一度取得了独尊的地位,昌盛一时。据汤用彤考证,北朝道教文献主要有寇谦之的下列几种作品:《老君音诵戒经》《太上老君戒经》《太上老君经律》《太上经戒》《三洞法服科戒文》《正一法文天师教戒科经》《女青鬼律》等,这些著作现均收入三家本(文物出版社、上海书店、天津古籍出版社)

---

① 钱钟书:《谈艺录》,中华书局1984年版,第299—300页。
② 北京大学中国文学史教研室:《魏晋南北朝文学史参考资料》,中华书局1962年版,第374页;胡国瑞:《魏晋南北朝文学史》,第150—151页。
③ 王立军:《谈碑刻文献的语言文字学价值》,《古汉语研究》2004年第4期;王盛璋、刘盛举:《试论汉魏六朝碑文中的同素异序词》,《乐山师院学报》2003年第5期;刘志生:《东汉碑刻复音词研究》,巴蜀书社2007年版。
④ (北齐)魏收:《魏书》,中华书局1974年标点本,第3051—3053页。

《道藏》"洞神部戒律类"①。此外，根据刘屹的考证，《本相经》也是北朝时一部重要的道教文献，在三家本《道藏》中现存3卷。②

（五）佛经文献

1. 北朝译经状况

南北朝时期，佛典翻译达到很高水平，为汉语史研究提供了一份重要的材料。

根据记载，南北朝时期由于一些译经师的共同努力，"佛法流通，极于四海矣"③，以至到了隋朝开皇年间形成"民间佛经，多于六经数十百倍"④的局面，可见其数量之大，影响之广。当时北方译经虽然走过了一段曲折之路，但复兴之后，名家辈出，译出了一大批高质量的佛经。《隋书·经籍志》对此有详尽的记述："又后魏时，太武帝西征长安，以沙门多违佛律，群聚秽乱，乃诏有司，尽坑杀之，焚破佛像。长安僧徒，一时歼灭……文成之世，又使修复。熙平中，遣沙门慧生出使西域，采诸经律，得一百七十部。永平中，又有天竺沙门菩提流支，大译佛经，与罗什相埒。其地持、十地论，并为大乘学者所重。后齐迁邺，佛法不改。"⑤ 罗什逝世，昙无谶被杀，加之北魏太武帝于公元446年下诏毁法，使得北方译经一度沉寂。自北魏孝文帝于公元494年迁都洛阳之后，由于统治阶级的大力提倡，译经事业再度兴旺。此后在北魏、北齐和北周各朝都设立了大型译场，名家辈出，一些著名的译经人员在各地从事译经事业。

我们从《续高僧传》的记载情况可以了解到，北朝译经十分活跃，一些译经师在各地积极开展译经工作。在北魏有昙摩流支、法场、

---

① 汤用彤、汤一介：《寇谦之的著作与思想——道教史杂论之一》，《历史研究》1961年第5期；汤其领：《寇谦之与北朝道教》，载《中国魏晋南北朝史国际学术研讨会论文集》，2004年，第320—331页。

② 刘屹：《中古道教的"中国"观念》，载《唐史论丛》（第九辑），三秦出版社2007年版，第322—334页。

③ （唐）魏徵：《隋书》，第1099页。

④ （唐）魏徵：《隋书》，第1098页。

⑤ （唐）魏徵：《隋书》，第1098页。

菩提流支、勒那摩提、佛陀扇多；北魏东西分治后，菩提流支、佛陀扇多、瞿昙般若流支等在邺都继续从事译经事业。那连提黎耶舍、万天懿等人在北齐译经，阇那耶舍等人在北周译经。北朝的译经人员具有较高的水平，而且又都受到封建王朝的礼遇和重视，派员管理和传写，从而取得了很大的成绩，翻译了一大批高水平佛经。《续高僧传》对他们的译经活动作了详细的记载："菩提流支，魏言道希。北天竺人也……以魏永平之初，来游东夏，宣武皇帝下敕引劳，供拟殷华。处之永宁大寺。四事将给，七百梵僧赖以留支为译经之元匠也……三藏流支自洛及邺，爰至天平二十余年，凡所出经三十九部，一百二十七卷。即佛名楞伽法集深密等经，胜思惟大宝积法华涅槃等论是也。并沙门僧朗道湛及侍中崔光等笔受。具列唐贞观内典录……三藏法师流支房内经论梵本，可有万甲，所翻新文笔受稿本，满一间屋。然其慧解与勒那相亚，而神悟聪敏，洞善方言，兼工咒术，则无抗衡矣。"① 勒那摩提"博瞻之富，理事兼通……尤明禅法，意存游化。以正始五年初届洛邑，译十地、宝积等大部二十四卷"。② 佛陀扇多，北天竺人，"从正光元年至元象二年，于洛阳白马寺及邺都金华寺译出金刚、上味等经十部"③。瞿昙般若流支"从（熙平）元年至兴和末，于邺城译正法念、圣善住、迴诤、唯识等经论，凡一十四部，八十五卷。沙门昙林僧昉等笔受"。④ 那连提黎耶舍"天保七年，届于京邺，文宣皇帝极见殊礼，偏异恒伦……安置天平寺中，请为翻经，三藏殿内梵本千有余夹，敕送于寺，处以上房。为建道场，供穷珍妙……又敕昭玄统沙门昙延等三十余人，令对翻传，主上礼问殷繁，供奉隆渥……凡前后所译经论，一十五部，八十余卷"。⑤ 一时间真是"名僧异瑞，纷纶间起"⑥。

---

① （唐）道宣：《续高僧传》，载《大正新修大藏经》，第50册，台湾新文丰出版有限公司1994年版，第428—429页。（正文中对《大正新修大藏经》简称《大正藏》）
② （唐）道宣：《续高僧传》，《大正藏》，第50册，第429页。
③ （唐）道宣：《续高僧传》，《大正藏》，第50册，第429页。
④ （唐）道宣：《续高僧传》，《大正藏》，第50册，第429页。
⑤ （唐）道宣：《续高僧传》，《大正藏》，第50册，第432页。
⑥ （唐）道宣：《续高僧传》，《大正藏》，第50册，第429页。

通过他们的共同努力，翻译出了一大批高质量的佛经，虽然其中的一部分今已佚失，但仍有许多得以流传至今，为我们从事这一时期的语言研究提供了可资参考的宝贵材料。

2. 译经文风及语言特征

从客观上讲，为了达到宣教的目的，佛经文献的特点是"喻深以浅""喻难以易"①。北朝时期处于译经的第二个阶段，比第一阶段有了明显的进步，前人对此有深刻的分析和总结：一是前期多为口传形式，本期大多有梵本可凭。梁启超认为："故后期翻译，无不手执梵本，口宣汉言，再三对勘，始为定本。"② 二是设置了译场，在译场的组织中，有译主、笔受、度语、证梵、润文、证义、总勘等职员，分工合作。北朝各朝都设有译场，"元魏则有洛阳之永宁寺译场，菩提流支主焉；北齐则有邺之天平寺译场，那连提耶舍主焉……自有此种大规模之译场，及产生有组织的译业，每出一书，皆多数人协力分工之结果。证义考文，至再至四，故备极精密，罕复误讹"③。汤用彤认为由于翻译眼光的正确、工具的完备、制度的严密，"本期译经甚为进步，后世所流通奉行之经典非隋唐所出，要即晋以后译家所办"④。

南北朝对峙期间，南方与北方在思想、文化等方面有着明显的不同，各自呈现出自己的鲜明特色。《北史·文苑传序》对当时的南北文风作了这样的描述："暨永明、天监之际，太和、天保之间，洛阳、江左，文雅尤盛。彼此好尚，互有异同。江左宫商发越，贵于清绮；河朔词义贞刚，重乎气质。气质则理胜其词，清绮则文过其意。理深者便于时用，文华者宜于咏歌，此其南北词人得失之大较也。"⑤ 这段文字概括了南北方文学的不同特点，也说明了北方文学的质朴特征。

---

① 黄晖：《论衡校释》，中华书局1990年版，第1194页。
② 梁启超：《佛学研究十八篇》，辽宁教育出版社1998年版，第239页。
③ 梁启超：《佛学研究十八篇》，第241页。
④ 汤用彤：《汉魏两晋南北朝佛教史》，商务印书馆2015年版，第328页。
⑤ （唐）李百药：《北史》，中华书局1974年标点本，第2781—2782页。

受时代风尚影响，佛教文献也是如此。汤用彤指出："及北方统一，天下初安，乃奖励文治，经术昌明。而昌明经术之帝王，又即提倡佛学最力之人。于是燕、齐、赵、魏，儒生辈出，名僧继起，均具朴质敦厚之风。大异于南朝放任玄谈之习气。盖其所谓儒学，仍承炎汉通经致用之义，终成北周之政治。而致用力行，乃又北方佛子所奉之圭臬也。"① 我们可以说，当时北方的社会思潮与文风的总特征是质朴实用。这些在北朝的中土文学上都有所反映，著名的散文著作《水经注》《齐民要术》《洛阳伽蓝记》等向以质朴通俗而受到研究者重视。佛经的翻译受到这种风气的影响，也更多地呈现出通俗的特点，反映出当时口语的实际状况。

在充分肯定佛典语料价值的同时，我们也要认识到佛典的不利方面。关于佛经语料存在的问题，徐正考、王冰曾在时贤研究基础上作过分析，具体说包括以下几个方面：第一，成分复杂。许理和、董琨以及朱庆之对此都有很好的论述，其中董琨认为汉译佛经语言有三种主要成分，即形成于先秦的中原雅言的书面语即文言、汉魏以来初露端倪的体现当时口语的早期白话以及从印度摩揭陀语、梵语直至古代中亚，西域诸语言中渗入的外来语言成分②。第二，伪托、误题的篇目比较多，导致各家统计数量不一致，给研究利用造成了困难。第三，比较通用的版本《大正新修大藏经》在校勘、断句方面仍存在一些错误③。颜洽茂在《〈大正新修大藏经〉平议二题》一文中对此有详细的阐述④。这三个方面的不利因素在北朝佛典中也同样存在，在一定程度上给利用带来了不便。

总之，北朝汉语研究的各种语料性质和价值不同，只有合理利用这些材料，才能客观反映北朝汉语的基本面貌。⑤

---

① 汤用彤：《汉魏两晋南北朝佛教史》，第430页。
② 董琨：《"同经异译"与佛经语言特点管窥》，《中国语文》2002年第6期。
③ 徐正考、王冰：《两汉词汇语法史研究语料述论》，《南开语言学刊》2007年第1期。
④ 颜洽茂：《〈大正新修大藏经〉平议二题》，载《汉语史学报》（第二辑），上海教育出版社2002年版，第200—206页。
⑤ 王冰：《北朝汉语语料概况及价值分析》，《许昌学院学报》2011年第4期。

二　北朝佛经口语材料对复音词研究的重要意义

方一新指出："中古汉语是指东汉魏晋南北朝隋的含有较多口语成分的书面语言，研究的起讫阶段是从东汉（公元 25 年）到隋末（公元 618 年），前后约六百年；如果算上过渡时期（往前是西汉，往后是初唐、中唐），还要加上几百年。故中古汉语词汇的研究对象自然就是在这一时期的书面文献特别是指口语性比较强的书面文献的语言词汇。"①

周俊勋指出："如果敦煌变文和禅宗语录能够作 c 代言人的话，汉译佛典——尤其是在中古中土文献极其缺乏口语性资料的情况下——完全可以作为研究 a 的替代物。要了解这一时期汉语的真实面貌，汉译佛典是可资利用的最好材料。"② 这里的 a 为作者所说的晚唐五代口语，c 是东汉—隋口语。

综观整个北朝文献，我们认为，因为中土文献参差不齐，北朝汉语的研究不能不过多地依靠大量的佛教文献，尤其是佛经语料中价值较高的经、律两部分语料。

从量上看，北朝的佛经语料价值较大的经、律两部分共 45 部，147 卷③；从时代上看，除了早期的《贤愚经》《杂宝藏经》是北魏迁都以前的译经外，其余都是迁都以后的译经，北魏译经占主流，北齐、北周也都有一定数量的译经，其中以菩提流支、瞿昙般若流支、佛陀扇多、那连提黎耶舍等人的译经水平为最高。瞿昙般若流支译的《正法念处经》卷帙最大，达 70 卷之多，"是一部以'十善'、'十不善'的内容与五道情况（经中将'六道'中的'阿修罗'纳入'畜生'之中，故成天、人、畜生、饿鬼、地狱'五道'）为中心，系统论述

---

① 方一新：《中古近代汉语词汇学研究刍议》，载《21 世纪的中国语言学》（二），商务印书馆 2006 年版，第 337 页。
② 周俊勋：《中古汉语分期及相关问题》，载《汉语史研究集刊》（第十辑），巴蜀书社 2007 年版，第 339 页。
③ 笔者根据吕澂《新编汉文大藏经目录》（齐鲁书社 1980 年版）全面考察过北朝佛经，其中语料价值大的经律两部分共有 45 部，147 卷。

善恶业报理论的综合性佛经"①,"是在'四阿含'集成以后出现的卷帙最多的后期小乘经……本经乃是小乘人以善恶业报理论为基础,对'五道'相状作最为丰富、细致的描绘而成的佛教经典,文学色彩最为浓厚"。②我们曾对北朝瞿昙般若流支的译经《正法念处经》中的复音词作过集中考察,通过对照发现《汉语大词典》晚收的义项有310多例,这充分表明佛经语料在新词新义的溯源方面存在着巨大的价值,可是目前研究并不充分。

方一新说过:"东汉六朝是汉语词汇发展史上值得重视的时期,这一时期产生了大量的新词新义,复音词急剧增加,词汇量大大扩大,丰富了汉语词汇宝库,满足了文化传播和社会交流的需要——这些变化在中土文献中广泛存在,在汉译佛经中也同样明显。近些年来,有关的研究成果日见增多,对佛典价值的认识也在不断深入之中。从现有的情况看,在这一领域里要做的工作还很多。加强对包括佛典词汇在内的东汉六朝词汇的研究工作,仍然应当是今后词汇史研究领域的重要课题。"③研究北朝的复音词,北朝佛经是我们的最重要的语料,因为"与同时期任何一种世俗文献相比,佛典译文词汇的双音化要高出许多,新造的词几乎都是双音节或多音节的,汉语原有的单音节'同义连文'现象十分突出,实际上也大都有了双音节形式"④。"从语言史实来看,译经中多双音词已成为佛经文体语言特色的明显特征,学界对此已充分注意,并多有论述。究其原因,主要有以下三点:其一,荷载佛经新内容的需要……其二,受梵语影响,吸收外语的需要……其三,因译经文体特色所决定。学界已多有指出:翻译佛经是一种比较接近当时口语的通俗文体,多用双音词就正与魏晋六朝汉语词汇发展的节拍相符","东汉迄唐是汉语词汇从单音化向复音化过渡的重要阶段,也是翻译佛经运动得以发展并臻于鼎盛的时期,因此,

---

① 陈士强:《大藏经总目提要·经藏三》,上海古籍出版社2007年版,第465页。
② 陈士强:《大藏经总目提要·经藏三》,第474页。
③ 方一新:《东汉六朝佛经词语札记》,《语言研究》2000年第2期。
④ 朱庆之:《汉译佛典语文中的原典影响初探》,《中国语文》1993年第5期。

在研究汉语双音化问题时，翻译佛经的位置就显得极为重要。"①

佛教语言的性质，按照朱庆之的看法是一种佛教汉语或混合汉语②，但是无论如何，佛经语料与中土语料还是同大于异的，尤其在北朝时代，宗教与统治者的关系十分密切，有的研究者甚至说北朝是一个政教合一的王朝，佛教、道教与中土文献的结合势所难免，二者之间有很大共同点，因此有一起研究的可能性。因此在本书的研究中，以佛经为主，以中土文献为辅，二者结合以考察北朝汉语复音词的状况。

今天研究古代汉语的词汇本身就有局限性，俞理明已明确指出："通过文献进入我们研究视野的词汇材料，实际上是经过有偏向性的筛选和修整的。可见，依据文献材料所作的词汇研究，只能说大体反映当时词汇全貌，甚至只是其中的一个侧面，即使对某一时期的文献材料作了穷尽的描写，也不能肯定这个描写是完全的，因为确实无法避免实际存在的遗漏。"③ 的确如此，这种遗漏既有文献留传本身的问题，也有研究者本身的问题，因为任何归纳都存在不全面的遗憾。所以说，我们今天所进行的研究，只能反映当时汉语的一个大貌而已。

第二节　本书的取材范围

太田辰夫曾指出："在语言的历史研究中，最主要的是资料的选择。资料选择得怎样，对研究的结果起着决定性的作用。"④ 在汉语史研究中，关于语料的选取原则及研究思路，前哲及时贤都有很好的阐述，概括地说主要有以下两个方面。

一是要从口语性强、年代确切、涵盖面广等方面选取语料。对于

---

① 梁晓虹、徐时仪、陈五云：《佛经音义与汉语词汇研究》，商务印书馆2005年版，第112—114页。
② 朱庆之：《试论佛典翻译对中古汉语词汇发展的若干影响》，《中国语文》1992年第4期。
③ 俞理明：《汉语词汇和词汇历史研究琐见》，载《21世纪的中国语言学》（二），商务印书馆2006年版，第279页。
④ ［日］太田辰夫：《中国语历史文法》，蒋绍愚、徐昌华译，北京大学出版社1987年版，第373页。

这个问题，太田辰夫、王力和向熹等都有较为详尽的论述。太田辰夫将语料分为同时资料与后时资料，并主张以同时资料为基本资料，以后时资料为旁证；① 王力②和向熹③在他们的著作《汉语史稿》与《简明汉语史》中对汉语史各个阶段的重要语料进行了分析，阐明了语料选择的原则和方法。此后，一些学者在研究中提出了对专书或专门语料的选择的意见，如程湘清在谈到专书语料的选取意见时说："第一，要看口述或撰写某部专书的作者是否属于该断代……第二，要看专书的语言是否接近或反映该断代的口语，这是最主要的一条标准……第三，要看专书的篇幅大小是否具备相当的语言量。"④ 朱庆之认为要从三个方面选择理想的材料："（1）内容具有广阔的社会文化生活覆盖面，（2）语体不过于典雅而含有较多的口语成分，（3）基本保持历史原样，年代大致可考，并具有充足的数量。"⑤ 徐正考在研究《论衡》语言时提出了判断专书语料价值的四个参考标准："成书年代确定""能够反映或至少接近当时通行的口语，不但如此，今天还必须能够保持其基本面目""有较大的词汇容量""内容涉及面广"。⑥ 这些重要认识对我们在进行语料选择时都有重要的参考价值和指导意义。

二是处理好研究中的"点"与"面""纵"与"横"的关系问题。蒋礼鸿指出："研治语言，材料不能局限于狭窄的范围以内。"⑦ 王锳对汉语史的共时研究中处理好"点"与"面"的关系发表过很好的见解，他说："在横的也即共时研究的具体做法上，似乎还应该强调点和面的结合。这里所谓'点'，指的是专书词汇研究。如能选择若干部时代确切而有代表性的作品，对其中的词汇现象进行全面的穷尽式的分析排比，整理归纳，这无疑会给词汇史的研究与大型辞书的

---

① ［日］太田辰夫：《中国语历史文法》，第375页。
② 王力：《汉语史稿》，中华书局1980年版，第23—24页。
③ 向熹：《简明汉语史》（上），高等教育出版社1993年版，第10—11页。
④ 程湘清：《汉语史专书复音词研究》，商务印书馆2003年版，第8—9页。
⑤ 朱庆之：《佛典与中古汉语词汇研究》，台湾文津出版社1992年版，第1页。
⑥ 徐正考：《〈论衡〉同义词研究》，中国社会科学出版社2004年版，第2—4页。
⑦ 蒋礼鸿：《敦煌变文字义通释》（增补定本），上海古籍出版社1997年版，第3页。

编纂打下坚实的基础。所谓'面',则是从一代或一个历史阶段的某一类或几类体裁的作品中去博观约取,作为专书研究的一种补充,以利于克服专人专著在词汇面上存在的局限。"① 汪维辉提出了纵横结合研究汉语词汇的主张,他认为纵横结合可以更好地解释词汇的发展与现状。② 我们认为这些看法对汉语史研究都有极为重要的意义。

各种语料都因其内容的具体性而带来词汇上的局限性,因此综合运用一个时期各方面的重要语料进行研究,才能较为准确而全面地反映一个时期的词汇状况。借鉴上述学者的重要论述,根据前文对北朝各类文献的分析,我们主要选取下列文献作为本书研究的语料。

一 北朝佛经

（一）经部佛经

表 2-1 北魏译经

经名	译者	卷数	翻译时间
《贤愚经》	慧觉等	15卷	445年
《杂宝藏经》	吉迦夜共昙曜	8卷	472年
《大方广菩萨十地经》	吉迦夜	1卷	
《正法念处经》	瞿昙般若流支	70卷	539年
《得无垢女经》	同上	1卷	541年
《圣善住意天子所问经》	同上	3卷	541年
《一切法高王经》	同上	1卷	542年
《不必定入定入印经》	同上	1卷	542年
《奋迅王问经》	同上	2卷	542年
《无垢优婆夷问经》	同上	1卷	542年
《毗耶娑问经》	同上	2卷	542年

① 王锳:《唐宋笔记语辞汇释》(修订本),中华书局2001年版,第4页。
② 汪维辉:《纵横结合研究汉语词汇》,《21世纪的中国语言学》(二),商务印书馆2006年版,第288—292页。

续表

经名	译者	卷数	翻译时间
《入楞伽经》	菩提流支	10卷	513年
《深密解脱经》	同上	5卷	514年
《不增不减经》	同上	1卷	
《大方等修多罗王经》	同上	1卷	
《法集经》	同上	6卷	515年
《无字宝箧经》	同上	1卷	
《伽耶山顶经》	同上	1卷	
《文殊师利巡行经》	同上	1卷	
《胜思惟梵天所问经》	同上	6卷	518年
《大萨遮尼乾子经》	同上	8卷	520年
《差摩婆帝授记经》	同上	1卷	
《金刚般若婆罗密经》	同上	1卷	509年
《谤佛经》	同上	1卷	
《佛语经》	同上	1卷	
《如来狮子吼经》	菩提流支共佛陀扇多	1卷	525年
《无畏德菩萨会》（又名《无畏德女经》）	佛陀扇多	1卷	539年
《大乘十法会》（又名《十法经》）	同上	1卷	539年
《转有经》	同上	1卷	539年
《金刚上味陀罗尼经》	同上	1卷	
《阿难目佉尼诃陀离陀罗尼经》	同上	1卷	
《如来庄严智慧光明入一切诸佛境界经》	昙摩流支	2卷	501年
《信力入印法门经》	同上	5卷	504年
《僧伽吒经》	月婆首那	4卷	538年

表2-2 北齐译经

经名	译者	卷数	翻译时间
《月藏经》	那连提黎耶舍共法智	10卷	566年
《须弥藏经》	同上	2卷	558年

续表

经名	译者	卷数	翻译时间
《尊胜菩萨入无量门陀罗尼经》	万天懿	1卷	
《施灯功德经》	那连提黎耶舍	1卷	558年
《月灯三昧经》	那连提黎耶舍共法智	11卷	557年
《大悲经》	那连提黎耶舍共法智	5卷	558年

表2-3　北周译经

经名	译者	卷数	翻译时间
《大乘同性经》	阇那耶舍	2卷	570年

（二）律部

表2-4　北朝律部佛经

经名	译者	卷数	翻译时间
《正恭敬经》	佛陀扇多	1卷	539年
《解脱戒经》	瞿昙般若流支	1卷	543年
《金色王经》	同上	1卷	542年

注：上述译经版本均以日本《大正藏》为准。

二　北朝中土文献

（一）地理、科技、政治哲学、小说类语料

1. （北魏）杨衒之著，杨勇校笺：《洛阳伽蓝记校笺》，中华书局2006年版。

2. （后魏）贾思勰著，缪启愉校释：《齐民要术校释》（第二版），中国农业出版社1998年版。

3. （北魏）郦道元撰，陈桥驿校释：《水经注校释》，杭州大学出版社1999年版。

4. （北齐）颜之推撰，王利器集解：《颜氏家训集解》（增补本），中华书局1994年版。

5. （北齐）颜之推撰：《还冤志》，《四库全书》第1042册，上海古籍出版社1987年版。

（二）史书文献

（北齐）魏收撰：《魏书》，中华书局1974年版。[①]

（三）文人诗文

（北周）庾信撰，（清）倪璠注，许逸民校点：《庾子山集注》，中华书局1980年版。

（四）道教文献

1. 《老君音诵戒经》
2. 《太上老君戒经》
3. 《太上老君经律》
4. 《太上经戒》
5. 《三洞法服科戒文》
6. 《正一法文天师教戒科经》
7. 《女青鬼律》

上述7部道经的引文版本均以文物出版社、上海书店、天津古籍出版社三家出版社于1988年联合出版的《道藏》为准。其中《老君音诵戒经》同时参考杨联陞的《〈老君音诵戒经〉校释》（该文载于《中国语文札记》，中国人民大学出版社2006年版）。

[①] 根据学者对《魏书》语料的剥离，我们对《魏书》中的卷12、13、14、15、17、18、19上、20、22、25、33、34、81、82、83上、83下、84、85、86、87、88、90、101、102、103、104、105之三、105之四共28卷内容不予考察。具体可参见周一良《魏收之史学》，《魏晋南北朝史论集》，中华书局1963年版，第236—272页；李丽《〈魏书〉词汇研究》，博士学位论文，南京师范大学，2006年，第5—7页。

第三章 汉语复音词的判断标准

布龙菲尔德说过:"从许多语言的情况看来,一方面在短语和词之间的区别,另一方面在词和粘附形式之间的区别,都不可能贯彻一致地截然加以分清。"① 他的论述表明了划分词与短语的难度。汉语复音词的确定及其与词组的区分,无论是现代汉语还是古代汉语,都是一个没有解决好的问题。自20世纪40年代以来,由于未能形成一个完善的标准,学者们在从事某种语料的复音词研究时所用的标准各不相同,有的学者甚至绕开确定标准问题,直接进行认定与分析。确定标准是前提,没有标准的确立,那所谓的复音词研究是无本之木。在此,我们对前人与时贤关于汉语复音词判断标准的各种意见加以回顾和分析,在此基础上确定比较可行的判断标准。

第一节 20世纪80年代以前的汉语复音词标准概观

自吕叔湘1941年在《中国文法要略》一书中提出复词的概念之后,汉语复音词及其判断标准问题就引起了学术界的关注。王力是最早提出区别复音词和短语(仂语)方法的学者,他在《中国语法理论》一书中详细分析了词与短语的区别问题,指出了复音词与短语的

---

① [美]布龙菲尔德:《语言论》,袁世骅、赵世开、甘世福译,钱晋华校,商务印书馆1980年版,第219页。

不同特点:"第一、复音词是不能被隔开的,仂语则可以被隔开:例如'老婆'是复音词,因为咱们不能说'老的婆'而意义不变;'老人'是仂语,不是复音词,因为咱们还可以说成'老的人',而意义不变。第二、仂语是可以转为连系式的,复音词则不能:例如'老人'可以转成'这人是老的','老婆'不可以转成'这婆是老的'。有时候,两个标准应该同时并用,例如'黄河'虽然可以转成'这河是黄的',但咱们不能把黄河称为'黄的河',所以黄河只是复音词,不是仂语。这种试验是容许加字的,如'马车'可以说成'用马拉的车',又可以转成'这车是用马拉的',所以马车是仂语,不是复音词。"①

在王力提出区分复音词与短语的意见之后,一些学者对复音词标准问题继续进行探讨,相继提出了自己在这方面的意见和主张。林汉达在连续发表的《名词的连写问题》上下篇中,根据词语意义和能否拆开两方面的标准提出了区分复音名词和复合名词的意见。曹伯韩在处理复音词与短语的区别时,主张坚持意义标准的同时,也要考虑音节、独立性等因素。他说:"仅仅从意义上来看,还是不能完全解决问题,还得结合音节的长短来看……凡是一个大些的意义单位,音节很多,可以分成几个较小的意义单位,而这些单位又可以独立成词的,那个大单位是仂语,小单位是词……如果专从语法、意义方面来看,很容易把某些复合词看成短语;相反地,如果专从语音方面来看,又很容易把某些短语看成复合词。这几方面是应该结合起来看的,还必须强调以经常独立运用,经常结合在一起为'词'的条件……不过短语是可以发展为复合词的,当初两个词只是有临时结合的关系,作为一般说明的用语,那还是短语;到后来变成了经常结合的特定用语了,那就是复合词。"②他首次提出将语音作为一个辨别标准。另外,易熙吾、钟梫等也都从意义标准、语法特点等方面分析了复音词与短语的区别方法③。

---

① 王力:《中国语法理论》,中华书局1954年版,第55—56页。
② 曹伯韩:《字·词·短语》,《语文学习》1954年8月号。
③ 易熙吾:《汉语中的双音词》(下),《中国语文》1954年11月号;钟梫:《谈怎样分别词和语》,《中国语文》1954年12月号。

张世禄从意义、结构和语音三方面具体阐述了区别复音词和词组的意见："第一，从实际的生活当中来看意义的特殊化现象……词和词组，在意义上比较起来，词是有它的特殊的丰富的内容，而很多词组，往往只是泛泛地一种意义和意义的结合，表达不出这种特殊的意义……第二，从语言组织当中来看定型化的现象……词和词在词组当中的连结是比较自由的，分散的，不象一个词里各个部分之间的那样有凝固性，词和词组的分别，从组织本身的性质来看，词是定型化了的，它的各个部分是固定不能分离的，而词组并不是这样……凡是有显著的定型化的现象的，不论发展成熟的程度怎样，都可以划入词的范围；否则就是词组了……第三，从声音形式当中来看双音化的现象。"① 周法高主张从频率、插入法、能否拆开以及意义特点等方面着手区别古汉语的复音词与短语。② 陆志韦分析了扩展法与插入法在确定现代汉语复音词方面的作用。③ 赵元任也提出了从结构、意义及见次率标准来区分词组与短语的观点。④

从以上的情况可以看出，在这个时期内，学者们对于复音词的判定标准，意义标准、语法标准、语音标准以及见次率标准都谈到了，但是没有在以哪个标准为主上达成共识，在实践中大都是根据不同的情况综合运用各种标准来确定复音词。

第二节 20世纪80年代以来汉语复音词标准研究述论

20世纪80年代以来，随着汉语词汇研究的逐步推进，关于复音词的判定标准，形成了两种主要的意见，一是坚持以意义为主，二是

---

① 张世禄：《词汇讲话》，《语文知识》1956年2月号。
② 周法高：《中国古代语法·构词编》，"中央研究院"历史语言研究所1962年版，第308—314页。
③ 陆志韦：《汉语的构词法》，科学出版社1957年版，第6页。
④ 赵元任：《汉语口语语法》，吕叔湘译，商务印书馆1979年版，第90页。

综合运用各种标准。

一　坚持以意义为主要标准

在这方面以马真的观点影响较大,她在确定先秦复音词时提出了以意义为主的判定标准,具体定词标准如下:"两个成分结合后,构成新义,各成分的原义融化在新的整体意义中,这样的复音组合是词,不是词组","两个同义或近义成分结合,意义互补,凝结成一个更概括的意义,这样的复音组合是词,不是词组","两个成分结合后,其中一个的意义消失了,只保留一个成分的意义。这样的复音组合是词,不是词组","重迭的复音组合,如果重迭后不是原义的简单重复,而是在原义的基础上增加某种附加意义,这样的重迭式是词,不是词组","两个结合的成分,其中一个是没有具体词汇意义的附加成分,这样的复音组合是词,不是词组。"[①] 她认为,划分先秦的复音词从词汇意义的角度来考虑,是最可行的办法,其他方面都只能作为参考。

马真提出的以意义为主要标准,得到了一些学者的认同,他们在实践中也坚持贯彻意义标准。陈涛指出:"构成双音节词的两个字原来都有独立的意义,但双音词的意义并不就是二者意义的结合,它的意义是从组成它的两个字的意义概括、归纳、引申出来的……从这里,我们可以得出一条原则:从分不从合,即古汉语中的词汇,可以分开讲的,就不要当成双音词来讲。"[②] 可以看出,他是主张意义标准的。朱广祁在研究《诗经》复音词时谈道:"两个单音词结合在一起,只要形成一个比较统一的概念,人们不再把它们看成明显的两件事物,这种双音组合就可以看作一个复音词了。"[③] 其实也是以意义标准来决定复音词。张双棣也坚持以意义为主要标准,他说:"确定先秦汉语复音词,意义标准是至关重要的,是决定性的。即使判断结构上结合

---

① 马真:《先秦复音词初探》,《北京大学学报》1980 年第 5 期。
② 陈涛:《漫谈古汉语的复音词》,《语言文学》1980 年第 4 期。
③ 朱广祁:《诗经双音词论稿》,河南人民出版社 1985 年版,第 152 页。

得紧密不紧密,也要靠意义。所谓的拆开和插入论是不适用的。先秦汉语是用文字记录下来的古代语言,不能象活在人们口头的现代汉语那样任意用拆开、插入、转换的方法去检验。先秦汉语复音词存在的一个突出特点是复音词与单音词同时并存,这是因为复音词产生后,单音词仍作为主要形式在运用,而且频率还大大超过复音词……我们不能因为单音词还大量应用就否定双音词的存在,认为它是双音形式拆开的结果。"① 他确定《吕氏春秋》的复音词,主要就是凭借意义标准。徐正考也主张根据意义标准确定复音词:"几个成分组合后,组合体的意义不是几个成分的意义的简单相加,而是融合在一起,形成了一个完整的、单一的意义,这个组合就是复音词。"②

二 综合运用各种标准

在这个时期内,无论是在现代汉语还是古代汉语的研究中,一些学者提出了综合运用各种标准确定复音词的见解,并在实践中加以贯彻。

范晓就如何辨别现代汉语中的合成词同词组问题,在意义标准之外,也同意使用语音标准和扩展法。他认为:"合成词的内部成素间在语音上一般是连续的,即词素之间没有语音停顿……而词组的内部成素间在语音上大多是可以停顿的……根据语音的断续可以解决一部分合成词同词组的界限,但也不能完全凭它来划界……替合成词同词组划界,比较行之有效的方法,是扩展法。一般说,词组内部结构较松散,因此它的内部成素可以隔开或分离……而合成词内部结构具有凝固性,因此它的内部成素不能隔开或分离。"③ 朱德熙指出:"单凭意义来确定词和非词的界限是行不通的"④,"句法结构的意义是它的组成部分的意义的综合,复合词的意义却不一定能从组成部分的意义

---

① 张双棣:《吕氏春秋词汇研究》,山东教育出版社1989年版,第169—170页。
② 徐正考:《〈论衡〉同义词研究》,第20页。
③ 范晓:《词同词素、词组的区别》,《语文学习》1980年第9期。
④ 朱德熙:《语法讲义》,商务印书馆1982年版,第14页。

看出来。例如'大方'不是'又大又方','龙头'（自来水龙头）不是'龙的头','马上'（副词）不是'马背上'。这种意义上的分析对于区分复合词和句法结构的界限是有用的。但是光凭意义来划界限是靠不住的，因为一方面有许多复合词的意义也是其组成成分意义的综合。例如'扩大、鸭蛋'。另一方面，有些熟语性的句法结构有特殊的词汇意义，光从组成成分的意义也是推断不出来的。例如'半瓶醋''有意思'（有趣）。"①

唐钰明在研究金文复音词时提出了三条标准："看看这个组合的两部分在语义上是否融合，是否表达一个完整的概念"，"看看这个组合是否具有连续性。也就是说，上是否见之于甲骨文，下是否有典籍的佐证"，"看看这个组合是否有'合文'这个形式标志……在某种意义上说，'合文'有点类似现代汉语拼音文字词儿的连写：在形式上是便利书写，而在内涵上却是表明语义的整体化。汉字一字一音的特点给我们判断复音词带来了一定的困难，而'合文'却以其独特的形式外壳，给我们提供了判断金文复音词的线索。"② 他认为语义融合最有决定性，而在具体运用时，则需要结合三个方面作综合的考察。周生亚从词义特征、词的稳定性和词的结构特征出发，提出了四个标准：看意义变化，看结合松紧，看结构对比，看结合关系。③ 郭良夫认为划分词和短语的界限，不能单凭意义，要从形式和意义两个方面来观察，才有可能划分清楚。④

向熹在研究《诗经》复音词时，提出了意义和语法两条标准："第一，尽管复合词的词素有许多在单用的时候可以独立成词，而当它们在一起构成复合词时，意义上它们就只表示某一单一的概念而不是两个词素的意义的总和；第二，复合词的两个词素已经凝固在一

---

① 朱德熙：《语法讲义》，第34页。
② 唐钰明：《金文复音词简论——兼论汉语复音化的起源》，载《著名中年语言学家自选集·唐钰明卷》，安徽教育出版社2002年版，第117—119页。
③ 周生亚：《〈世说新语〉中的复音词问题》，《吉林大学社会科学学报》1982年第2期。
④ 郭良夫：《语素和词与词和短语》，《中国语文》1988年第6期。

第三章　汉语复音词的判断标准

起，它们经常连用，一般不能随便拆开，中间也不好加入连词或结构助词。"① 郭锡良主张从意义、搭配和频率等方面从严确定先秦复音词："复合词同词组不容易区分，尤其是对古代语言，很难用扩展法、转换法来鉴别，更无语音识别条件，我们只能以意义为主结合语词搭配、出现频率等多方面因素来确定它是不是词，因此必须十分谨慎，宁严勿滥。"② 程湘清在研究先秦复音词时，提出了语法形式、词汇意义、修辞手法以及使用频率等多种标准，其具体观点如下："从语法上看，两个音节结合紧密，不能拆开或随意扩展的是词"，"从意义上区别词和词组……凡结构上结合紧密、意义上共同代表一个概念的是词，结构上结合松散、意义上表示两个概念的则是词组"，"在同一语言环境中，凡处于相同句式的相同位置上的不同双音组合，其中一个（或几个）已确认为词，则其他双音组合可首先考虑是词而不是词组……同样，处于相同句式、相同位置上的双音组合，如果已知某一个（或几个）是词组，其余可首先考虑是词组而不是词"，"在实际口语中，词的出现频率一般要高于词组。因此，在坚持上述标准的同时，也可以把词语的出现频率作一个重要的参考项。"③ 他认为，在这四个标准中结构标准和意义标准是最主要的标准，在多数情况下靠这两条即能够解决问题，其他两条标准只能作参考而不可滥用。伍宗文认为判定先秦汉语的复音词，需要考虑综合语义、语法、修辞及见次率等各种因素。④ 对于复音词的认定，张联荣主张在提出对不同类型的双音词分别考察、分时段考察一个词在某一共时平面的状况的意见后指出："结构的稳定性和意义的单一化，依然是确定双音词的两个最基本的标准。"⑤

---

① 向熹：《〈诗经〉里的复音词》，载《词汇学论文汇编》，商务印书馆1989年版，第258—259页。
② 郭锡良：《先秦汉语构词法的发展》，载《汉语史论集》（增补本），商务印书馆2005年版，第157页。
③ 程湘清：《汉语史专书复音词研究》，第39—58页。
④ 伍宗文：《先秦汉语复音词研究》，巴蜀书社2001年版，第71—142页。
⑤ 张联荣：《〈孟子〉赵注中的并列复合结构》，载《汉语史研究集刊》（第六辑），巴蜀书社2003年版，第8—19页。

此外，陈明娥提出用语义整体考察法、语素义位分析法、共时历时结合法、语法语用与语境结合等四种方法来判定复音词。① 她的这些方法运用起来比较繁琐，不利于操作。朱彦认为，为了避免仅使用单标准产生的局限性，使词和短语的划分更合理更科学，更符合语言实际，应该运用"多标准综合、分层筛选"的方法，具体是"语义为重，形式控制，抓住典型，层层筛选"。② 万久富在切分《宋书》中的复音词时，运用了意义、结构、频率等标准。③ 刘志生在确定东汉碑刻复音词时提出了主要凭借意义标准，其次结合形式标准的意见。④

综观上述研究，我们可以看出，随着汉语词汇特别是古汉语词汇研究的逐步深入，学者们进行了多方面的努力，以期找到一个可行的复音词判定标准，来有效指导古汉语词汇研究。虽然未达成共识，但意义作为一个主要的标准基本上得到了多数学者的认同，有的学者还提出应主要以意义为标准的看法。正如有的学者指出的那样，即使结构上的标准，也离不开意义，结构联系的紧密程度还是受意义的支配，语法标准中有的还是以意义的转化为基础的。如伍宗文所说的从修辞上确定词的方法，仍是以意义为支配因素立说的。总之，都离不开意义这个基础。频率与独立性或连续性实质上是一回事，一些学者认为频率在确定词时有参考意义，笔者认为，这种标准对于断代的研究，是一个重要参考标准，对于专书词汇研究，则其参考意义不大，没有普遍适用性。

第三节　本书认定复音词的标准

语言单位的确定，"单一标准当然最好，但是往往找不着理想的标准"。⑤ 汉语的词既具有词汇属性，又具有语法属性。一方面，从词

---

① 陈明娥：《试论汉语双音词的判定标准》，《泰安师专学报》1999年第4期。
② 朱彦：《汉语复合词语义构词法研究》，北京大学出版2004年版，第282—283页。
③ 万久富：《〈宋书〉复音词研究》，凤凰出版社2006年版，第31页。
④ 刘志生：《东汉碑刻复音词研究》，第36页。
⑤ 吕叔湘：《汉语语法分析问题》，载《汉语语法论文集》，商务印书馆2002年版，第505页。

第三章 汉语复音词的判断标准

汇发展上说，归根结底，语义精密化要求是复音词的产生和发展的原动力，因此分析复音词必须坚持意义标准；另一方面，汉语的复合词，是通过语法手段构成的，又必须照顾其语法上的特点。王小莘曾指出："词汇发展的研究，必须和语法发展的研究相结合。"[①] 笔者同意这种观点。

我们认为，在以往的研究中之所以会形成诸多的分歧，是人们在研究中把标准与依据混在了一起，标准只能有一个，但判断的依据可以有多个。在判定一个双音形式是否完全融合在一起，可以考虑不同的因素，这即是所谓的依据，如构词法的形式、频率上的表现以及同素异序现象等都是我们可以参考的重要线索。因此，本书在确定北朝复音词时坚持意义标准，参考语法结构特点和使用频率。魏晋南北朝时期，是汉语复音词大量形成的时期，各种构词法进一步完善，新兴的附加成分及其组成的词语大量出现[②]，同素异序词大量产生，这些都是认定复音词时应该加以考虑的重要因素。只有这样，才能较为全面地反映北朝汉语复音词。

[①] 王小莘：《魏晋南北朝词汇研究与词书的编纂》，《中国语文》1997 年第 4 期。
[②] 王云路：《中古诗歌附加式双音词举例》，《中国语文》1999 年第 5 期。

第四章 北朝同义复音词

六朝时期,白话兴起,复音词大量产生,形成了大量的同义复音词。北朝佛经与中土文献中即运用了丰富的复音同义词。经过系联,初步归纳出101组同义复音动词,49组同义复音形容词,25组同义复音名词。这些词的产生是由单音节语素构词能力的增强、新词新义的产生、同义复音词连用、同素异序同义词的产生等多种因素形成的。

第一节 同义复音词的系联原则与方法

一 古汉语同义词研究的简要回顾

古汉语同义词的研究传统源远流长,从先秦直到今天,一批批学人在为此不断作出自己的努力,将古汉语同义词的研究逐步推向深入,取得了丰硕的成果,对汉语词汇史的建立具有重要的意义。一些学者曾对古汉语词汇的研究都作过很好的回顾和总结,如徐正考、徐盛芳、呼叙利等对同义词研究历史与现状作了全面的梳理,分析了其利弊得失,指明了今后的方向。其中徐正考在分语文学与语言学两个时期对同义词研究历史进行总结后,指出了同义词研究中存在问题,在断代研究方面他认为,"因为缺乏断代、专书同义词的研究成果,致使断代的研究还只能是初步的、粗线条的,还无法做出全面、准确的总结。"① 呼叙利在其博士论文《〈魏书〉复音同义词研究》中指出了三个方面存在的问题，即重视上古同义词研究，轻视中古与近代；重视单音节同义词，轻视复音同义词；重视个案研究，轻视在词汇史的大背景下研究同义词等。② 这些见解都准确地指出了古汉语同义词研究中存在的问题。

　　汉语发展到魏晋南北朝时期，随着白话文学的兴起，复音词大量产生，其中也形成了大量的同义复音词。王小莘曾指出："同义词，尤其双音同义词的丰富，是魏晋南北朝词汇发展的重要特点之一。"③ 向熹也说过："到了中古，随着新词的大量增加，古今词的并存，词义的引申交叉，一部分方言词进入普通词汇，汉语同义词进一步发展，同义词的构成方式更加多样化了。"④ 可是，面对中古众多的同义复音词，学术界目前还没有给予充分的重视和研究，以至"在古汉语同义词研究领域内，到目前为止，还没有见到一部专门研究复音同义词、探讨复音同义词特点的专著，这种状况是和目前同义词研究的繁荣不相适应的"。⑤ 这都不利于汉语同义词研究的深入开展，也不利于同义复音词研究相关理论问题的探讨，因此同义复音词研究应该引起学术界的关注。

二　同义复音词的系联原则与方法

　　在北朝文献中，存在着丰富的同义复音词，同义复音词大量地运用于此期的佛经与中土文献之中。但是如何对这些同义词进行系联，是研究中首先面临的一个问题。

　　在目前的同义词研究中，大家对同义词在义位上相同这一点已基本上达成共识。张联荣曾说："在研究词的意义关系（比如同义关

---

① 徐正考：《〈论衡〉同义词研究》，第30页。
② 呼叙利：《〈魏书〉复音同义词研究》，博士学位论文，浙江大学，2006年，第2—6页。
③ 王小莘：《魏晋南北朝词汇研究与词书的编纂》，《中国语文》1997年第4期。
④ 向熹：《简明汉语史》（上），第560页。
⑤ 呼叙利：《〈魏书〉复音同义词研究》，博士学位论文，浙江大学，2006年，第9页。

系、反义关系），和词义变化时，也必须以义位为基本单位，这一点已经成为大家的共识。"① 但是对于如何归纳同义词，如何对同义词进行构组，仍然是众说不一，不同的学者面对不同的材料都有不同的方法。

我们认为，词汇的意义关系问题只能从意义本身来解决，即从意义上去分析同义关系，不能舍本逐末。我们同意张联荣提出的词义的"遗传义素"的概念。在他看来，词义演变过程中"由前一个义位传递至后一个义位的义素称为遗传义素"。② 他认为，"如果不考虑历时的因素，如果一个多义词的所有义位共有一个遗传义素贯穿其中，这个义素自然就成了这个词的意义核心，我们可以称为核心义……一个多义词的所有义位如果共有一个遗传义素，或者说，一个多义词具有核心义，那么把握这个核心义位对于把握词义就十分重要"，"寻求遗传义素可以借助同义关系或反义关系的分析；从另一方面讲，对遗传义素的探求又有助于我们辨析同义关系或反义关系。"③ 他说："如果能进一步把握住一个词的核心义，那么就像找到了一根红线，可以把各个零散的义项贯穿起来，使之成为一个完整的意义网络。"④ 他的这些观点有助于准确认识词的同义、反义关系，但是正如他指出的那样，由于语义学发展不成熟，目前利用这种方法还有许多困难。这种方法的运用需要以语义学发展成熟、语义场的划分、义位的归纳与切分研究充分为基础。

由于目前没有确立同义词的便捷方法，学者在研究中大多从外围也即从语用形式、文献运用中去判定归纳同义词：或从语境中寻找，或从形式上去认定，导致方法的多种多样。这样虽然也能解决一部分问题，但是存在着一定的主观随意性的倾向。

---

① 张联荣：《对古汉语词汇研究中义位归纳的几点思考》，载《语言文字论坛》（第一辑），中国社会科学出版社 2002 年版，第 136 页。
② 张联荣：《古汉语词义论》，北京大学出版社 2000 年版，第 270 页。
③ 张联荣：《古汉语词义论》，第 283—284 页。
④ 张联荣：《谈词的核心义》，《语文研究》1995 年第 3 期。

第四章 北朝同义复音词

我们认为真正的词义应该从文献之中求索,从上下文中去体会和把握。因此,在本书中,我们主要是通过文意与字面义来索求得一些复音词和意义,从而系联出词的同义关系。这种方法宋永培曾多次强调过①。徐正考关于确定专书同义词的意见对我们的研究也具有重要的参考意义,他认为:"确定同义关系的依据只能是词在专书中的应用情况。房德里耶斯说过:'确定词的价值的,是上下文'。'尽管词可能在意义上有各种变态,但是上下文给予该词语独一无二的价值;尽管词在人的记忆中积累了一切过去的表象,但是上下文使它摆脱了这些过去的表象而为它创造一个现在的价值。'我们确定词与词之间是否具有同义关系,就要依据词在古书中那个'现在的价值'来确定,'记忆中积累'的'一切过去的表象'及其他文献材料、字典辞书只能起辅助作用——它们可以进一步印证专书,它们提供的情况经由专书的检验后才能体现出价值。"② 推而广之,这种认识,同样适用于断代文献中同义词的归纳和系联。

本书在归纳同义词的过程中,我们采取徐正考提出的归纳同义词的原则,即以一个意义相同为标准来系联同义词③,根据北朝文献本身反映的意义关系来考察复音词的同义关系。此外,也适当运用下列辅助方法:1. 利用对文、连文等形式来确定同义词;2. 以语义相同、相近或相关的句子中的有关词语互相参照来确定;3. 参考一些学者提出的行之有效的关于词义的考索方法,如上文中谈到的郭在贻、蔡镜浩、方一新、李维琦等总结的词语释义方法,这些方法有助于我们去认识与归纳词语间的意义关系;4. 充分利用学术界已有的词语考释研究成果;5. 利用一些故训材料,如《故训汇纂》《汉语大字典》等工具书中的故训材料对一些同义词组作适当的论证。我们认为通过以上步骤考索出来的词语的意义关系基本上是可靠的。

---

① 宋永培:《文献正文的训诂与专书词汇研究的基本方法》,《古汉语研究》2005 年第 2 期。
② 徐正考:《〈论衡〉同义词研究》,第 12—13 页。
③ 徐正考:《〈论衡〉同义词研究》,第 13—15 页。

第二节　北朝同义复音动词[①]

通过对北朝文献的调查，笔者发现，在同义复音词中动词占有相当大的数量，这也许与汉语的特点有关。一些学者对不同语料的研究成果也表明动词在汉语中的重要性。徐正考对《论衡》同义词研究的结果是，《论衡》中名词、动词、形容词三类同义词共有567组，其中动词就有282组，占了大约一半[②]。张双棣在研究《吕氏春秋》后，发现该书中光是表示手的动作的动词就多达36个，他进而指出："我们知道，动词的运用跟语言表达的准确、生动关系极大。"[③] 常用词的研究结果也表明动词在语言中占有较大的数量，而且变化复杂。汪维辉在对东汉至隋常用词演变情况进行研究后认为："词汇演变中许多微妙的现象和规律在动词身上表现得最为生动和具体。在汉语发展史上，动词发生历时更替的最多。"[④] 因此他在研究东汉至隋常用词时，非常重视动词的演变，对21组动词的演变规律进行了全面考察。根据北朝语言的实际，参考上述学者的研究成果，在本书中，笔者也用较大的篇幅来对北朝同义复音动词进行分析讨论。

1. 钦爱、贪爱、爱著、爱乐、爱重、重爱、爱悦、爱念、怜爱、钟爱、亲爱、笃爱、宠爱、欢爱、爱慕

在喜爱义上同义。

[①] 在全书词条排列时，没有按条目多少来排列，每一组词下面的例句按词语出现的先后顺序排列。《水经注校释》《齐民要术校释》《洛阳伽蓝记校笺》《颜氏家训集解》在文中分别简称为《水经注》《齐民要术》《洛阳伽蓝记》《颜氏家训》。例句引用，佛经与道经只列经名，经名后注出该经所在《大正藏》或《道藏》的册数、页码与栏次，分别用阿拉伯数字表示册数、页数，用a、b、c表示上、中、下各栏次；《魏书》与《水经注》的例句标出卷数与页码；《齐民要术》《洛阳伽蓝记》《颜氏家训》三书的例句标出卷数与细目及页数；庾信诗文标出题目及页数，卷数或页数均用阿拉伯数字表示；《还冤志》例句标出页数和上下栏次。
[②] 徐正考：《〈论衡〉同义词研究》，第408页。
[③] 张双棣：《吕氏春秋词汇研究》，第5页。
[④] 汪维辉：《东汉—隋常用词演变研究》，南京大学出版社2000年版，第105页。

（1）无恼志固，无心相从，欲心转盛，实意语之："我相钦爱，由来有素，但逼众人，有怀未发，汝师临去，吾故相留，今既独静，当从我意。"（《贤愚经》4-423c）

（2）尔时孔雀王菩萨，说经偈曰：

若行于非法　后悔无所及

处处生爱著　常求于欲乐

恒贪爱妻子　不觉死来至（《正法念处经》17-359b）

"著"与"贪"有爱、喜欢义，蒋礼鸿、方一新都曾作过分析。蒋礼鸿《敦煌变文字义通释》"恋著、贪著"条："'否，则习屏除爱著，摈落枝体。''爱'、'著'同义。"① 方一新《东汉魏晋南北朝史书词语笺释》一书举汉魏六朝史书中的用例考察了"贪"表爱、喜欢义的用法②。

在本例中"爱著""贪爱"均为同义复词。

（3）彼阿修罗无能胜者，不可杀害，无能令怖，不畏他人，一切天子，皆悉爱乐，心生怜愍，有不可说。（《正法念处经》17-8b）

（4）是以真人宝经而爱之，爱乐如妻子。（《太上妙法本相经》24-861c）

（5）元宝为政清平，善抚民物，百姓爱乐之。（《魏书》卷61，1360）

"爱乐"表喜爱、喜欢义在《月灯三昧经》中也有用例，如："时有一王，子名思惟大悲，形貌端正，人所爱乐。"（《月灯三昧经》卷二）

---

① 蒋礼鸿：《敦煌变文字义通释》（增补定本），第285页。
② 方一新：《东汉魏晋南北朝史书词语笺释》，第133页。

颜洽茂指出，上例中的"爱乐"为喜爱、喜欢义。①

"乐""爱"可以同义对举，例如：

元慎清尚卓逸，少有高操，任心自放，不为时羁；乐山爱水，好游林泽。(《洛阳伽蓝记》"景宁寺"，114)

"乐"表喜爱义，又可以单用，如：

商胡贩客，日奔塞下，所谓尽天地之区已。乐中国土风，因而宅者，不可胜数。(《洛阳伽蓝记》"宣阳门"，145)

(6) 若有余善，不堕地狱饿鬼畜生，得受人身，常得安乐，王所爱重，众人所念，以余业故。(《正法念处经》17-137c)

(7) 彼人以是恶业因缘，身坏命终，堕于恶处合大地狱，生恶见处，受大苦恼，所谓自见已之儿子，以恶业故见自儿子在地狱中，于彼儿子，生重爱心，如本人中。(《正法念处经》17-34a)

"重""爱"同义对举运用的情况在同期文献中也比较常见，如：

彭城王谓肃曰："卿不重齐鲁大邦，而爱邾莒小国？"肃对曰："乡曲所美，不得不好。"(《洛阳伽蓝记》卷3"报德寺"，136)

悸爱宾客，重文藻，海内才子，莫不辐辏，府僚臣佐，并选隽民。(《洛阳伽蓝记》卷4"冲觉寺"，163)

或性爱林泉，又重宾客。至于春风扇扬，花树如锦，晨食南馆。(《洛阳伽蓝记》卷4"法云寺"，176)

(8) 百千种鸟，或受四欲，或有五欲，以自娱乐，目睹妙色，皆生爱乐；耳闻妙音，心爱悦乐；鼻闻妙香，内心爱悦；舌得美味，爱心增悦；身触细软，爱悦充满，心所忆念，意悦喜乐。(《正法念处经》17-129a)

---

① 颜洽茂：《佛教语言阐释——中古佛经词汇研究》，第53页。

（9）杨氏子珉亦有美貌，何氏尤爱悦之。（《魏书》卷98，2166）

（10）其儿渐大，父甚爱念，别为作宫，立三时殿，冬温夏凉，春秋居中，安诸妓侍，以娱乐之。（《贤愚经》4-405b）

（11）有余善业，不堕地狱饿鬼畜生，得受人身，常离怖畏忧苦恼乱，无病安隐，端正妙色，人所爱念，大富饶财，随劫增减，寿命长远，以余业故。（《正法念处经》17-133b）

"念"的爱义，徐震堮[①]、蔡镜浩[②]、王锳[③]、江蓝生[④]等均已作过分析讨论。那么"爱念"为同义复词，有喜爱义。

（12）虽生人中，具足众恶，远离功德，身形色力不类人状，禀受身形不似父母，不为父母之所怜爱，常被恶谤，远离诸佛，生生愚痴，暗钝无智，速堕地狱。（《正恭敬经》24-1103c）

（13）珉弟瑾，字道瑜。美容貌，颇有才学，特为韶所钟爱。（《魏书》卷39，888）

（14）遵和便辟善事人，深为怀所亲爱。（《魏书》卷52，1164）

（15）蒨之弟芬之，字文馥。长者，好施，笃爱诸弟。（《魏书》卷71，1568））

（16）垂，字道明，元真第五子也。甚见宠爱，常目而谓诸弟曰："此儿阔达好奇，终能破人家，或能成人家。"（《魏书》卷95，2065）

（17）人或交天下之士，皆有欢爱，而失敬于兄者，何其能多不能少也？（《颜氏家训·兄弟》，27）

[①] 徐震堮：《世说新语词语简释》，《中华文史论丛》1979年第4辑。
[②] 蔡镜浩：《魏晋南北朝口语材料与汉语辞书》，《辞书研究》1998年第2期。
[③] 王锳：《诗词曲语词例释》，中华书局2005年版，第438页。
[④] 江蓝生：《魏晋南北朝小说词语汇释》，语文出版社1988年版，第149页。

《文选·嵇康〈与山巨源绝交书〉》："吾新失母兄之欢"李周翰注："欢,爱也。"(《故训汇纂》1176页欢6条)"欢"有爱义,在这里与"爱"构成同义复词。

（18）邢子才、魏收俱有重名,时俗准的,以为师匠。邢赏服沈约而轻任昉,魏爱慕任昉而毁沈约,每于谈谑,辞色以之。(《颜氏家训·文章》,273)

2. 薄贱、贱薄、鄙贱、轻薄、鄙薄、轻贱、轻忽、轻慢、轻弄、轻易在轻视、看不起义上同义。

（1）闻佛说法,咸得开解……随心所慕,悉得其愿,各乃识真,信敬三宝,薄贱六师,舍不承供。(《贤愚经》4－361a)

（2）怿亲尊懿望,朝野瞻瞩,维受怿眷赏,而无状构间,天下人士莫不怪忿而贱薄之。(《魏书》卷63,1416)

（3）若起瞋恚,自烧其身,其心嗟毒,颜色变异,他人所弃,皆悉惊避,众人不爱,轻毁鄙贱。(《正法念处经》17－357c)

（4）以如是故,为诸亲旧兄弟眷属一切人等皆悉轻贱,作如是言："此不持戒,不勤精进,身口意戒一切不持。"如是诸亲至兄弟等,嫌贱轻薄。(《正法念处经》17－255b)

（5）高允重雅文学,而雅轻薄允才,允性柔宽,不以为恨。(《魏书》卷54,1195)

（6）纥机辩有智数……时豪胜己,必相陵驾；书生贫士,矫意礼之。其诡态若此,有识鄙薄焉。(《魏书》卷92,2008)

（7）所谓至檀越家,贪于食味,轻躁不正语,此三种法世间出,世间之所轻贱。(《正法念处经》17－195b)

（8）若生人中,容貌丑陋,唇口粗大,人所恶见,人中命终。若有余业,得生天中,身光减劣,如前所说,一切天众之所

轻贱。(《正法念处经》17-181a)

(9) 佛言阿难:"时长者妇自以财富,轻忽贫者,嫌佛世尊先受其请,便复言曰:'世尊云何不受我供,乃先应彼乞人请也?'以其恶言,轻忽贤圣。"(《贤愚经》4-371a)

(10) 彝爱好知已,轻忽下流,非其意者,视之蔑尔。(《魏书》卷52,1429)

江蓝生等认为,"轻忽"有轻视、小看之义。①

(11) 复次第三怨憎不爱会苦,谓鼻闻香,不爱不乐,心不随顺,闻之心恼,或生深苦,是为大恶,不爱合会诸天子等,是名人中不爱合会,若人愚痴,无有智慧,或行或住,心生贪著,轻慢不敬。(《正法念处经》17-341a)

(12) 若生人中,一切不爱,王舍怨家,兄弟亲家轻弄嫌贱,此是绮语口业果报。(《正法念处经》17-4a)

(13) 饮食知足,不饮余食,不恼众生,不喜瞋恚,不与下贱屠儿魁脍贩卖贸易,卖买质直,不诳众生,不入酒肆,不为女人之所轻易。(《正法念处经》17-152c)

3. 恶贱、憎贱、嫌贱、嫌薄、嫌恶、厌恶、厌贱、厌患
在嫌恶、厌恶义上同义。

(1) 若生人中,贫穷多病,常困饥渴,恒乞朝餐,以自活命,无量衰恶,以为严饰,其身破裂,不净臭秽,人所恶贱,口气腥臊。(《正法念处经》17-93b)

(2) 今说妄语,增上满足第一极恶,一切善人之所憎贱,一切恶道所由之门。(《正法念处经》17-45b)

---

① 江蓝生、曹广顺:《唐五代语言词典》,上海教育出版社1997年版,第304页。

（3）若生人中，一切不爱，王舍怨家、兄弟亲家轻弄嫌贱，此是绮语口业果报。(《正法念处经》17-4a)

（4）若懈怠者，一切所作皆悉羸劣，为一切人之所轻贱毁呰嫌薄，自受苦恼。(《正法念处经》17-274b)

"嫌"有厌恶、不满义，江蓝生①、方一新②都曾作过考释。
"嫌薄"即嫌恶、厌恶。

（5）既得脱已，若生人中同业之处，一切女人之所憎贱，于自父母兄弟妻子悉皆嫌恶，五百世中不能行欲，是彼恶业余残果报。(《正法念处经》17-73b)

（6）魔王受已，便还天上，而见所著乃是死狗，心中厌恶而欲去之，尽其神力，不能令却。(《贤愚经》4-443b)

（7）二十五者，所谓不著饮食二法，不多贪著，何以故？贪多饮食，于王则妨，常念饮食在腹内故，彼诸国人左右军众心生厌贱。(《正法念处经》17-323a)

（8）时魔波旬，即以魔之神通境界……断其正信，又不令彼于瞿昙所生其尊敬，以是令彼沙门瞿昙厌患于世，速入涅槃。(《月藏经》13-304c)

《国语·晋语五》"公患之"韦昭注："患，疾也。"(《故训汇纂》791页患9条)

我们认为上例中"厌患"是同义复词，义为厌恶。

4. 逼迫、逼切、陵逼、要逼、逼胁

在逼迫义上同义。

---

① 江蓝生：《魏晋南北朝小说词语汇释》，第220页。
② 方一新：《东汉魏晋南北朝史书词语笺释》，第147页。

第四章 北朝同义复音词

（1）观地狱苦，于一切众生，思惟忆念，起慈愍心，修行慈悲，于一切地狱怖畏苦恼逼迫之处，具观察已，知业果报，知业报已，生厌离心，复作是观。(《正法念处经》17-91c)

（2）若生人中同业之处，心则忽忘，贫穷无物，常在道巷，四出巷中卖鄙恶物，治生求利，为诸小儿伴笑戏弄，口齿色恶，脚足劈裂，常患饥渴之所逼切。(《正法念处经》17-40a)

（3）崇吉以母妻见获，托法寿为计。法寿既不欲南行，恨道固逼切，又矜崇吉情理。(《魏书》卷43, 970)

李维琦指出："逼切，强势逼迫"；"切，作为一个词素，它往往表示另一词素程度之甚，力度之强。"①

（4）公主被录还京，尔朱世隆欲相陵逼，公主守操被害。(《魏书》卷59, 1326)

（5）昭明言："二国交和既久，南北皆须准望。齐高帝崩，魏遣李彪通吊，于时初不素服，齐朝亦不以为疑，那得苦见要逼。"(《魏书》卷79, 1752)

"要"有要挟、强迫义，《广韵·宵韵》："要，俗言要勒，于霄切。"② "要逼"为同义复词。

（6）刚行在道，诏曰："刚因缘时会，恩隆自久，擢于凡品，越升显爵……又与刘腾共为心膂，间隔二宫，逼胁内外。"(《魏书》卷93, 2006)

"胁"之逼迫、胁迫义，在《汉书》中已有用例，如：

---

① 李维琦：《佛经词语汇释》，第15、237页。
② 郭在贻：《敦煌变文校议》，载《郭在贻文集》（二），中华书局2002年版，第369页。

收其人民去,使使胁求公主。(《汉书·常惠传》)

"逼胁"即逼迫。

5. 惶惧、怖惧、惊怕、惧恐、灼惕、忧灼、惧畏、畏惧、惊怖、惊骇、畏慑、怖畏、畏怖、惶怖、惊恐、惊怪、怪骇、惊畏、惊愕、恐怖、恐怯、恐畏、恐怕、怯怖、愁怖、怖吓、怖怕、惊惧、悚惕、震慑、悚栗、惕惧、震惧、恐惧、振惧、震跼、震恐、悝惧、惶灼、忧惧、忧怯、慑惮、惊悸、惧慑、震悚、悚惧

在害怕义上同义。

(1) 所言未讫,食时已至,盖事王军鸣鼓欲食,时梵天王甚以惶惧,谓欲牵摄而取杀之。(《贤愚经》4-403c)

(2) 王即然之,合兵躬往,前军近到,彼王乃知,心怀怖惧,急往白佛。(《贤愚经》4-436a)

(3) 有国名南方山,佛欲往彼国,于中路至一聚落宿,值彼聚落造作吉会,饮酒醉乱,不觉火起烧此聚落,诸人惊怕,靡知所趣。(《贤愚经》4-455a)

(4) 诸臣相将悉共集会,诣梵王所,咸皆同心,白大王言:"他国兵强,我国伫弱,惜一河水,今致此败,如是不久,惧恐失国,唯愿开意,以一河水与之,共为亲厚,足得安全。"(《贤愚经》4-403a)

(5) 王及夫人闻太子言,甚怀忧灼,问太子曰:"如斯众难,安全者少,百伴共往,时有一还,汝今何急,没身危险?我及汝母,无不极忧,诸王臣民,皆怀灼惕之惧,念舍此意,勿更纷纭。"(《贤愚经》4-411c)

《玄应音义》卷十二"灼惕"条注:"灼,忧惧也。"(《故训汇纂》1347页灼24条)

"灼""惕"二词同义,组成同义复词,义为害怕。

（6）王及夫人闻太子言，甚怀忧灼，问太子曰："汝有何意，而欲入海？苟欲布施，成汝本志，我家所有藏内余残，尽当与汝，以用布施，何为自弃？"（《贤愚经》4－411c）

（7）于时道行，有二估客，见国王女，侍从严饰，心怀惧畏，走至冢间。（《杂宝藏经》4－480b）

（8）时王军王闻父将至，踊悦无量，欲敕一切于路往迎，时诸佞臣畏惧被遣，即白王言。（《杂宝藏经》4－495b）

（9）如是病人，见彼山林岩崖窟穴多饶柳树，火焰炽燃，欲堕其上，心生惊怖，跛声唱唤，复更失粪。（《正法念处经》17－75c）

（10）是以童子，菩萨摩诃萨若欲乐求如是三昧，不可思议诸佛所说之法应善巧知，于不思议佛法应当谘请，应当深信不思议佛法，应当善巧求于不思议佛法，闻不思议佛法，勿怀惊怖，勿增怖畏，勿恒怖畏。（《月灯三昧经》15－574b）

在本例中"惊怖"与"怖畏"同义互用。"惊怖"是当时的一个常用词，中土文献及佛典文献中常见。何勇《洛阳伽蓝记校笺》第176页"法云寺"："秘咒神验，阎浮所无。咒枯树能生枝叶，咒人变为驴马，见之莫不忻怖。"此处"忻怖"或作"惊怖"。范祥雍校本说："《御览》忻作惊。"①

周祖谟说："'见之莫不忻怖'，《御览》引作'见者莫不惊怖'"。②

（11）于时新经大兵，人物歼尽，流迸之徒，惊骇未出。（《洛阳伽蓝记》卷1"永宁寺"，14）

（12）年初章奏，列名断之，众鬼畏慑，悉自逃亡。（《女青鬼律》18－252b）

---

① 范祥雍：《洛阳伽蓝记校注》，上海古籍出版社1978年版，第201页。
② （魏）杨衒之撰，周祖谟校释：《洛阳伽蓝记校释》，中华书局2010年版，第139页。

（13）口常烂臭，齿亦不好，面皮无色，一切世人妄语枉谤，常生怖畏，亲友兄弟，知识不固。(《正法念处经》17-3c)

（14）《江东旧事》云：范文本扬州人，少被掠为奴，卖堕交州，年十五六，遇罪当得杖，畏怖因逃，随林邑贾人渡海远去，没入于王，大被幸爱。(《水经注》卷36，632)

（15）业尽还退，恶业所缚，欲堕畜生，足上头下，如是中阴，如印所印，生畜生中，无量种类相似中阴，是名第三道。中阴有相，见之怖畏，复生厌离，惊愕惶怖，互相观视。(《正法念处经》17-339b)

上例中，"怖畏""惊愕""惶怖"三词同义，变换运用。

（16）彼人如是一切境界，生大怖畏，心甚惊恐。(《正法念处经》17-55b)

（17）尔时城中，有大长者，长者夫人，生一男儿，名曰金财，其儿端政殊特，世之少双，是儿宿世，卷手而生，父母心惊怪，谓之不祥。(《贤愚经》4-358b)

（18）帝释心念：云何我身无复生处，我生何处而不可见，心生惊怪，何故无有第八生处？(《正法念处经》17-147c)

"怪"有怕义，多见于同期文献，如：

王氏墓暨于永和之元年冬十二月，当腊之时。夜，上有哭声，其音甚哀，附居者王伯怪之，明则祭而察焉。(《水经注》卷23，418)

假令十日、二十日未出者，亦勿怪之，寻自当出。(《齐民要术》卷3"种胡荽第二十四"，208)

种后，未遇连雨，虽一月不生，亦勿怪。(《齐民要术》卷3"种胡荽第二十四"，210)

从上述这些用例可知，"怪"的怕义至迟在北朝时已经出现，而一些辞书对"怪"的怕义引证时，存在着偏晚的倾向，如《故训汇

第四章 北朝同义复音词

纂》783 页怪 13 条引杜甫《乾元中寓居同谷县作歌七首》诗"我行怪此安敢出。"杨伦镜诠:"怪,畏也。"《汉语大词典》"怪"的怕义也以杜甫的上述诗句为首引例。

(19) 延之报曰:"闻亲率戎马,远履西畿,阖境士庶,莫不怪骇。何者?莫知师出之名故也。"(《魏书》卷 38,879)

(20) 若遇美食,不得本味,声已破坏,一切恶触,面色甚恶,心常惊恐,人中鄙劣,一切诸亲兄弟等众,无恶因缘而生心惊畏。(《正法念处经》17-74c)

(21) 业尽还退,恶业所缚,欲堕畜生,足上头下,如是中阴,如印所印,生畜生中,无量种类相似中阴,是名第三道。中阴有相,见之怖畏,复生厌离,惊愕惶怖,互相观视。(《正法念处经》17-339b)

在上例中,"惊愕"与"惶怖"同义连用,均表示害怕。

(22) 尔时帝释知诸天子于正法中,心生信乐,见阎罗使,渐欲消灭,既见此事,复往诣于释迦天王,复有诸天,恐怖隐藏于园林中。(《正法念处经》17-196c)

(23) 有恶风来,如刀如火,此五境界,极恶可畏,心怖畏故,则生恐怯。(《正法念处经》17-63b)

(24) 郁单越人所不能及,郁单越人远离怖畏,胜四天处。四天王天住高山顶宫殿而居,犹怀恐畏。(《正法念处经》17-408a)

(25) 若食梨果、佉殊罗果、软枣豌豆,若朽豆等,不看不食,恐畏其内有诸虫故。于自屋壁所生诸虫,终不除却,畏伤损故。(《正法念处经》17-276a)

本例中,"畏"与"恐畏"同义变换运用。

· 59 ·

(26) 彼河岸险，若见彼河，极大怖畏，若闻其声，极生恐怕。(《正法念处经》17-64c)

(27) 若有比丘离著清净，意纯无著，乐于闲静，安住净命，离于忧恼，第一安隐，摄心一处，若遭苦厄，心不怯怖。(《正法念处经》17-363c)

《玉篇·心部》："怯，畏也。"《慧琳音义》卷二十五："怖，畏惧也。""怯怖"为同义复词，义为惧怕。

(28) 罗睺阿修罗王闻是语已，告陀摩睺勇健阿修罗言："汝莫愁怖，且自安意，不久我能坏彼天众及其天主帝释天王。"(《正法念处经》17-111c)

(29) 一切算数，尽皆忘失，天常怖吓，梦则心惊，以心惊故，常瘦不肥。(《正法念处经》17-74c)

(30) 文殊师利言："世尊，譬如有人于睡梦中而见自身堕于地狱……彼人见身大受苦恼，见有大火之所烧逼而生怖怕，而口出言，极苦极苦。(《金刚上味陀罗尼经》21-852b)

(31) 其妻夜梦致聘，怖而遽发，明引中流，而船不行。合船惊惧，曰：爱一女而合门受祸也。(《水经注》卷39，686)

(32) 戴延之云：城南倚山原，北临黄河，悬水百余仞，临之者咸悚惕焉。(《水经注》卷4，63)

《文选·潘岳〈笙赋〉》"晋野悚而投琴"李善注："悚，惧也。"(《故训汇纂》793页悚1条)

《易·乾》"夕惕若厉"陆德明释文："惕，惧也。"(《故训汇纂》802页惕3条)

"悚惕"为同义连文，恐惧、惶恐义。

在《水经注》中又有"惕"单用表惧怕义的情况，例如：

《搜神记》称齐景公渡于江、沈之河，鼋衔左骖，没之，众皆惕。

(《水经注》卷4,65)

(33) 夏四月,祭天,诸部君长皆来助祭,唯白部大人观望不至,于是征而戮之,远近肃然,莫不震慑。(《魏书》卷1,3)

(34) 丁亥,诏曰:"炎阳爽节,秋零卷澍,在予之责,实深悚栗,故辍膳三晨,以命上诉。"(《魏书》卷7下,179)

(35) 五月辛巳,诏曰:"朕以寡薄,运膺宝图,虽未明求衣,惕惧终日,而暗昧多阙,炎旱为灾,在予之愧,无忘寝食。"(《魏书》卷9,230)

(36) 秋七月癸丑,诏曰:"时泽弗降,禾稼形损,在予之责,夙宵震惧,虽克躬撤膳,仍无招感。"(《魏书》卷9,232)

(37) 浩曰:"不然。今年不摧蠕蠕,则无以御南贼。自国家并西国以来,南人恐惧,扬声动众以卫淮北。"(《魏书》卷35,817)

(38) 后车驾南征,以弁为司徒司马、曜武将军、东道副将。军人有盗马靽者,斩而徇之,于是三军振惧,莫敢犯法。(《魏书》卷63,1414)

《国语·楚语下》"滞久而不振"韦昭注:"振,惧也。"(《故训汇纂》889页振22条)

"振惧"为害怕义。

(39) 均清身率下,明为耳目,广设方略,禁断奸邪,于是赵郡屠各、西山丁零聚党山泽以劫害为业者,均皆诱慰追捕,远近震蹋。(《魏书》卷51,1129)

(40) 豹子又与河间公元齐俱会于浊水,贼众震恐,弃其兵甲夜遁。(《魏书》卷51,1130)

《尔雅·释诂下》:"震,惧也。""震恐"为害怕义。

（41）后世宗闻粲善自标置，欲观其风度，忽令传诏就家急招之，须臾之间，使者相属，合家恇惧，不测所以，粲更恬然，神色不变。世宗叹异之。（《魏书》卷59，1573）

（42）椿进谏曰："陛下至性，孝过有虞，居哀五朝，水浆不御，群下惶灼，莫知所言。"（《魏书》卷58，1285）

（43）于时葛荣南逼，神俊忧惧，乃故坠马伤脚，仍停汲郡，有诏追还。（《魏书》卷39，896）

"忧"有惧义，在上古文献中已有用例，《吕氏春秋·知分》"余何忧于龙焉"高诱注："忧，惧也。"（《故训汇纂》820页忧12条。）"忧惧"义即害怕。

（44）闻慰曰："此故当文达诳诈耳。年常抄掠，岂有多军也？但可抚强兵，勤肃卫，方城狭岭，何为便生忧怯，示人以弱也。"（《魏书》卷43，965）

（45）尚书令高肇，世宗之舅，为百僚慑惮，以肇名与己同，欲令改易。肇以高祖所赐，秉志不许，高肇甚衔之。（《魏书》卷55，1216）

（46）鬼相谓曰："正中死处。"拔矛出血石余。瘖而惊悸，遂患阴肿，医刺之，出血如梦。（《魏书》卷95，2082）

（47）绪劝国宝杀王珣，然后南征北伐，弗听，反问计于珣。既而惧慑，遂上表解职。（《魏书》卷96，2105）

（48）神龟末，清河王怿领太尉，辟固从事中郎。属怿被害，元叉秉政，朝野震悚。（《魏书》卷72，1611）

（49）及苌遇疾，即梦永固将天官使者鬼兵数百突入营中，苌甚悚惧，走入后帐。（《还冤志》，567上）

6. 瞋怒、瞋恚、忿恚、恚忿、恚怒、怒恚、愤怒、怪忿、忿怒在恼怒义上同义。

（1）彼以闻慧，或以天眼见瞋恚风，若不调顺，以少因缘而起大瞋，为瞋所使，一切世人起大瞋怒，身毛皆竖，心忪动乱，所见不了。(《正法念处经》17-395b)

（2）此善男子善心净心，不乐在家，所有舍宅，如罩如笼，心不喜乐，无始贪欲，瞋恚愚痴。(《正法念处经》17-10c)

（3）若多事比丘，受他利养，若此行人不受其物，令多事者其心忿恚，言此比丘谄曲不实。(《正法念处经》17-195c)

（4）婆罗门闻，甚怀恚忿，语其妇言："此无恼者力敌千人，辅相之子，种族强盛，虽欲治之，宜当以渐。"(《贤愚经》4-423c)

（5）尔时大王心大恚怒，敕诸臣言："汝等速取利斧，彼所种树仰令研伐。"尔时诸臣受王教令研断彼树。(《僧伽吒经》13-970b)

（6）每见将士多在吉所，因愤怒曰："吾不如吉。"遂收吉，转置日中，令其降雨，如不能者，便当受诛。俄顷之间，云雨滂沛，未及移时，州润涌溢，并来贺吉，免其死，策转怒恚，意竟杀之。(《还冤志》，563上)

（7）怿亲尊懿望，朝野瞻属，维受怿眷赏，而无状构间，天下人士莫不怪忿而贱薄之。(《魏书》卷63，1416)

方一新指出，"怪"有恼怒、怨恨、不悦义。同时又说明《汉语大词典》未收"怪忿"一词。①

（8）王闻忿怒，即往看毗庐旃。(《洛阳伽蓝记》卷5"凝玄寺"，210)

7. 瞋忿、忿恨、恨忿、忿阋、忿憾、恚恨、恚愤、恨愤、憎忿、嫌忿、仇疾、怨嫉、怨恶、嫌恨、怨嫌、憎恶、憎嫉、憎愱、瞋嫌、

---

① 方一新：《东汉魏晋南北朝史书词语笺释》，第50页。

嗔嫌、瞋恨

在怨恨义上同义。

(1) 何者第三？所谓恒常怀忍不怒，心如是念，随何因缘，令我瞋忿，如是因缘，一切皆舍。(《正法念处经》17-317b)

(2) 雍遂笑而言曰："岂可以朱晖小人，便相忿恨。"(《魏书》卷19中，485)

(3) 尔时四大阿修罗王，闻佛说是加护声已，其心忿恨，毛竖怖畏，来诣佛所，到已顶礼，却住一面，白佛言。(《大悲经》12-950b)

(4) 邪利亡后，二女悔法始庶孽，常欲令文华袭外祖爵临淄子。法始恨忿，无所不为。(《魏书》卷24，628)

(5) 冲兄弟六人，四母所出，颇相忿阋。(《魏书》卷41，1189)

《资治通鉴·唐纪二》"数相斗阋"胡三省注："阋，恨也。"(《故训汇纂》2568页阋5条)

忿阋，即怨恨之义。

(6) 剖其孕子，节解，以草装实婢腹，裸以示辉。辉遂忿憾，疏薄公主。(《魏书》卷59，1311)

《汉书·张安世传》"何憾而上书归卫将军富平侯印"颜师古注："憾，恨也。"(《故训汇纂》831页憾1条)

忿憾，也即怨恨之义。

(7) 荣闻所启不允，大为恚恨，曰："天子由谁得立？今乃不用我语。"(《魏书》卷74，1654)

(8) 度律虽在军戎，聚敛无厌，所至之处，为百姓患毒。其

第四章 北朝同义复音词

母山氏闻度律败，遂恚愤而发病。(《魏书》卷75,1672)

(9) 于时尔朱荣欲回师待秋，道穆谓荣曰："元景以蕞尔轻兵，奄据京洛，使乘舆飘落，人神恨愤，主忧臣辱，良在于今。"(《魏书》卷77,1715)

(10) 代京法禁严切，王公闻之，莫不惊悚而退。故玄多见憎忿，不为贵胜所亲。(《魏书》卷91,1958)

(11) 常居城上，置弓剑于侧，有所嫌忿，手自杀之。(《魏书》卷95,2057)

《慧琳音义》卷六："嫌，恨也。"(《故训汇纂》535页嫌9条)嫌忿，有怨恨之义。

(12) 及宝夤反，以为左丞，尤见信任，为群下所仇疾。(《魏书》卷45,1018)

(13) 佛言："昔迦尸国王，名曰满面，比提希国有一淫女，端政殊妙，尔时二国，常相怨嫉，傍有佞臣向迦尸王叹说彼国有淫女端政，世所希有。"(《杂宝藏经》4-486b)

(14) 昔舍卫国有兄弟二人，恒喜斗诤，更相怨恶，便共诣王，欲求断决。(《杂宝藏经》4-482c)

(15) 第十九者谓定一时数见众人，若刹利王常定一时数见众人，如是王者久时为王，一切国人皆不嫌恨，能知一切人之善恶，能令国人一切行法。(《正法念处经》17-321b)

(16) 尔时世尊复告："汝于长夜以身口意慈孝如来，无量安乐心无有二，无瞋无恨，无有怨嫌。"(《大悲经》12-972a)

"怨嫌"之怨恨、冤仇义，方一新已经作过考释[①]。在上例中，

[①] 方一新:《〈大方便佛报恩经〉语汇研究》,《浙江大学学报》(人文社会科学版)2001年第5期。

"瞋""恨""怨嫌"三个词同义,均表怨恨。

(17)若生人中同业之处,受余残业,常为王罚,若打若缚,斗诤怖畏,为一切人之所诬枉,常受重苦,善友知识、妻子眷属、亲旧主人之所憎恶。(《正法念处经》17-28c)

(18)若生人中同业之处,贫穷下贱,根阙常病,一切众人之所憎嫉,一切不信,一切污恶,一切所作唐劳其功,所求不得,是彼恶业余残果报。(《正法念处经》17-49c)

(19)复次若沙门婆罗门及以余人,观于人中而起悲心,以种种业生于人中,受苦乐果,上中下众生,种种作业,种种心性,种种信解,或有贫穷,依恃他人,憎嫉妨碍,畏他轻贱,追求作业,以自存活。(《正法念处经》17-360b)

(20)其兄泪咤,连遭衰艰,所在破亡,财物迸散,家理顿穷,无有方计,往到弟边,说所契阔,求索少钱,供足不逮,其弟瞋嫌,而语兄言。(《贤愚经》4-435a)

(21)于时口敕,责诸内官,十日仰密得一事,不列便大嗔嫌。(《魏书》卷58,1290)

(22)是名三界染地之法,分别则有三界所摄,瞋恨悭妒幻,欲界所系,谄曲一法,遍于欲界及于梵天,憍慢大慢遍于三界。(《正法念处经》17-193b)

8. 侵近、习近、遮近、逼近、临近、比近、附近、侧近、迫近在接近义上同义。

(1)彼见有人,杀生偷盗,邪行饮酒,妄语邪见,乐行多作,业及果报如前所说。复有邪淫,所谓侵近善比丘尼,或时荒乱,国土不安。(《正法念处经》17-71b)

蒋绍愚①、王锳②都对"侵"的接近、靠近义在唐诗中的运用作过分析，从上举例子看，此义在北朝时期已经出现。"侵近"为同义复词。

（2）又复天中长生死相，缘彼相想，如是天中，不得境界，喜乐境界，声味色香，贪欲瞋痴，种种放逸，习近妇女。（《正法念处经》17－18a）

（3）略而言之，有十功德，具足善友，何等为十？……五者好心，遮近恶友。六者正信，示业果报。（《正法念处经》17－322b）

（4）既如是见，生大怖畏，见彼恶兽疾来向已，速行不住，逼近其身，彼重病人，闻彼师子虎等吼声，生大怖畏，悲苦懊恼。（《正法念处经》17－55a）

《小尔雅·广诂》："逼，近也。"（《故训汇纂》2296页逼1条）逼近，即接近。

（5）彼诸天女，如是说已，如是天子共诸天女从空而下，临近彼殿，于彼殿中有受乐天，见其来已，生欢喜心，有天前迎，近而看之。（《正法念处经》17－232b）

（6）尔时大女往适他家，奉给夫主，谦卑恭谨，拂拭床褥，供设饮食，迎来送去，拜起问讯，譬如婢事大家，比近长者。（《贤愚经》4－382a）

（7）譬如秋时，虚空之中，诸曜庄严，如是如是，百千天女，多饶具足，歌舞游戏，五乐音声，受诸快乐，迭相心念，迭相附近，一念不离，恒常一心，迭相爱乐。（《正法念处经》17－

---

① 蒋绍愚：《唐诗词语札记》，《北京大学学报》（哲学社会科学版）1980年第3期。
② 王锳：《诗词曲语辞例释》，中华书局2005年版，第254页。

219b)

"附"有靠近义多见于《齐民要术》,如:

至冬叶落,附地刈杀之,以炭火烧头。(《齐民要术》卷4"插梨第三十七",287)

于此时,附地剪却春葵,令根上枿生者,柔软至好,仍供常食,美于秋菜。(《齐民要术》卷3"种葵第十七",177)

明年正月初,附地芟杀,以草覆上,放火烧之。(《齐民要术》卷5"种榆、白杨第四十六",338)

附近,义即接近。

(8) 佛闻此已,告舍利弗诸弟子等:"虑诸弟子复生此心,如来钵中所食之余,甘美百味,世无此食,阿难嗜故,而来侧近,阿难所以索自裁量时节进现者。"(《贤愚经》4-404c)

"侧"有近义,"侧近"一词又见于隋阇那崛多译《佛本行集经》,如:

时宝体佛居止,侧近阎浮檀城。①
侧近,也有接近义。

(9) 盘庚以耿在河北,迫近山川,乃自耿迁亳。(《水经注》卷6,104)

《水经注》中还有"迫"的近义用例,如:
江水径汉安县北,县虽迫山川,土地特美,蚕桑鱼盐家有焉。(《水经注》卷33,582)

"迫"的靠近义在司马迁《报任安书》中已有用例:"涉旬月,迫

---

① 李维琦:《佛经词语汇释》,第35页。

冬季。"

迫近山川，即接近山川。

9. 临侧、侧临、邻接、临际、临对、对临

在邻近义上同义。

（1）今临侧水湄，左右方一二里中，状若丘墟，盖遗囿故窖处也。（《水经注》卷10，183）

（2）朐亦水名，其城侧临朐川，是以王莽用表厥称焉。（《水经注》卷26，467）

"侧""临"表近义，在《水经注》中也有用例，如：

城东有曹太祖旧宅，所在负郭对廛，侧隍临水。（《水经注》卷23，414）

江水又东南径夔城南，跨据川阜，周回一里百一十八步，西北背枕深谷，东带乡口溪，南侧大江，城内西北角有金城，东北角有圆土狱，西南角有石井，口径五尺。（《水经注》卷34，594）

泗水又东南径淮阳城北，城临泗水，昔菑丘䜣饮马斩蛟，眇目于此处也。（《水经注》卷25，456）

（3）吴有交土，与之邻接，进侵寿泠，以为疆界。（《水经注》卷36，631）

《仪礼·聘礼》"接西塾"郑玄注："接，犹近也。"（《故训汇纂》904页接24条）

"邻接"即邻近义。

"接"的近义在近代汉语中的运用，蒋绍愚通过对李白等人的诗作分析已经指出[①]。上例可补中古用例。

[①] 蒋绍愚：《唐诗词语札记》，《北京大学学报》（哲学社会科学版）1980年第3期。

(4) 西岸有天井台，因基旧堤，临际水湄，游憩之佳处也。(《水经注》卷28，506)

(5) 县南有石潭山，湘水径其西，山有石室、石林，临对清流。(《水经注》卷38，664)

(6) 城之西北有故市，北对临湘县之新治。(《水经注》卷38，664)

"对"有靠近义。王云路指出，唐韩愈《戏题牡丹》诗"凌晨并作新妆面，对客偏含不语情"、元马祖常《驾发上京》诗"苍龙对阙夹天阁，秋驾凌晨出国门"两例中，"凌"与"对"相呼应，义亦相近，"凌"为靠近、迫近义。①

对临，有接近义。

10. 惭愧、惭耻、愧耻、耻愧、愧悔、惭谢、愧谢、惭负

在惭愧义上同义。

(1) 诸饮酒人不护诸恶，一切不善不生惭愧，若与酒者，是则与人一切不善，以饮酒故，心不专正，不护善法，心则错乱。彼乱心人，不识好恶，一切不善，不生惭愧。(《正法念处经》17-40b)

(2) 十二劣天所受欲触，自业相似，他庄严具则为胜妙，见他胜故则生惭耻。(《正法念处经》17-270c)

(3) 尔时天主释迦提婆复于镜中观业果报，时天帝释示诸天众，诸天见之皆生愧耻。(《正法念处经》17-178c)

(4) 彼大天王并诸天众见化天已，心生耻愧，皆见自身色光欲乐，如草无异。(《正法念处经》17-214c)

(5) 叉举其亲元法僧为徐州刺史，法僧据州反叛，灵太后数以为言，叉深愧悔。(《魏书》卷16，406)

---

① 王云路：《汉魏六朝诗歌校注释例》，《古籍整理研究学刊》1999年第4期。

《尔雅·释言》："悔，惭也。"

又如：

有一才士，乃言："时张京兆及田郎二人皆堂堂耳。"闻吾此说，初大惊骇，其后寻愧悔焉。（《颜氏家训·勉学》，206）

愧悔，有惭愧义。

（6）于时太傅、录尚书、北海王详亲尊权重，将作大匠王遇多随详所欲而给之。后因公事，忠于详前谓遇曰："殿下国之周公，阿衡王室，所须材用，自应关旨，何至阿谀附势，损公惠私也。"遇既不宁，详亦惭谢。（《魏书》卷31，741）

（7）冲对曰："东晖承储，苍生咸幸。但臣前忝师傅，弗能弼谐，仰惭天日，慈造宽含，得预此宴，庆愧交深。"高祖曰："朕尚弗能革其昏，师傅何劳愧谢也。"（《魏书》卷53，1186）

《文选·谢灵运〈赠王太常〉》"属美谢繁翰"李善注："谢，犹惭也。"（《故训汇纂》2141页谢19条）

"惭""愧"，"愧谢"三个词，单音词与复音词交错使用，意义相同。

（8）诸人默然不能对。雄对曰："雄等进退如此，不能自委沟壑，实为惭负。"（《魏书》卷77，1698）

"负"有愧义，《后汉书》中已有用例：

茂让步曰："以南阳兵精，延岑善战，而耿弇走之。大王奈何就攻其营？既呼茂，不能待邪？"步曰："负负，无可言者。"（《后汉书·张步传》）李贤注："负，愧也。再言之者，愧之甚。"[1]

"负"有惭愧义在《论衡》中也有用例，如：

---

[1] （宋）范晔撰，（唐）李贤等注：《后汉书》，中华书局1965年版，第499—500页。

无得道之效,惭于乡里,负于论议。(《论衡·道虚》)

对此,蒋礼鸿、徐正考都有分析。蒋礼鸿认为"负亦惭也。"① 徐正考指出:"惭,负,媿,愧,惭愧这一组词在惭愧、羞愧义上为同义词。"②

根据这些线索,我们判断"惭负"为同义复词。

11. 欺罔、诳诳、诳惑、诳诈、诳诱、诱诳、慢诳、欺慢、漫捍、欺诳、迷诳、欺诡

在欺骗义上同义。

(1) 第一百二戒者不得欺罔老小。(《太上老君经律》18-220b)

(2) 彼以闻慧知此众生贪嫉覆心,或为沙门,破所受戒而被法服,自游聚落,诳诳求财,言为病者随病供给,竟不施与,便自食之。(《正法念处经》17-96a)

《庄子·天地》"忠臣不诳其君"成玄英疏:"诳,欺也。"(《故训汇纂》2132页诳28条)

"诳诳"为同义复词,义即欺骗。

(3) 若人偷盗,彼偷盗人若诳惑他,屏处思量,作欺诳事,斗秤治物作恶业行,如是种种,此业具足,云何成业?(《正法念处经》17-2c)

(4) 如是无量,不可堪忍,无量百千亿那由他一切所作身口意起作苦恼业,以为庄严,虚妄诳诈,愚痴凡夫恒常如是。(《正法念处经》17-17c)

(5) 或于姊妹,或于同姓,或于香火,或香火妇,或知识妇,

---

① 蒋礼鸿:《读论衡校释》,《杭州大学学报》(哲学社会科学版)1979年第1—2期。
② 徐正考:《〈论衡〉同义词研究》,第183页。

第四章 北朝同义复音词

诳诱邪行,彼人以是恶业因缘,身坏命终,堕于恶处。(《正法念处经》17-69b)

《荀子·正名》"彼诱其名"杨倞注:"诱,诳也。"(《故训汇纂》2123 诱 31 条)

在本例中"诳诱"同义连文。

(6)复有邪行,所谓比丘贪染心故,不相应行,以酒诱诳持戒妇人坏其心已,然后共行,或与财物。(《正法念处经》17-69c)

(7)临至退时,尔乃觉知,起如是心,境界诳我,令我生染,如是慢诳,身坏命终,堕于恶道,生在地狱饿鬼畜生,如是傲慢,妨世间道。(《正法念处经》17-255a)

张相在《诗词曲语辞汇释》一书中已指出,"慢"通"谩""漫",瞒、欺骗义,并举下面例证加以说明:《乐府新声》上,侯正卿《醉花阴》套,"凉夜厌厌露华冷"篇:"慢不过天地神明,说来的咒誓终朝应。"[1]

根据我们的调查,"慢"的欺骗义在北朝时已出现:

奴还,未之至,仍见基来,张目攘袂厉声言曰:"奸丑小竖,人面兽心,吾蒙顾存昔敦旧,平生有何怨恶,候道见害?慢天忘父,神人不容,要当断汝家种!"(《还冤志》,572 上)

"慢"与"诳"还有对举运用的情况:

云何分分思量,观察短生死相?受戒头陀,精勤布施,持戒智行,恭敬尊长,直心欢喜,如是正见,敬重父母,见佛闻法,恭敬供养,不谄曲行,不慢不诳,近善知识,守信正行,直心起业,严身口意,如是之人,生死则短。(《正法念处经》17-18b)

---

[1] 张相:《诗词曲语辞汇释》,中华书局 1953 年版,第 236 页。

因此，根据上面的考察，我们认为"慢诳"为同义复词，义为欺骗。

（8）文殊师利，若复有男子女人，于一菩萨所，起欺慢心，骂辱毁訾，文殊师利，此罪过前，无量阿僧祇。文殊师利，若有男子女人，于一菩萨乃至微少，随何因缘，以欺慢心，骂辱毁訾，彼男子女人，堕大叫唤地狱之中，身形大小五百由旬。（《信力入印法门经》10-958a）

（9）尔时世尊复告慧命阿难言："阿难，我说彼等一发心者，必定当得最后涅槃，何况我所种善根者。阿难，或有愚人，漫捍无信，闻我本修菩萨苦行，乃至不生一念悲心，不言如来有大利益，亦不敬信，是故所有殊胜行者，能得涅槃。"（《大悲经》12-962c）

《玄应音义》卷一"为捍"注："捍，亦蔽也。"（《故训汇纂》892页捍8条）

王凤阳在《古辞辨》中指出，"捍"有遮蔽的意思。① 笔者认为，"漫""捍"组合成"漫捍"一词有欺骗、欺瞒之义。

（10）彼以闻慧，知此众生前世之时，见有行人欲过旷野，病苦疲极，于是人所多取其价，与直薄少，以恶贪故，巧辞欺诳旷野空乏远行之人，以是因缘生海渚中。（《正法念处经》17-98a）

（11）是故我说卢迦耶陀虽有种种巧妙辩才，乐说诸法，失正理故，不得出离生老病死忧悲苦恼一切苦聚，以依种种名字章句，譬喻巧说迷诳人故。（《入楞伽经》16-547b）

---

① 王凤阳：《古辞辨》，吉林文史出版社1993年版，第659页。

"迷"有欺骗义,"迷诳"为同义复词。"迷"的欺义早在东汉时已有用例,如王符《潜夫论·忠贤》:"迷罔百姓,欺诬天地。""迷罔"与"欺诬"同义对举。

（12）若引之先业,冀以后生,更为通耳。如以行善而偶钟祸报,为恶而傥值福征,便生怨尤,即为欺诡,亦尧、舜之云虚,周、孔之不实也,又欲安所依信而立身乎?（《颜氏家训·归心》,385）

《文选·魏文帝〈与钟大理书〉》"而无蔺生诡夺之诳"吕向注:"诡,犹欺也"。（《故训汇纂》2118页诡19条）

"欺诡"即欺骗。

12. 扇惑、扇诱、妖惑、扇奖、诱枉

在煽惑、诱惑义上同义。

（1）是时徐州妖人假姓司马,字休符,自称晋王,扇惑百姓。（《魏书》卷50,1112）

（2）板桥蛮文石活、石忌粗受萧衍印节,扇诱党类,据险寇窃。（《魏书》卷41,935）

（3）延兴初,阳武人田智度,年十五,妖惑动众,扰乱京索。（《魏书》卷56,1238）

（4）公主更不检恶,主姑陈留公主共相扇奖,遂与辉复致忿争。（《魏书》卷59,1312）

"奖"的诱义在《魏书》中也有用例,如:

崇乃唱言曰:"梁眷不顾恩义,奖显为逆,今我掠得其马,足以雪忿。"（卷27,661）

扇奖,即诱惑。

（5）第一百四戒者，不得诱枉良人为奴婢。（《太上老君经律》18－220b）

13. 愁悴、愁恼、忧闷、忧慼、忧悴、忧愦、忧悔、忧烦、忧悲、悲忧、忧怖、忧懑

在忧愁义上同义。

（1）若有丈夫侵他妇人，为官所收，打恶声鼓从右门出，欲断其命，无救无护，无所悕望，愁悴忧恼，欲至冢间，将至杀处。（《正法念处经》17－187b）

（2）若世间人不孝父母……掩蔽日光，莲华即合，无有香气，失金色光。郁单越人见华既合，愁恼怯劣。（《正法念处经》17－106b）

（3）彼象虽复如是将息，如是供养，不能令其心离忧闷。（《正法念处经》17－25b）

（4）时阿修罗皆共相率往至罗睺阿修罗所，忧慼憔悴，以求救护。（《正法念处经》17－116b）

（5）毗摩质多罗到第四地，入其本城，甚大羞耻，忧悴低头，媒女围绕，忧愦憔悴。（《正法念处经》17－124c）

"忧悴"与"忧愦"同义，交错使用。

（6）若有何人种姓次第先来得者，随相应与，一切人民则于其王不生厌恶，左右军众一切不能迭相妨碍，王不忧悔，不生热恼。（《正法念处经》17－326b）

（7）三千大千世界，所有天龙夜叉干闼婆阿修罗迦楼罗紧那罗摩睺罗伽梵天释天护世王等，佛神力故，各见宫殿床座园林，皆悉暗昧，无复威光，不生爱乐，彼等眷属忧烦不乐。（《大悲经》12－946a）

（8）阿难，是末田提比丘，具诸功德，能令我法毗尼神通梵行，于诸天人广行流布，阿难，汝莫忧悲。（《大悲经》12-954c）

（9）宋元嘉中，右将军到彦之，留建威将军朱修之守此城，魏军南伐，修之执节不下，其母悲忧，一旦乳汁惊出，母乃号踊，告家人曰。（《水经注》卷5，77）

《诸子平议·淮南内篇一》"忧悲者德之失也"俞樾按："悲，即忧也。"（《故训汇纂》799页悲6条）

"悲忧"为同义连文，表示忧愁。

（10）第一百六十八戒者，人侵谤汝，汝但当自修启大道，勿忧怖以损精神。（《太上老君戒经》18-221b）

（11）既登车，为左右说之，又问殷涓形状，答以肥短，温云："向亦见在帝侧。"十余日便病，因此忧懑而死。（《还冤志》，566下）

14. 叹美、称叹、赞美、称赞、称美、赞叹、称扬、赞说、赞诵、赞誉、褒美、嘉美、叹尚、谈引、谈誉

在赞美、称赞义上同义。

（1）尔时父母、诸王臣民、男女大小见于太子，视于怨家，如视赤子，波婆伽梨虽刺其眼，无有微恨大如毛发，敬爱慈恻，倍加于前，一切大众，皆共叹美，甚为奇特，天上人中，实无有比。（《贤愚经》4-414c）

"叹"之赞叹、赞美义在三国时已有用例，《汉语大字典》在"叹"的该义项下即引曹植《与杨德祖书》"吾亦不能忘叹者，畏后世之嗤余也"为例证。"叹美"一词为同义复词。

"叹美""叹誉"表赞颂、赞美、赞誉之义，李维琦在《隋以前佛

经释词》一文中已经指出①。

（2）彼以闻慧知此众生，贪嫉覆心，破坏他人……得王势力，王善其能，称叹赞美，转增凶暴。（《正法念处经》17-97a）

（3）如是三种身不善业，如是四种口不善业次第舍离，乃至涅槃，彼善业因，世所称赞，次得生天，后得涅槃。（《正法念处经》17-8a）

（4）如是舍利是大福田，当设供养如是比丘，少闻无智，称美赞叹少欲比丘，言此比丘多闻智慧，能为汝等演说正法。（《正法念处经》17-196a）

（5）所谓缚因，不善业道，善是佛因，是解脱因，所言善者谓离杀生，摄取世间一切众生，施与不畏，于现在世人所赞叹，面色诸根端正美妙，得长命业。（《正法念处经》17-6c）

（6）我若具足称扬广说彼末田提所有功德，不能穷尽。（《大悲经》12-954c）

（7）以恶心故，火烧僧处，烧已随喜，心不生悔，复教他人随喜赞说。（《正法念处经》17-84c）

（8）又第四法，沙门之人所不应作，何者第四？所谓邪闻恶不善法，歌咏赞诵。（《正法念处经》17-289a）

（9）云何毁辱不恚？所谓观察世法悟因果故。云何闻赞誉不高？为求善法出家故。（《月灯三昧经》15-617c）

（10）光亦揣其意，复书褒美以悦之。（《魏书》卷68，1515）

（11）高祖诏曰："但顷与安都送款彭方，开辟徐宋，外捍沈攸、道成之师，内宁边境乌合之众，淮海来服，功颇在兹。言念厥绩，每用嘉美，赭阳百败，何足计也。"（《魏书》卷61，1356）

（12）领军元叉当权熏灼，曾住候绍，绍迎送下阶而已，时

---

① 李维琦：《隋以前佛经释词》，《古汉语研究》1992年第2期。

人叹尚之。(《魏书》卷 27,671)

(13) 爱敬人物,后来才俊未为时知者,侍坐之次,转加谈引,时人以此称之。(《魏书》卷 18,429)

(14) 司徒公、录尚书、北海王详等奏曰:"而琛尝不陈奏,方更往来,绸缪结纳,以为朋党,中外影响,致其谈誉。"(《魏书》卷 68,1512)

关于(13)(14)两例中的"谈引""谈誉"二词,方一新认为,"谈引"近义连文,犹言赞誉引荐;"谈誉"为同义连文。"谈"有称赞、赞誉义。①

15. 障覆、覆障、覆蔽、蔽覆、隐蔽、掩蔽、覆盖、荫覆、覆翳、映障、映蔽、映夺、隐翳、覆藏

在掩藏、掩盖义上同义。

(1) 譬如火光能障雪光,又何者受?何者受胜?如是复起,如是观察,彼不善受障于善受,后时复起,譬如昼日覆月光明,彼月光明,于夜暗中无能障覆。(《正法念处经》17-15a)

《汉书·京房传》"此上大夫覆阳而上意疑也"颜师古注:"覆,掩蔽也。"(《故训汇纂》2085 页覆 33 条)

据此可知,"障覆"为掩盖义。

(2) 时阿修罗思惟是已,从城而起,即以一手覆障日月诸光明轮,世间愚人、诸相师等咸记灾祥,如上所说,复以一手摩须弥顶,欲与诸天决其得失。(《正法念处经》17-108a)

(3) 此懈怠人一切家事作业皆畏,是故出家,作如是言:"我出家已……彼懈怠故,如是出家,既出家已,不读诵经,不能止

---

① 方一新:《东汉魏晋南北朝史书词语笺释》,第 135 页。

恶,不行善法,不修禅定,不持禁戒,常为懈怠之所覆蔽。"(《正法念处经》17-256c)

(4) 虽业烦恼暗翳障碍蔽覆其眼,而胜一切声闻缘觉,已能摄取善根,愿行妙音声说。(《不必定入定入印经》15-704a)

(5) 尔时化天与实天众共集一处,令实天众威德光明皆悉隐蔽,如阎浮提日光既现,星宿月光一切皆灭,化天威德令实天众光明悉灭,亦复如是。(《正法念处经》17-333a)

(6) 若世间人不孝父母,不供养沙门婆罗门时恶龙王,以自在心,势力增长……掩蔽日光,莲华即合,无有香气,失金色光。(《正法念处经》17-106b)

(7) 所谓覆者,夜摩天珠覆盖如是大光明珠,彼夜摩天却余宝珠,出此一珠。(《正法念处经》17-235c)

(8) 花中众蜂出妙音声,复见黄金枝叶荫覆,犹如宫室,百千众峰其音美妙,甚可爱乐。复见毗琉璃枝,青宝为叶,荫覆宫室,第一宝珠,种种色鸟而以庄严,其地柔软,宝钿庄严,熏以天香。(《正法念处经》17-345b)

(9) 善男子,譬如虚空若受垢染无有是处,心性亦尔,若有垢染无有是处;善男子,譬如虚空虽为烟尘云雾覆翳,不明不净。(《胜思惟梵天所问经》15-84c)

(10) 若天不出,阿修罗王欲观园林,日百千光照其身上,庄严之具,映障其目,而不能见诸天园林游戏娱乐受乐之处。(《正法念处经》17-107b)

(11) 如来日轮处在百千万福庄严师子妙座,威光殊特,照曜显现,映蔽一切释提桓因,诸梵天王、四天王等光明不现,亦复如是。(《大萨遮尼乾子所说经》9-318b)

(12) 譬如初月,光轮渐长,至月满足,其光殊胜,照曜显现,映夺一切星宿诸光。(《大萨遮尼乾子所说经》9-318b)

"映"有遮掩、隐藏义,王锳①、蒋绍愚②均已作过分析。江蓝生、曹广顺指出:"映,掩,遮蔽。也写作'暎'。……作'遮掩'解始于魏晋,唐五代多用。"③"映"在北朝佛经中多写作"暎"。因此,"映障""映蔽""映夺"均为掩盖义。

(13) 尔时世尊告龙王言:"龙王,得彼宝殿佛所居处,又是如来福力故生,能令菩萨心得清净,复能照明十方世界,使诸众生心意欢喜,隐翳一切诸天宫殿,不可说无边庄严之事成就具足。"(《大乘同性经》16-648a)

(14) 王言:"大师,何者根本罪?"答言:"大王,有五种罪,名为根本,何等为五?一者破坏塔寺焚烧经像,或取佛物法物僧物,若教人作,见作助喜,是名第一根本重罪,若谤声闻辟支佛法及大乘法,毁呰留难,隐蔽覆藏,是名第二根本重罪。"(《大萨遮尼乾子所说经》9-336a)

李维琦认为,"覆藏"的掩盖、遮盖义在东汉佛经中已有用例。④本例中"覆藏"与"隐蔽"同义连用。

徐正考在《〈论衡〉同义词研究》中归纳出"蔽、掩、覆、障、蔽覆、覆盖"等词为同义词⑤。在本组词中,大多是由"蔽""掩""障""映""隐"等同义单音语素合成的同义复音词。

16. 覆藏、隐藏、藏匿、藏隐、遁匿、隐遁

在隐藏义上同义。

(1) 时初生天子合掌顶上,礼帝释已……与诸天女放逸游

---

① 王锳:《唐宋笔记语辞汇释》(修订本),第213页。
② 蒋绍愚:《唐诗词语札记》,《北京大学学报》(哲学社会科学版)1980年第3期。
③ 江蓝生、曹广顺:《唐五代语言词典》,第418页。
④ 李维琦:《佛经词语汇释》,第127页。
⑤ 徐正考:《〈论衡〉同义词研究》,第284页。

戏，覆藏怨贼，谓为亲友，如是受乐，乃至爱善业尽，随业流转，堕于地狱饿鬼畜生。（《正法念处经》17-207b）

《左传·庄公十一年》"覆而败之"孔颖达疏："覆，隐也。"（《故训汇纂》2085 覆 31 条）

"覆藏"即隐藏。

（2）尔时帝释知诸天子于正法中心生信乐，见阎罗使，渐欲消灭，既见此事，复往诣于释迦天王，复有诸天恐怖隐藏于园林中，一切皆往诣帝释所。（《正法念处经》17-196c）

（3）师先令民香火在靖中，民在靖处，西向散发叩头，谢写愆违罪过，令使皆尽，未有藏匿，求乞原赦。（《老君音诵诫经》18-215c）

（4）祖仁谓人告密，望而款服，云："实得金一百斤，马五十匹。"兆疑其藏隐，依梦征之。（《洛阳伽蓝记》卷 4"宣忠寺"，168）

（5）文荣与其从子天龙、惠连等三人，弃家将宝赍遁匿山涧，赁驴乘之，昼伏宵行，景明二年至寿春之东城戍。（《魏书》卷 59，1313）

（6）汉世又有闵仲叔，隐遁市邑，罕有知者，后以识瞻而去。（《水经注》卷 6，108）

《广韵·恩韵》："遁，隐也。"

"隐遁"为同义复词，即隐藏义。

17. 仰瞻、瞻睹、看睹、观睹、窥看、临观、顾盼、观望、顾望、观视、观看、观察、瞻仰、瞻视、瞻观、顾视、眄视、觇伺、观瞻、顾瞻、瞩望、顾看、窥觇、窥视、瞻望、临望、观瞩、瞻瞩、觇视

在看义上同义。

第四章 北朝同义复音词

（1）到第九日梵王请佛，佛自化身高至梵天，威严高显，巍巍难极，放大光明，晖赫天地，一切仰瞻，皆闻其语。（《贤愚经》4-363a）

（2）化佛脐中，复出光明，亦分两奇，离身七仞，头有莲花，上有化佛，如是转遍大千国土，一切瞻睹，愕然惊喜。（《贤愚经》4-363b）

（3）推寻其相，见于菩萨剥皮布施，即从天下来到其所，散花供养，涕泪如雨，剥皮去后，身肉赤裸，血出流离，难可看睹。（《贤愚经》4-366c）

（4）时彼五人开户入内，见妇端正殊特少双，自相谓言："我怪此人不将来往，其妇端正，乃至如是。"观睹已竟，还闭门户，持其户钥，还彼人所，系著本带。（《贤愚经》4-358a）

（5）第九十九戒者不得穿人家壁，窥看人家内妇女。（《太上老君经律》18-220b）

（6）老君曰：吾是以东游临观子身，汝知之不乎？吾数未至，不应见身于世。（《老君音诵戒经》18-211a）

（7）老君曰：道官祭酒，修行之法，复历民间，东西南北，行来出入，直身直面，一向直去，不得左右顾盼。（《老君音诵戒经》18-214b）

（8）若行道路，前视一寻，不左右顾盼，舍离美味不食宿饭。（《正法念处经》17-352a）

（9）其投道门之民，欲为弟子者，当观望情性，与约诫相应者，三年体能修慎法教，精进善行，心无有退，志无倾邪，乃可授箓诫，纳为弟子。（《老君音诵戒经》18-217a）

（10）又复如是阎魔罗人以铁炎杵筑彼罪人，罪人怖走，四向顾望，望有归救。（《正法念处经》17-31c）

（11）是名第三道中阴有相，见之怖畏，复生厌离，惊愕惶怖，互相观视。（《正法念处经》17-339b）

（12）若遭苦厄，心不怯怖；若他骂辱，不起瞋恚；逢喜不

· 83 ·

喜，于畏不畏，不亲宗族，自失利益，随所作事，皆悉究竟，于先所作诸恶之业不生喜乐，不乐观看游戏歌舞。(《正法念处经》17-363c)

(13) 而时世尊先观察已，然后为说。尔时世尊为彼比丘那罗陀村诸婆罗门而说法言。(《正法念处经》17-2b)

(14) 此诸天众，其身光明，色量受乐，皆悉具足，谛视瞻仰，众莲花鬘以为庄严。(《正法念处经》17-182a)

(15) 唯此一鬼受第一乐，自余眷属身如烧林，饥渴火逼，皆共瞻视，是受乐鬼不净施报。(《正法念处经》17-97a)

(16) 尔时天王如是见已，随顺瞻观，即前稍近，见其游戏受诸快乐。(《正法念处经》17-284a)

(17) 所应之食，但食二分，食知止足，不观他钵而生贪心，所受饮食不坏他心，自观其钵，不左右顾视。(《正法念处经》17-361b)

(18) 佛告大慧："须陀洹远离与诸女人和合，不为现在乐种未来苦因，远离打捆呜抱眄视，大慧，须陀洹不生如是贪心，何以故？"(《入楞伽经》16-537b)

(19) 王言："大师，何等是恶行众生？"答言："六者侵夺王妻宫女众生。七者违王命众生。八者出王密语众生。九者觇伺国土众生。十者骂王众生。十一者毁訾王众生。"(《大遮萨尼乾子所说经》9-333c)

(20) 六万天女，在中行坐，令彼宫殿端严胜妙，彼女殊胜，身相举动，皆可观瞻，天衣光明庄严其身，妙声环钏以姿其媚，善香妙色，欲心相应，身极软弱。(《毗耶娑问经》12-229b)

(21) 顾瞻左右，山椒之上，有垣若颓基焉。(《水经注》卷3，44)

(22) 坞侧有水，悬流赴壑，一匹有余，直注涧下，沦积成渊，嬉游者瞩望，奇为佳观，俗人睹此水挂于坞侧，遂目之为零鸟水，东南流入于洧。(《水经注》卷22，392)

（23）言陟羊肠，超烟云之际，顾看向途，杳然有不测之险。（《水经注》卷27，491）

（24）丑奴每遣窥觇，有执送者，天光宽而问之，仍便放遣。（《魏书》卷75，1674）

（25）兴又将数千骑，乘西岸窥视太祖营，束柏材从汾上流下之，欲以毁桥，官军钩取以为薪蒸。（《魏书》卷95，2083）

（26）禅文曰："今六军南迈，已次河浦，瞻望帝京，赧然兴愧。"（《洛阳伽蓝记》卷2"平等寺"，102）

（27）千金比屋，层楼对出，重门启扇，阁道交通，迭相临望。（《洛阳伽蓝记》卷4"法云寺"，178）

（28）永安二年中，此像每夜行绕其坐，四面脚迹，隐地成文。于是士庶异之，咸来观瞩。（《洛阳伽蓝记》卷4"永明寺"，201）

（29）行人见者，莫不嗟叹，不觉白日西移，遂忘前途尚远，盘桓瞻瞩，久而不能去。（《齐民要求》卷4"园篱第三十一"，254）

（30）范尝出行不还，帐内都督孙元弼闻丁丰户内有环佩声，觇视，见桃英与同被而卧。（《还冤志》，571上）

18. 瞻省、看视

在看望义上同义。

（1）大王后时被病困笃，诸小王辈，皆来瞻省。（《贤愚经》4-439c）

（2）彼最胜天共其天王牟修楼陀最初入塔……自书经言："诸比丘若天若人，有八种法障碍善法，何等为八？……若放逸者于善友所不能看视，则为中人若是怨家，怨则增长，求觅其便。"（《正法念处经》17-253c）

（3）如是诸亲，至兄弟等，嫌贱轻薄，以轻贱故，时节吉凶，

皆不看视，不与往还，吉凶等会，不请不唤，不信不敬。（《正法念处经》17－255b）

汪维辉认为，"看"有看望、探望义已见于东汉译经。①
"看视"即看望。

19. 诋谩、訾毁、毁呰、嘲毁、毁恶、毁谤、谤毁、呵毁、潛毁、诽谤、讥毁、非毁、尘谤、讪鄙、讪谤、谤讪、谤讟、谤诬、诬谤、轻毁

在毁谤、诽谤义上同义。

（1）二家相弃，遂失其牛，后往从索，言已还汝，共相诋谩。（《贤愚经》4－428b）

（2）第八十七戒者不得訾毁人物以为恶。（《太上老君经律》18－220a）

（3）不可往返，为他毁呰，不生羞耻，无惭无愧。（《正法念处经》17－3a）

《战国策·齐策三》"夏侯章每言未尝不毁孟尝君也"高诱注："毁，谤。"（《故训汇纂》1201页毁20条）

李维琦指出："毁呰，说……的坏话，贬抑。中性，好坏两用。亦作'呰毁'，亦作'毁訾'。"②

（4）第八十四戒者不得与俗人共相群党，更相嘲毁。（《太上老君经律》18－220a）

（5）而修行者最初如是，赞叹正见，不嫌不毁，不贱不恶，亦教他人令住正见，不赞邪见，嫌贱毁恶，常说邪见，正见相对，

---

① 汪维辉：《东汉—隋常用词演变研究》，第122页。
② 李维琦：《佛经词语汇释》，第156页。

二业果报，不令众生住于邪见。(《正法念处经》17-11c)

《古文苑·刘歆〈遂初赋〉》"为群邪之所恶"章樵注："恶，毁也。"(《故训汇纂》797页恶88条)

由此可知，"毁""恶"同义，"毁恶"有毁谤之义。

（6）谓知此业，知此业果，知善不善，知此众生成就身恶行，成就口恶行，成就意恶行，毁谤贤圣，邪见所摄。(《正法念处经》17-22c)

（7）复次大慧，我诸弟子为护世间谤三宝故，不应食肉，何以故？世间有人见食肉故，谤毁三宝，作如是言。(《入楞伽经》16-562a)

（8）如是种种无量方便舍离近王，若近王者，诸梵行人悉皆呵毁，所应近者，其唯智王，如是近者，毕竟寂静。(《正法念处经》17-295b)

（9）顺死后数年，其从父弟孝伯为世祖知重，居中用事。及浩之诛，世祖怒甚。谓孝伯曰："卿从兄往虽误国，朕意亦未便至此。由浩谮毁，朕忿遂盛。杀卿从兄者，浩也。"(《魏书》卷36，833)

（10）及显有宠，为御史中尉，奏寿兴在家每有怨言，诽谤朝廷。因帝极饮无所觉悟，遂奏其事，命帝注可，直付寿兴赐死。(《魏书》卷15，377)

（11）辞气激扬，见于言色。入参议论，时对众官面有讥毁。(《魏书》卷71，1570)

《说文·言部》："讥，诽也。""设毁"为诽谤之义。

（12）释三曰：开辟以来，不善人多而善人少，何由悉责其精絜乎？见有名僧高行，弃而不说；若睹凡僧俗流，便生非毁。

87

(《颜氏家训·归心》，389)

《孟子·离娄上》"言则非先王之道也"朱熹集注："非，诋毁也。"(《故训汇纂》2470 非 17 条)

"非毁"即诽谤。

（13）咸阳王禧妃即祥妻妹，及禧构逆，亲知多罹尘谤，祥独萧然不预。(《魏书》卷45，1026)

"尘"之谤义在《魏书》中也有运用的情况，如：

事下有司，司空伊馥等以宗之腹心近臣，出居方伯，不能宣扬本朝，尽心绥导，而侵损齐民，枉杀良善，妄列无辜，上尘朝廷，诬诈不道，理合极刑。(《魏书》卷46，1036)

尘谤，即诽谤。

（14）司徒长孙嵩闻之，不悦，言于世祖，以其叹服南人，则有讪鄙国化之意。(《魏书》卷38，875)

（15）诏仆射李冲、领军于烈曰："始欲推故南安王，次推阳平王，若不肯从，欲逼乐陵王。讪谤朝廷，书信炳然。"(《魏书》卷40，913)

（16）深泽人马超毁谤宗之，宗之怒，遂殴杀超。惧超家人告状，上超谤讪朝政。(《魏书》卷46，1036)

《后汉书·孔融传》"谤讪朝廷"李贤注："讪，谤毁也。"(《故训汇纂》2103 页讪 4 条)

"讪谤""谤讪"均为同义复词，义为诽谤。

（17）由是众口喧喧，谤讟盈路，立榜大巷，克期会集，屠害其家。彝殊无畏避之意，父子安然。(《魏书》卷64，1432)

梁晓虹等指出：谤讟，诽谤义，为同义复合词。"谤""讟"都可以训为"诽""毁"①。

（18）高祖谓间曰："蠕蠕使牟提小心恭慎，甚有使人之礼，同行疾其敦厚，每至陵辱，恐其还北，必被谤诬。"（《魏书》卷54，1203）

（19）光少有大度，喜怒不见于色，有毁恶之者，必善言以报之，虽见诬谤，终日不自申曲直。（《魏书》卷67，1488）

（20）彼以闻慧知此众生，以悭嫉故自坏其心，亲近国王大臣豪贵，专行暴恶，心无慈愍，不行正理，为诸贤善之所轻毁。（《正法念处经》17-98a）

20. 敬戴、敬尚、钦敬、宗戴、尊敬、敬重、贵重、爱敬、祇敬、尊重、推敬、推重、宗敬、恭敬

在尊敬、尊重义上同义。

（1）时诸会者……有得须陀洹斯陀含阿那含阿罗汉者，有种辟支佛善根者，有发无上正真道意者，咸共敬戴，欢喜奉行。（《贤愚经》4-415b）

（2）思惟是已，当以二德，即立誓言，若我无数劫中，慈孝父母，敬尚沙门婆罗门者，我初入会，一切大众，当为我礼。（《贤愚经》4-420b）

（3）斯十比丘，甚相钦敬，行则俱进，住在同处，国中人民莫不宗戴。（《贤愚经》4-441b）

（4）复次第十八闻法功德，何等功德？所谓闻正法故，亲近善友，供养善人，爱重尊敬，思惟筹量，近善友故，得大功德。（《正法念处经》17-374c）

---

① 梁晓虹、徐时仪、陈五云：《佛经音义与汉语词汇研究》，第171页。

(5) 云何分分思量观察短生死相？受戒头陀，精勤布施，持戒智行，恭敬尊长，直心欢喜，如是正见，敬重父母，见佛闻法，恭敬供养，不谄曲行，不慢不诳，近善知识，守信正行，直心起业，严身口意，如是之人，生死则短。(《正法念处经》17-18b)

(6) 彼实道者，有五功德……四者可重，常一切时天所贵重；五者上生，身坏命终生于天上。(《正法念处经》17-217c)。

(7) 彼唯智慢而实无智，彼人常为一切众生说自功德，是故世间一切闻者，皆生贵重，一切世人皆作是言："此善比丘，具一切智。"(《正法念处经》17-296a)

(8) 若有余业，得生天中，身量形貌，皆悉减劣，一切众宝庄严之具光明微少，不为天女之所爱敬，天女背叛，舍至余天，须陀鲜味，智慧薄少，心不正直，为余天之所轻笑。(《正法念处经》17-180c)

上例中，"爱敬"与"轻笑"反义，"爱敬"有尊重、敬重义。

(9) 若有众生……世间所贱，不共同行，不与同住，亲近宿老，遵奉祇敬，受佛禁戒，智慧具足。(《正法念处经》17-152c)

《说文·示部》："祇，敬也。"《礼记·月令》"祇敬必饰"郑玄注："祇，亦敬也。"(《故训汇纂》1602页祇2条) 可见，"祇敬"连文的用例在《礼记》中已出现。

(10) 如是第一深厚福田，具善功德，应修供养，利益天众，说如是法，及说业道，尊重赞叹说法之师，孔雀王菩萨以愿力故，生彼天中利益诸天。(《正法念处经》17-359c)

(11) 谧弟谭，颇强立，少为宗室所推敬。(《魏书》卷21上，545)

（12）浩以其中国旧门，虽学不博洽，而又涉猎书传，每推重之，与其论说。（《魏书》卷43，960）

（13）及彪为中尉、兼尚书，为高祖知待，便谓非复藉冲，而更相轻背，惟公坐敛袂而已，无复宗敬之意也。（《魏书》卷53，1188）

（14）众生道士不持法服，失十种恭敬，得十种轻贱。（《三洞法服科戒文》18－231a）

（15）众生不持法服，失十种恭敬，得十种轻贱……九者贵人生不恭敬，十者贱人生不恭敬。（《三洞法服科戒文》18－231a）

21. 减少、亏损、减损、损减、减劣、劣减、耗减、消损、损耗、消减

在减少义上同义。

（1）譬如夏时天降洪雨，河有崖岸，诸水臻集，盈溢充满，至于孟冬，一切减少。（《正法念处经》17－410b）

（2）是故天众增长，阿修罗众亏损减少，以于池中见如是相。（《正法念处经》17－110a）

"亏损"与"减少"同义连用。

（3）闻已欢喜，告余天曰："阎浮提人顺行正法，我今随喜，此人发心，欲出生死与魔共战，持戒正行，欲与魔战，减损魔军，增长如来所说正法。"（《正法念处经》17－142b）

"减损"与"增长"反义对举，"减损"为减少义。

（4）如是次第剃除须发，被服法衣，正信出家，彼比丘如是

乃至得第九地无量光天，闻已欢喜，迭相告言，天等当知，魔分损减，正法朋长。(《正法念处经》17-39a)

(5) 夜摩天王如是普为彼一切天和合利益已，说此偈告天众言："汝等乐行境界所迷，然不觉知，天则减劣而不增长。"(《正法念处经》17-253b)

(6) 若其生者，智火能烧，智火烧已，则到第一不退之处，不生不老，不死不尽，如是之处应当舍离，如怨放逸，又复天众更有余事，意则劣减，损辱羞耻。(《正法念处经》17-260a)

(7) 以灭没故，阎浮提人，皮肉脂骨悉皆减少，一切身骨矬陋短小，食味薄故，一切内外，互相因缘，皆悉耗减。(《正法念处经》17-400a)

(8) 今夏水漂荡，岁月消损，高处可二三尺，下处磨灭殆尽。(《水经注》卷33，586)

(9) 湿积则薧烂，积晚则损耗，连雨则生耳。(《齐民要术》卷1"种谷第三"，67)

(10) 冬须竟日，夏即半日许，看米消减离瓮，作鱼眼沸汤以淋之，令糟上水深一尺许，乃上下水洽。(《齐民要术》卷9"饧铺第八十九"，675)

本组中"损减""减损""消损"在《论衡》中已有运用。[①]

22. 达知、达解、解达、明了、通达、解知、解了、解悟、了知、了达、知晓、晓知、了了、觉了、照知、取悉、晓解、明解、逆晓、知悉、通晓、开解、识达

在知晓、了解义上同义。

(1) 即自念言："我昔尝闻释氏之子，弃家学道，道成号佛，达知去来，宁可往诣身心自归？"(《贤愚经》4-368a)

[①] 徐正考：《〈论衡〉同义词研究》，第194页。

（2）悉答言好，复与说言："施佛形像，得成佛道，供养法者，在所生处，得深智慧，达解法相，若施众僧，所生之处，得大珍宝，随意无乏。"（《贤愚经》4-378c）

（3）尔时世尊告四天王释提桓因梵天王等诸大众言："欲得多闻，忆念坚固，正行威仪，戒定智慧，解达经书，欲得善知识。"（《胜思维梵天所问经》15-88b）

（4）梵天问言："汝等可不明了通达此法门耶？"答言："梵天，一切诸法我等悉皆明了通达，无彼我故。"（《胜思维梵天所问经》15-93b）

"明了"与"通达"同义连用，均为知晓义。

（5）尔时彼名牟修楼陀夜摩天王如是念曰：佛一切智，极微细智，无障碍智如我过去天中之事，尽皆解知。（《正法念处经》17-217b）

"解知"为同义复词，下面的用例，更能反映出"解""知"同义：雁归知向暖，鸟巢解背风。（庾信《上益州上柱国赵王二首》，《庾子山集注》187）

（6）若生人中，常受安乐，种种解了，端正第一，众人所爱，山林河池可爱乐处而生其中，主大国土，富乐自在，以余业故。（《正法念处经》17-156a）

方一新在《〈兴起行经〉语词札记》一文中曾谈到这个例子，指出"解了"为通晓、懂得义。[①]

[①] 方一新：《〈兴起行经〉语词札记》，《福州大学学报》（哲学社会科学版）2000年第1期。

(7) 尔时诸天子若于先世集众善业，闻此天鸟说法之音，则能解悟。(《正法念处经》17 – 176a)

"悟"之解、晓义，在中古文献中常见：
《后汉书·张酺传》"未悟见出"李贤注："悟，晓也。"(《故训汇纂》794 页悟 8 条)《慧琳音义》卷二十三"晓悟"注："悟，解也。"(《故训汇纂》974 页悟 4 条)

(8) 如是之人如大暗中大灯明也，善不善法于佛法中，皆能了知，犹如明灯，是名一心系念。(《正法念处经》17 – 194c)

"了"有知晓义，《魏书》中还有下面的用例：
牡土命谦之为子，与群仙结为徒友。幽冥之事，世所不了，谦之具问，一一告焉。(《魏书》卷 114，3052)
"了知"，即知晓义。

(9) 复次第九垢染，白法能断，云何白法？断于垢法，谓轻掉法，正住能断，轻掉法者，障一切法，心性轻掉，以掉动故，不信不觉，不知世间所作，不知言语，不知时节，不近善友，以轻掉放逸故，于世间法不能了达。(《正法念处经》17 – 353b)

(10) 此善比丘具一切智，如是比丘，更无与等，一切世人皆如是说，而彼比丘最无所解，内实空虚，无所知晓，心中无物，犹如空器，亦如秋云，离于禅诵，诸少智人之所供养。(《正法念处经》17 – 296b)

本例中"解"与"知晓"同义，在前后文中变换运用。

(11) 建武中，汝南太守邓晨欲修复之，知许伟君晓知水脉，召与议之。(《水经注》卷 30，529)

（12）复次修行者随顺观身，如阎浮提人耳之所闻，爱不爱声，近则了了，远则不了，大远不闻。（《正法念处经》17-379b）

（13）尔时世尊如师子王，安庠顾视，观察十方，观十方已，告海妙深持自在智通菩萨摩诃萨言："善丈夫，如来诸地甚深难知，不可得底，难可觉了，出过一切文辞言说，何以故？"（《大乘同性经》16-650a）

（14）无畏德女答目连言："假使星宿遍满三千不能照了，声闻亦尔，以入定智而能照知，若不入定则不觉知。"（《无畏德菩萨会》11-552b）

《逸周书·武称》"饵敌以分而照其储"朱右曾集训校释："照，知也。"《淮南子·缪称》"照惑者以东为西"高诱注："照，晓。"（《故训汇纂》1368页照5、6条）

在本例中"照知"为同义复词，与后文中的"觉知"同义，均为知晓义。

关于"照"有知义在中土文献中的用法，颜洽茂有详细的讨论。①

（15）余以永平中蒙除鲁阳太守，会上台下列《山川图》，以方志参差，遂令寻其源流。此等既非学徒，难以取悉，既在径见，不容不述。（《水经注》卷21，373）

王云路《辞书失误考略》一文对"取悉"一词的用法有详细的分析，她认为，"取悉"是一个词，意思是知晓，同时并指出《汉语大词典》等辞书失收此词。②

（16）太宗避居西宫，时隐而窥之，听其决断，大悦，谓左

---

① 颜洽茂：《佛教语言阐释——中古佛经词汇研究》，第52页。
② 王云路：《辞书失误考略》，《古汉语研究》1993年第1期。

右臣侍曰:"安同晓解俗情,明练于事;穆观达于政要,识吾旨趣。"(《魏书》卷35,813)

(17) 后以明解北人之语,敕在著作,以备推访。(《魏书》卷44,1005)

(18) 少为内都下大夫,奉上接下,行止取与,每能逆晓人意,与其从事者无不爱之。(《魏书》卷40,904)

《太玄·玄棿》"知阴者逆"范望注:"逆,谓逆知也"。(《故训汇纂》2283页逆43条)

郭在贻认为"逆"在"逆委""逆知"等结构中,有"揣摩""推测""悬想"之义①。我们认为,"逆知"相当于现代汉语中的"预知"。

(19) 于是民所疾苦、大盗姓名、奸猾吏长,无不知悉,郡中震肃,奸劫息止,治为雍州诸郡之最。(《魏书》卷71,1590)

(20) 时尚书萧宝夤奏言:"金石律吕,制度调均,中古以来鲜或通晓。"(《魏书》卷109,2836)

(21) 元旭颇涉经史,开解几案。(《魏书》卷72,1624)

(22) 子询,字敬叔。美仪貌,多艺能,音律博弈,咸所开解。(《魏书》卷45,1021)

李丽认为,"开解"一词,始见于中古文献,使用频繁,义项多,并指出(22)例中的"开解"义为了解②。

(23) 妇主中馈,惟事酒食衣服之礼耳,国不可使预政,家不可使干蛊;如有聪明才智,识达古今,正当辅佐君子,助其不

---

① 郭在贻:《敦煌变文校议》,载《郭在贻文集》(二),中华书局2002年版,第18、123页。
② 李丽:《〈魏书〉词汇研究》,博士学位论文,南京师范大学,2006年,第92页。

足，必无牝鸡晨鸣，以致祸也。(《颜氏家训·治家》,47)

23. 告语、启告、白言、说言、告白、启白、宣告
在告诉义上同义。

（1）时优波斯那即起洗手告语家属及诸邻比："汝应作食，汝应燃火，汝应取水，汝应敷席，汝应取花。"(《贤愚经》4-374a)

（2）学士知之，立功建德，启告太上，一切收治。(《女青鬼律》18-252b)

（3）尔时众多比丘推一比丘往近世尊，复更顶礼世尊足已白言："世尊，我于晨朝著衣持钵，入王舍城而行乞食，如上所说。"(《正法念处经》17-2a)

（4）而时世尊，为诸比丘，如是说言："诸比丘，何者正法念处法门？"(《正法念处经》17-2b)

（5）时天帝释向三十三天，说是语已，心大欢喜，告白象王伊罗婆那言："汝今庄严，吾欲与汝共诸天众并诸天女，游戏娱乐于欢喜园。"(《正法念处经》17-155a)

（6）牟修楼陀夜摩天王，如是教彼始生天子，始生天子如是启白，牟修楼陀夜摩天王而作是言："实尔，天王，我初不知此天之中有如是过。"(《正法念处经》17-222a)

（7）时毗毗沙那楞伽王普皆宣告诸罗刹众："汝等可共同心和合。"(《大乘同性经》16-641a)

24. 号咷、号哭、号泣
在号哭义上同义。

（1）所谓挑眼，若拔其舌，一切身分，分分皆拔，饮热铜汁，三奇热铁遍刺其身，削劈其足，乌鸟所食，一切病集，啼哭

号咻,无主无伴。(《正法念处经》17-30b)

(2) 彼受大苦,唱声号哭,迭相向走,如是走时热炎铁杵随后打筑,普受大苦。(《正法念处经》17-41c)

(3) 陈氏悲怛惊起,把火照儿眠处,沾湿犹如人形,于是举家号泣,便发闻于时。(《还冤志》,562下)

25. 悲号、呻号、吼唤、叫啸
在号叫义上同义。

(1) 彼地狱人,如是烧已,如是炙已,如是食已,唱唤号哭,种种浪语,悲号大哭,如是乃至不可爱乐。(《正法念处经》17-35b)

(2) 彼人如是受极苦恼,坚硬叵耐,彼人如是地狱中生,彼人如是受大苦恼,唱声吼唤,呻号啼哭,唱唤口开。(《正法念处经》17-34c)

(3) 彼人伸手,高五由旬,焰蔓普烧,如烧山角,彼人普烧,唱声吼唤,悲啼号哭,唱唤口张,火焰满口,内外普燃,皆作一焰,无有中间。(《正法念处经》17-85a)

(4) 即时大地震动,自然光明遍满佛刹。乃至大小铁围山间普皆明照。一切恶道诸苦悉除。上虚空中雨诸天华,响击天鼓叫啸等声。(《大乘同性经》16-645b)

26. 变化、变易、变异
在变化义上同义。

(1) 时天帝释复为诸天众示现变化,若诸天子,有先世业,应堕畜生,示于无量种种业相,如印印泥,中阴之相,互相残害,共相食噉。(《正法念处经》17-190a)

(2) 以有生故,是故有姓,如是变易,随何等人,有实布施

持戒智慧定心调伏。(《正法念处经》17-366c)

（3）若彼众生，眼见色已，如是思惟，此色无常，动转变异，彼人如是不喜不乐，不贪不著。(《正法念处经》17-287c)

27. 崩亡、死亡、死灭、丧亡、殂没、崩背、薨殁
在死亡义上同义。

（1）阎浮提中诸国相师谓天兽下，说如此相，或言丰乐，安隐无他；或言灾俭，五谷涌贵；或言王者崩亡，或言吉庆，灵应嘉祥。(《正法念处经》17-107c)

（2）所谓常闻不饶益事，妻子死亡，财物散失，眷属有殃，若杀若缚，常怀悲恼，心初不喜，彼不善业，因果相似。(《正法念处经》17-29b)

（3）复次修行者，观业果报，如是众生何故不见爱别离苦，一切众生恩爱别离，行于异处，不知一切皆当死灭，随业受报。(《正法念处经》17-413b)

（4）尔时释提桓因，闻佛涅槃为忧箭所射，极大愁恼，悲泣流泪而白佛言："世尊，我从今日乃至法住，不受五欲，不入内宫，不著异衣，大德婆伽婆，譬如家长丧亡。"(《大悲经》12-950c)

（5）邦死之日，邻人又见稗排门直入，张目攘袂，曰："君恃贵纵恶，酷暴之甚，枉见杀害，我已上诉，事获申雪，却后数日，令君知之。"邻人得病，寻即殂没。(《还冤志》，568上)

（6）平原王陆睿等，率百僚诣阙表曰："上灵不吊，大行太皇太后崩背，溥天率土，痛慕断绝。"(《魏书》卷108之三，2777)

（7）梁孝元年少之时，每八月六日载诞之辰，常设斋讲；自阮修薨殁之后，此事亦绝。(《颜氏家训·风操》，115)

28. 缠绞、缠缚、缠绕、缠裹、角络、交络、缠络、缠縻
在缠绕义上同义。

（1）如是蛇众，恶业所作，走疾如风，向彼罪人，到已缠绞，普身周遍。（《正法念处经》17-68a）

《玉篇·系部》："绞，绕也。"（《故训汇纂》1737页绞26条）则"缠绞"为缠绕之义。

（2）又复观察此身二髀，于胫为粗，多有筋肉，迭相缠缚，以肉涂上，以肉傅上，血烂为汁，汁脂内满，唯见外皮。（《正法念处经》17-267b）

《希麟音义》卷四"缠缚"注："缚亦缠也。"（《故训汇纂》1763页缚4条）

"缠缚"为同义复词，即缠绕。

（3）杂殿林中，复有杂蔓，互相交错，毗琉璃茎，赤宝为须，以为缠蔓，果实庄严，白银为茎，青宝为须，光明围遶，车𤥭为枝，真金缠绕，赤宝为枝，白银缠络，如是二色，互相缠裹。（《正法念处经》17-153c）

《希麟音义》卷九"镍裹"注："裹，缠缚也。"（《故训汇纂》2067页裹2条）

"缠裹"也是缠绕义。

（4）诸天女等喜笑歌舞，莲花妙鬘，角络其体，受第一乐，胜欢喜心。（《正法念处经》17-222c）

据李维琦的研究，"角络"的缠络义，也见于北朝瞿昙般若流支译《毗耶娑问经》之中，如：绞摄长发，并在一箱，以好缝绳，角络其体。[①]

---

① 李维琦：《佛经词语汇释》，第171页。

（5）园林华果，真金为树，珊瑚为枝，诸宝交络，悬众宝铃，出妙音声，游戏林中，受五欲乐。（《正法念处经》17-126a）

（6）水南导于千崤之山，其水北流，缠络二道。（《水经注》卷4，66）

（7）渠道交径，互相缠縻，与白渠同归，径列人右会漳津，今无水。（《水经注》卷10，182）

29. 驰奔、驰走、奔走、奔趣
在奔跑义上同义。

（1）如是众生身坏命终，堕饿鬼中，名婆罗门罗刹饿鬼，为饥渴火焚烧其身，驰奔疾走，现视人像，杀害众生。（《正法念处经》17-99c）

（2）以痴心故，如是无量百千年岁，烧煮破坏又复更生，彼人彼处若得脱已，复入火聚，烧已煮已，饥渴所逼，处处驰走。（《正法念处经》17-79c）

（3）众恶臻集，无有安隐，饥渴烧身，呻噗悲恼，自心所诳，处处奔走，悲声叫绝，无救无护，无依无恃。（《正法念处经》17-98a）

（4）时德叉迦即走往趣钵摩梯所，于虚空中，雨大猛火，放诸烟焰烧彼恶龙。既被浇已，寻便退走，奔趣河修罗所，望救生命。（《正法念处经》17-121b）

《学林》卷九："趣，速行之意"；《墨子·杂守》"令行者趣其外"孙诒让间诂："趣，疾行也。"（《故训汇纂》2206页趣3、4条）奔趣，即奔跑义。

30. 存在、存活、存济、存立、存生
在生存、存活义上同义。

（1）父母告曰："请佛及僧，当须供具，非卒可办。"儿又启曰："但扫洒堂舍，庄严床席，施三高座，百味饮食，当自然至，又我先身之父母，今犹存在，居波罗柰国，为我唤之。"（《贤愚经》4-354b）

李维琦认为"存在"有活着义。① 其说法符合当时语言用例。

（2）若生人中，为放牧人，若放骆驼，若放余畜，若放牛驴，若放草马，当象当狗，常驱驴驼，处处治生以自存活。（《正法念处经》17-31a）

（3）彼鸟如是，以善业故，本人中时，因法活命，卖法得物，以自存济。（《正法念处经》17-251b）

（4）复次比丘，知业果报，观饿鬼世间，彼以闻慧，观于食法诸饿鬼等以法因缘，令身存立，而有势力，以何业故生于其中？（《正法念处经》17-94b）

（5）父母并老，饥寒十数年，赖其强于人事，戮力佣丐，得以存立。（《魏书》卷70，1551）

（6）彼以闻慧，或以天眼，见过摩醯陀罗山，见有一渚，纵广一百由旬，有一足人，住在此渚，饮食根果，以自存生，寿命五十岁。（《正法念处经》17-402a）

31. 破坏、摧坏、毁坏、毁破
在毁坏、破坏义上同义。

（1）众人答曰："若人盗佛灯明及直，或盗僧祇灯烛薪草，若破坏拨撤僧祇房舍讲堂，若冬寒时，剥脱人衣，若以力势，以冰寒时，水灌奴婢及以余人，若抄掠时，剥人衣裳，如是罪报。"

---

① 李维琦：《佛经词语汇释》，第61页。

(《贤愚经》4-378b)

（2）时罗睺阿修罗等见是事已，气力还生，复回欲斗，时钵呵娑安慰之言："勿怖勿怖，我今来此，破一切天，丧灭摧坏，汝莫怖畏，阿修罗王，勿怖勿怖。"(《正法念处经》17-122b)

（3）若有食者则得病苦，谷力薄故，令人短命，是弊龙王恶心灾毒，迭互相害，以是恶故，阎浮提人悉皆毁坏，以非法龙作诸恶故。(《正法念处经》17-106b)

（4）又彼喜乐多言语者复有大过，彼恶比丘未曾多闻，毁破禁戒，乐多言语，自高轻动，虽见佛已，心无惭愧。(《正法念处经》17-285a)

32. 剥脱、抄掠、抄劫、劫夺、劫剥、劫掠、夺取
在夺取义上同义。

（1）众人答曰："若人盗佛灯明及直，或盗僧祇灯烛薪草，若破坏拨撒僧祇房舍讲堂，若冬寒时，剥脱人衣，若以力势，以冰寒时，水灌奴婢及以余人，若抄掠时，剥人衣裳，如是罪报。"(《贤愚经》4-378b)

（2）性甚贪忍，兄亡未敛，便剥脱诸妓服玩及余财物。(《魏书》卷71，1587)

"剥脱"的掠夺义在《贤愚经》也有运用，李维琦已有分析说明。[1]

（3）彼见闻知，若有众生行于善业，见人亡破，为他抄掠，救令得脱。(《正法念处经》17-141c)

（4）若于前世过去久远，有善业熟，若生人中，不善业故，在于边地陀毗罗国，婆婆罗国，海畔境界，辛头境界，洲潬境界，

---

[1] 李维琦：《佛经词语汇释》，第25页。

为人抄劫,掠其财物,于极苦恼贫处为奴。(《正法念处经》17 - 30a)

(5) 彼人现在善人所信,若王王等一切皆信……一切皆信,怜爱愍念,信受其语,所有财物,一切坚固,不失不坏,无能劫夺。(《正法念处经》17 - 7a)

(6) 有诸群贼,决去池水,令道行者,疲极渴乏,气力微劣,破坏劫剥,夺其财物,嫉妒覆心,不肯布施。(《正法念处经》17 - 101b)

(7) 时贼盗蜂起,州人张桃弓等招聚亡命,公行劫掠。(《魏书》卷38,874)

(8) 怵以衣与之,乃进曰:"妾本涪令妾也,欲往之官,过此亭宿,亭长杀妾大小十余口,埋在楼下,夺取衣裳财物。亭长今为县门下游徼。"(《还冤志》,569上)

33. 妨碍、妨害、妨乱、妨废
在妨碍义上同义。

(1) 如是之人,身坏命终,堕魔罗身饿鬼之中,受恶鬼身,若诸比丘行时食时,及坐禅时,是魔罗鬼为作乱心妨碍之事,或发恶声,令其恐怖,为作恶梦。(《正法念处经》17 - 102c)

(2) 如此风流缘于根界,共业烦恼,和合而住,能持于身,或为妨害。(《正法念处经》17 - 396c)

《慧琳音义》卷七"嫌害"注:"害,妨也。"(《故训汇纂》574页害9条)
"妨害"为同义复词。

(3) 如是比丘,天常随行,天魔不能与作妨乱。(《正法念处经》17 - 267c)

杨会永据《佛本行集经》的用例认为，"妨乱"有妨碍，扰乱义，并指出《汉语大词典》失收该词。[①]《佛本行集经》为隋朝译经，根据《正法念处经》中的用例，"妨乱"一词的出现时代至少可推源到北朝。

（4）彼恶沙门舍离如是业彩色画，不能思惟而作余画，妨废坐禅，读诵经律。（《正法念处经》17－288a）

王云路《汉魏六朝语言研究与中古文献校理》一文曾举例指出，"也有'妨废'同义连言者。如吴支谦译《撰集百喻经》卷九《化生比丘缘》：'有诸比丘，夏坐三月，在于山林，坐禅行道，乞食处远，妨废行道，甚用疲劳。'"[②]

妨废，即妨害。

34. 割截、斩截、斫割

在割义上同义。

（1）复有胜者，所谓彼处，热沸赤铜置其眼中，二眼皆满，或以热沙金刚恶触，揩磨其眼，消烊碎散，又复更生，生已复揩，复以利锯，割截其手，截已复生，生已复截。（《正法念处经》17－88c）

（2）诸小阿修罗，住于海中，皆悉聋塞，或有恐怖丧其身命，空中雨刀逼迮驶下，百千万数，如是斗时，若天被害，斩截手足，寻复还生，无所患害。（《正法念处经》17－121c）

《文选·曹丕〈与钟大理书〉》"白如截肪，黑譬纯漆"刘良注："截，割也。"（《故训汇纂》848 页截 4 条）

[①] 杨会永：《佛本行集经词汇研究》，博士学位论文，浙江大学，2005 年，第 78 页。
[②] 王云路：《汉魏六朝语言研究与中古文献校理》，载《词汇训诂论稿》，北京语言大学出版社 2002 年版，第 177 页。

斩截，即割。

（3）又偷盗果，以恶业故，彼地狱中见自己物他人劫夺，即便走逐，既如是走，阎魔罗人以利铁刀执取斫割，脉脉皆断，断已复生。（《正法念处经》17-65c）

35. 逾过、出逾、过逾
在超过、超出义上同义。

（1）时驳足王自思惟言：须陀素弥今日应来，坐于山顶遥候望之，见其顺道径来越已，既到见之，颜色怡悦，欢喜解怿，逾过于旧。（《贤愚经》4-426c）

（2）辅相见子，倍增怡悦，即召相师，令占相之，相师披看，叹言："奇哉！相好毕满，功德殊备，智辩通达，出逾人表。"（《贤愚经》4-432b）

（3）以是因缘，生海渚中，是海渚中无有树林，陂池河水，其处甚热，于彼冬日甚热毒盛，欲比人间夏时之热过逾十倍，唯以朝露而自活命，虽住海渚，不能得水。（《正法念处经》17-98a）

36. 聚集、和集、聚合、集会、聚会、臻集
在聚集义上同义。

（1）又复如是，彼善男子乃至尘许恶不善法，见则深畏，能忍不作，心行正直，不乐多语，不修礼家，不共往返，不近恶友，多人聚集愦闹之处，无心欲见。（《正法念处经》17-11b）

（2）彼地狱人，如是一切迭相和集，俱走往赴无边彼岸，大河彼岸。（《正法念处经》17-32c）

（3）如是势急极恶大风，吹罪人身，毛块毛块，分分分散，

犹如细毛,毛亦巨见,如何者毛,劫贝沙毛,彼毛既散,还复聚合。(《正法念处经》17-69b)

(4) 时山峰中一切天众闻是妙音,皆来集会,心意恋著天女歌音。(《正法念处经》17-162c)

(5) 若城若村,诸聚落等,常行不住,看其戏乐,常于节会游戏之日,处处观看,诸聚会处,恒常往看。(《正法念处经》17-284c)

(6) 人亦如是,若无病恼,如花新开;衰病既至,如花萎烂,众蜂围绕,犹如富乐,亲友臻集。(《正法念处经》17-410b)

《玉篇·至部》:"臻,聚也。"(《故训汇纂》1885页臻4条)"臻集"为同义复词,有聚集义。

37. 称计、计数、称量、较数、数计、称数、校计

在计算义上同义。

(1) 或有恶人,为贪财故,杀诸细虫,或邪见事天,杀虫祭祀,身坏命终,堕于地狱,具受众苦,不可称计。(《正法念处经》17-104a)

(2) 七千天女近身歌舞,喜笑游行,自余天女小远身者不可计数,嬉戏娱乐,皆饮天酒,彼此共迭,意念同心。(《正法念处经》17-221c)

(3) 诸声闻众如是绕,如来世尊,第一胜妙,不可称量,威德光明,于大莲花台上而坐。(《正法念处经》17-215b)

《鹖冠子·王铁》"称之天地"陆佃解:"称之为言量也。"(《故训汇纂》1631页称7条)

《楚辞·惜誓》"苦称量之不审兮"王逸注:"量,所以别多少也。"(《故训汇纂》2358页量6条)"称""量"同义,如:

乃往过去阿僧祇，阿僧祇劫广大无量，不可思议，不可称，不可量，无有分齐。(《月灯三昧经》15－602b)

"称量"为同义复合词，表示计算义。

（4）于时国家殷富，库藏盈溢，钱绢露积于廊者，不可较数。(《洛阳伽蓝记》卷4"法云寺"，179)

"较"有量义，已为佛经音义著作所指出，如《玄应音义》卷十八"较量"条、《慧琳音义》卷八十二"较论"条，均注为："较，量也。""较数"义为计算。

（5）绣、缬、䌷、绫、彩、葛越、钱、绢等，不可数计。(《洛阳伽蓝记》卷4"法云寺"，179)

（6）乃赐钱五百万，金二百斤，银五百斤，锦绣宝玩之物不可称数。(《洛阳伽蓝记》卷4"追先寺"，193)

（7）元旭入见，于御座前屈指校计宝贲兵粮乃逾一年，事乃得释。(《魏书》卷72，1625)

《汉书·贾损之传》"都内之钱贯朽而不可校"颜师古注："校，谓数计也。"(《故训汇纂》1103页校33条)

"校""计"同义，"校计"为计算义。

38. 救护、救摄、救赎

在救护义上同义。

（1）其人闻已，策心勇力，是时彼人令他入敌，欲丧其命，舍之而去，竟不救护，欲于王所取其财物。(《正法念处经》17－99b)

（2）无畏布施凡有三种：一者救命，施其无畏；二者妻子为他拘执，方便救摄，施其无畏；三者防护，畏失物者施其无畏。

(《正法念处经》17-258c)

(3) 众生何业生于彼处？彼以闻慧，见有众生修行持戒，救于溺人，令脱水难，或将被戮，救赎令脱，或以自身投深水中，救彼溺人。(《正法念处经》17-150a)

39. 交通、私通、奸通
在通奸义上同义。

(1) 佛言："过去劫时，舍利弗目连等曾为凡夫，见辟支佛出瓦师窑中，亦有牧牛女从后而出，即便谤言：彼比丘者，必与此女，共为交通，由是业缘，堕三恶道中，受无量苦。"(《杂宝藏经》4-461b)

李维琦对"交通"的通奸义在佛经中的用法有详细的分析。[①]

(2) 若比丘行媒法，持男意语女，持女意语男，若为妇事，若为私通，乃至须臾，僧伽婆尸沙。(《解脱戒经》24-660a)
(3) 又不能防闲其妻于氏，遂与广阳王渊奸通。(《魏书》卷19下，511)

40. 交会、交接、和合
在交媾义上同义。

(1) 彼以闻慧，知此众生，若男若女，若黄门人，著种种衣而自严饰，服女人衣，行淫女法，若人欲发，与之交会，因此事故，而得财物，施与凡人。(《正法念处经》17-97c)
(2) 昙无谶以男女交接之术教授妇人，蒙逊诸女、子妇皆往

---

① 李维琦：《佛经词语汇释》，第168页。

受法。(《魏书》卷99,2208)

(3) 命终生于弗婆提国,见中阴身,犹如马形,自见其父,犹如父马,母如草马,父母交会,爱染和合,若男子受生,作如是念:我当与此草马和合,若女人受生,自见己身,如草马形,作如是念,如是父马,何故不与我共和合?作是念已,即受女身,是名第四中阴有也。(《正法念处经》17-198b)

李维琦指出"和合"的通奸义东晋译经中已经出现。① 在本例中,"交会""和合"同义。

41. 仰慕、慕仰、钦慕、企慕、渴仰、钦羡

在向往、思慕义上同义。

(1) 一切众会睹山显异,食已怀悦,仰慕遂深。(《贤愚经》4-362b)

(2) 时弥勒等遂怀慕仰,徘徊迹侧,豫钦渴仰。(《贤愚经》4-433b)

(3) 王先问言:"向闻呗音,清妙和畅,情豫钦慕,愿得见识,施十万钱。"(《贤愚经》4-424b)

(4) 诸律昌辈合率臣民,严治设办,如洴沙王比,悉皆企慕,望在明日。(《贤愚经》4-361c)

(5) 时罗睺王闻是语已,爱心即生,欲见天女,从地而起,渴仰欲见,以手障月,欲见天女。(《正法念处经》17-107c)

陈文杰《〈贤愚经〉词语考》一文认为:"渴仰,迫切地仰慕。"② 笔者认为,这种释义不够确切,释为向往、思慕较为妥当。

---

① 李维琦:《佛经词语汇释》,第143页。
② 陈文杰:《〈贤愚经〉词语考》,《钦州师范高等专科学校学报》2000年第1期。

（6）自昱已下，率多学尚，时人莫不钦羡焉。（《魏书》卷58，1302）

42. 陵易、欺陵、陵蔑、陵辱、陵侮、侵侮
在欺侮、侮辱义上同义。

（1）天主憍尸迦即告护世四天王言："知恩报恩，质直有信，孝养父母，受持斋戒，不谄不佞，不以斗秤欺诳于人，互相陵易。"（《正法念处经》17-112a）
（2）如是之人，妇女所诳，一切妇女，皆悉欺陵软弱之人，体性尔故，不知恩养，能兴衰恼，多贪妒嫉，妇女如是，皆不可信。（《正法念处经》17-319a）
（3）若于戒聚心不取戒乃得名戒，若不自戒，持聚自高，陵蔑他人，乃得名戒，若于诸入不赞叹者乃得名戒。（《奋迅王问经》13-936b）

《国语·周语中》"是蔑先王之官也"韦昭注："蔑，欺也。"（《故训汇纂》1966页蔑24条）
"陵蔑"为欺陵、欺侮义。

（4）次复有一阿修罗王，名镇星毗摩，作如是言："今如野干逐师子后，我等宁可舍此凡下，还于本国城邑宫殿，又我宁死，何能忍受如是陵辱，此是大怨，令我等辈生大忧苦。"（《月藏经》13-353a）
（5）会青州刺史新除，过彭城，骏谓之曰："崔道固人身如此，岂可为寒士至老乎？而世人以其偏庶，便相陵侮，可为叹息。"（《魏书》卷24，629）
（6）又表毁征南将军田益宗，言华夷异类，不应在百世衣冠之上。率多侵侮，皆此类也。（《魏书》卷71，1570）

· 111 ·

43. 迷惑、迷乱、疑迷
在迷惑义上同义。

（1）时诸天女奉给天子，歌舞戏笑，种种吟咏，鄙亵调话，令此天子心意迷惑，随诸天女所至之处，常随其后，欲网所缚，如鸟在网。(《正法念处经》17－188b)

（2）诸天女等闻其所说，生颠倒解，谓其恶骂，若于先世以酒施于持戒之人，或破禁戒而自饮酒，或作曲酿，临命终时其心迷乱，失于正念，为如是等二倍悔热之所恼乱，堕于地狱。(《正法念处经》17－182b)

《吕氏春秋·论人》"此不肖主之所以乱也"高诱注："乱，惑也。"（《故训汇纂》50页乱53条）
"迷乱"即为迷惑义。

（3）易水又东径孔山北……于中众穴奇分，令出入者疑迷不知所趣，每于疑路，必有历记，返者乃寻孔以自达矣。(《水经注》卷11，202)

44. 嫉妒、妒嫉、妒忌、吝妒
在嫉妒义上同义。

（1）其心粗犷，不可调伏，不亲善友，常怀嫉妒，如是恶人，身坏命终，堕于希望饿鬼之中。(《正法念处经》17－94c)

（2）又复饿鬼，长生死相，缘彼相想，恶业行故，饥渴乏瘦，雨火堕身，咽则如针，胁状山岩，如空破瓮，以妒嫉故，以刀剑等迭相研割。(《正法念处经》17－18a)

（3）若生人中同业之处，则生无礼非仁之国，以己之妻令他侵近，不生妒忌，邪行业因，余残果报。(《正法念处经》17－34b)

(4) 尔时慧命大迦叶在大会坐而白佛言:"世尊,譬如大龙若欲雨时雨于大海,不雨余处,此菩萨亦复如是,以大法雨为大海心诸菩萨说,不为余者。"佛言:"如是如是,迦叶,如汝所说,诸大龙王所以不雨阎浮提者,非有悋妒,但以其处不堪受故。"(《胜思梵天所问经》15-91b)

《文选·潘岳〈马汧督诔〉》"如何悋嫉"刘良注:"悋,恨也。"(《故训汇纂》333页悋6条、14条)"悋妒"即嫉妒义。

45. 亲友、亲善、亲近

在亲近、友好义上同义。

(1) 云何不杀不恼众生?自不杀害,不教他杀,亦不随喜,亦不亲友杀生之人,乃至不与语言交接,不听他人不净之语,不同路行。(《正法念处经》17-166b)

(2) 摩尼宝珠,以为其地,心常欢悦,如人节会,喜乐自娱,多诸爱慢,以众莲花,流泉浴池,周遍庄严铪毗罗城,七宝宫殿,以为庄严,离诸怨敌,互相亲善,无他怖畏,受第一乐。(《正法念处经》17-114a)

"善"在先秦时已有亲义。《战国策·秦策二》"齐楚之交善"高诱注:"善,犹亲也。"(《故训汇纂》370页善16条)

亲善,即亲近,友好。

(3) 彼以闻慧,知此众生,以悭嫉故,自坏其心,亲近国王大臣豪贵,专行暴恶,心无慈愍,不行正理,为诸贤善之所轻毁。(《正法念处经》17-98a)

46. 侵损、侵犯、侵逼、侵陵

在侵犯义上同义。

（1）又复第七垢布施者，知他有物为令他信，方便欲偷舍物与之，后欲作恶，种种侵损，为觅其便，是故与物，此是第七垢恶布施。(《正法念处经》17-259c)

（2）复有邪淫，所谓侵近善比丘尼，或时荒乱，国土不安，于比丘尼，正行持戒，而是童女，因时不安，强逼侵犯，污其净行。(《正法念处经》17-71b)

（3）若生人中同业之处，彼人常有人根恶病，如是人根恶病急故，自割人根，彼业因缘，若自有妻，为下贱人之所侵逼，不相应人共行淫欲。(《正法念处经》17-69c)

（4）若得人身，常为他人之所破坏；设有财物，多为王贼侵陵劫夺。(《正法念处经》17-97b)

47. 求乞、乞求、求索、求哀、求望、乞丐、丐乞、望求、希求在求、乞求义上同义。

（1）陵以地上苦难，不堪千年之主者，求乞升灭。(《老君音诵诫经》18-210c)

（2）若生人中同业之处，彼人常病，若患咽病，若患口病，如是等苦，贫穷困苦，常从富人能舍之人乞求不得，一切皆知，皆言汝是妄语舌人。(《正法念处经》17-47b)

（3）若学三禅，得三禅人，从他求索，勤苦得已而行布施，是人布施，三业成就。(《正法念处经》17-169a)

（4）儿年转大，即白父母，求索出家，父母不逆，即便听之。(《贤愚经》4-358b)

（5）尔时复有一莲华叶，满中天女而复坠落，堕大池中，惊怖求哀，唱如是言："救我救我。"(《正法念处经》17-334b)

（6）本在家时，懈怠懒堕，畏诸作业，是故出家，唯贪食味，常伺他会，求望饮食，或乐境界。(《正法念处经》17-293a)

（7）如是之人出世间义，一切皆劣，受第一苦，他舍而乞，

常依他门悕望乞丐,常看他面。(《正法念处经》17-274b)

(8)老寿种类无闻,氏姓莫纪,丐乞刑余之家,覆养阉人之室。(《魏书》卷94,2023)

(9)昔佛在世,于一长者子,年五六岁,相师占之,福德具足,唯有短寿,将至外道六师所,望求长寿。(《杂宝藏经》4-469a)

李维琦指出"望"有求、贪求义,在西晋译经中已有"求""望"同义连用组成"求望"一词的用法。①

上例中,"望求"为希求、乞求义。

(10)以要言之,于天人中有十六苦,何等十六?天人之中,善道所摄,一者中阴苦,二者住胎苦,三者出胎苦,四者希求食苦,五者怨憎会苦。(《正法念处经》17-340a)

李维琦指出:"'希'也是求,那么,希求即企求,祈求。"②

48. 逃避、逃奔、逃遁、遁逃

在逃避义上同义。

(1)彼人以是不善因缘,身坏命终,堕于食人精气饿鬼之中,受大饥渴,自烧其身,刀斫其体,皮肉断坏,从空雨刀,遍走四方,无逃避处。(《正法念处经》17-99c)

(2)时花鬘阿修罗王皆失势力,命垂欲绝,忆念妻子,走趣门下,勇健阿修罗王亦复逃奔,走趣水下,向门而走,以求自救。(《正法念处经》17-124a)

(3)罗睺阿修罗王亦复逃遁,走趣水下,望自救命,虽有大

---

① 李维琦:《佛经词语汇释》,第311页。
② 李维琦:《佛经词语汇释》,第312页。

身，悉无气力。(《正法念处经》17-124a)

(4) 十六者不得逃遁父母，游行四方，位立真气，自相收合，天夺算三百二十。(《女青鬼律》18-245b)

(5) 飙泣曰："此乃周旦遁逃，成王疑惑，陛下爱臣，便为未尽始终之美。"(《魏书》卷21下，576)

49. 违戾、违反、违返、违逆、违诤、拒违、违背

在违反、违抗义上同义。

(1) 第一戒者，不得违戾父母师长，反逆不孝。(《太上经戒》18-222b)

(2) 彼见闻知或天眼见，舍离绮语，即于现身世间敬重，善人所念，前后语言不相违反，一切世人爱其语说，无人恐吓求其过者。(《正法念处经》17-8a)

(3) 彼诸天女始生天子，迭相杂合，彼此共受无量种乐，同心一意，不相违返。(《正法念处经》17-313b)

(4) 答言："大王，如是恶人，摄在劫夺众生数中上品治罪，何以故？大王当知，父母恩重，至心孝养犹不能报，何况弃舍，违逆教命，是名世间最大劫贼。"(《大萨遮尼乾子所说经》9-335c)

(5) 我等亦能令阎浮提一切诸王，悉生慈心利益心，无怨心，无违诤心。(《须弥藏经》13-393a)

(6) 云何名灭诸违诤？所谓弃舍众闹故；云何名不相违返？所谓不喜一切世间语言故；云何名忍地？所谓忍于身心逼恼故。(《月灯三昧经》15-617a)

(7) 若彼比丘拒违僧命，不从师友善知识语，恼乱众僧不得修道者，若彼国主是法王者，僧当往语，令王教敕顺从僧命。(《大萨遮尼乾子所说经》9-334c)

《慧琳音义》卷七"拒逆"注:"拒,违也。"(《故训汇纂》863页拒7条)

"拒违"为违反义同义复词。

(8)王言:"大师,云何无瞋心?"答言:"大王,沙门瞿昙在众说法,若有众生,身不恭敬,耳不专听,违背圣教,不如说行,沙门瞿昙不生瞋心。"(《大萨遮尼乾子所说经》9-347b)

50. 安慰、存劳、存恤、抚慰、慰抚、存慰、存问、劳问、慰劳

在安慰、抚慰义上同义。

(1)若生人中,处处皆畏,一切人所,皆得衰恼,无人安慰,于自妻子,不得爱语,犹如野鹿畏一切人,远善知识,近恶知识,是名恶口三种果报。(《正法念处经》17-4a)

(2)陈郡、河南流民万余口内徙,遣使者存劳之。(《魏书》卷2,35)

(3)八年正月丙辰,行幸邺,存恤民俗。(《魏书》卷3,63)

(4)二月乙卯,行幸幽州,存恤孤老,问民疾苦;还幸上谷,遂至代。(《魏书》卷4上,87)

(5)世祖嘉之,拜宽威远将军、岐阳令,赐爵沂水男。遣使与宽俱西,抚慰初附。(《魏书》卷24,625)

(6)至冲宠贵,综摄内外,护为南部郎,深虑为冲所陷,常求退避,而冲每慰抚之。(《魏书》卷53,1181)

(7)每四时与乡人父老书相存慰,辞旨款备,得者荣之。(《魏书》卷57,1264)

(8)上书频乞归老,诏曰:"仰所在郡县,时以礼存问安否。方乘询访,良用怃然。"(《魏书》卷58,1288)

江蓝生指出,"存"的本义为安抚、慰问,此义多保存在"存问、存抚、存恤"等复合词中。①

存问,即安慰义。

(9) 庚午,至于辽西黄山宫,游宴数日,亲对高年,劳问疾苦。(《魏书》卷95,116)

(10) 雅弟恒,子昙护。太和中,为中散,迁典寺令。后慰劳仇池,为贼所害。(《魏书》卷54,1196)

51. 冀望、企望、希欲、希冀

在希望义上同义。

(1) 众贾闻此,愁惨无悰,各共白言:"我曹之等凭赖萨薄,捐舍所重,冒险至此,冀望相因,全济还家,今者云何欲见弃舍?"(《贤愚经》4-407a)

(2) 须达闻说如此妙事,欢喜踊跃,感念信敬,企望至晓当往见佛,诚报神应。(《贤愚经》4-419a)

(3) 既思念已,复修精进,是名精进觉分,念此法已,希欲心生,念如是义,而生欢喜,是名喜觉分。(《正法念处经》17-191c)

(4) 衮言于太祖曰:"显志大意高,希冀非望,乃有参天贰地,笼罩宇宙之规。"(《魏书》卷24,613)

52. 凭恃、依仰、依恃、依附、恃怙、凭倚、凭依、凭藉、阻藉、承藉

在依靠、凭借义上同义。

---

① 江蓝生:《魏晋南北朝小说词语汇释》,第33页。

（1）凭恃时威自我制物，是为权也。（《太上老君戒经》18-209c）

（2）太子问曰："何以乃尔？"群臣答言："如此人辈，或无父母，孤穷单独，无所依仰，癃疾狂病，不能作役，无一钱储，身口所切，是使尔耳。"（《贤愚经》4-410c）

（3）复次若沙门婆罗门及以余人，观于人中而起悲心，以种种业生于人中，受苦乐果，上中下众生，种种作业，种种心性，种种信解，或有贫穷，依恃他人，憎恢妨碍，畏他轻贱，追求作业，以自存活。（《正法念处经》17-360b）

（4）又复更有第五之相，欲升虚空，心生怖畏，设飞不高，安详不速，去则不远，近地而游，或傍城壁，或依附城，此第五相。（《正法念处经》17-228c）

（5）时天王释以柔软言慰问诸天，在于伊罗婆那白象之上，告诸天曰："汝以自业，受于天乐，我今欲还欢喜之园，除阿修罗瞋恚，恃怙大力慢心。"（《正法念处经》17-186a）

（6）魏黄初中，立西平郡，凭倚故亭，增筑南、西、北三城以为郡治。（《水经注》卷2，30）

（7）二馆之城，涧曲泉清，山高林茂，风烟披薄，触可栖情，方外之士，尚凭依旧居，取畅林木。（《水经注》卷11，200）

（8）盖以高梁微涓浅薄，裁足津通，凭藉涓流，方成川圳。（《水经注》卷13，242）

（9）五水：谓巴水、希水、赤亭水、西归水，蕲水其一焉。蛮左凭居，阻藉山川，世为抄暴。宋世沈庆之于西阳上下诛伐蛮夷，即五水蛮也。（《水经注》卷32，560）

《吕氏春秋·诚廉》"阻丘而保威也"高诱注："阻，依也。"（《故训汇纂》2417页阻16条）

"阻藉"为依靠义。

（10）愚以行兵此道最便，盖承藉水利，用为神捷也。(《水经注》卷37，641)

53. 防护、防保、遮防
在防护义上同义。

（1）中品之人，心有上下，观境即变，以戒自制，不令放逸，如此之人，或受十戒五戒，以自防护。(《太上经戒》18 - 222a)

（2）下品之中复有二品，上品者身欲奉戒，或受一百九十九戒，或受观身三百大戒，或受千二百威仪之戒，以自防保，令无越逸。(《太上经戒》18 - 222a)

（3）彼诸商人谓其语实，皆不遮防，既到贼处，所有财物，悉为贼夺，导者亦取。(《正法念处经》17 - 52c)

54. 雕饰、庄严、庄校、庄饰、校饰、严饰、修饰、装饰
在装饰、修饰义上同义。

（1）王去之后，敕诸作人，昼夜勤作，一时都讫，塔极高峻，众宝晃昱，庄校雕饰，极有异观，见已欢喜，忏悔前过。(《贤愚经》4 - 424c)

"雕"通"彫"，用彩画装饰。又泛指修饰。《吕氏春秋·知度》"行其情，不雕其素。"高诱注："素，朴也。本性纯朴，不雕饰以为华藻也。"(《汉语大字典（缩印本）》1707页雕5条)

"雕饰"，即修饰义。

（2）大悲熏心，一切众生，唯一上亲，慈悲喜舍，为依止处，以三十七大菩提分胜妙之法庄严其身，一切众生清净眼观，

无有厌足。(《正法念处经》17-2a)

李维琦认为"庄严"有修饰义①；黄征《敦煌愿文"庄严""资熏""资庄"考辨》一文认为《汉语大词典》对"庄严"一词的释义不够合理，他把"庄严"的意义分为动词与形容词两个义项，动词为装饰义，形容词为庄重义。②

（3）中有一塔，真金璎珞，焰鬘庄严，七宝映饰，种种庄校，随其曾闻诸佛名号，皆悉图画如来影像。(《正法念处经》17-108c)

（4）种种伎乐，歌舞戏笑，多众天女，黄金栏楯，宝铃庄严，真珠罗网，以覆窗牖，无量宝珠，以为庄饰，无量天女，游戏其间。(《正法念处经》17-127c)

（5）如是说时，有诸天子乘种种殿，宝网弥覆，悬众宝铃，无量庄严，以自校饰，见者爱乐。(《正法念处经》17-151b)

王云路、方一新认为在"校饰""装校"等同义复词中，"校"均有装饰义③。何亚南《中古汉语词汇通释两则》一文也指出，"校饰"有装饰义④。

（6）庙在山之左麓，庙像东面，华宇修整，帝图严饰，轩冕之容穆然。(《水经注》卷26，472)

（7）或曰："学士不事修饰，此贤何独如此？"(《魏书》卷32，764)

（8）江南风俗，儿生一期，为制新衣，盥浴装饰，男则用弓

---

① 李维琦：《佛经词语汇释》，第398页。
② 黄征：《敦煌语言文字学研究》，甘肃教育出版社2002年版，第218页。
③ 王云路、方一新：《中古汉语词汇例释》，吉林教育出版社1992年版，第220页。
④ 何亚南：《中古汉语词汇通释两则》，《中国语文》1997年第6期。

矢纸笔，女则刀尺针缕，并加饮食之物，及珍宝服玩，置之儿前，观其发意所取，以验贪廉愚智，名之为试儿。(《颜氏家训·风操》，115)

关于本组中的"庄严""庄校""校饰"三词同义，俱为打扮、装饰之义，颜洽茂有具体的考释①。

55. 奸诈、奸伪、奸谄、谄诈、诳诈、谄谀、虚诈、谲诈、狡诈、矫诈、诈欺、欺诈、奸欺

在欺诈义上同义。

(1) 复次第十九闻法功德，何等功德？所谓闻正法故，能断奸诈悭嫉之心。(《正法念处经》17-375a)

(2) 时大萨遮尼乾子问讯于王，作如是言："大王，于汝所治国内，无诸盗贼亡命群党乱人民不？无有诸官残暴侵食诸人民不？无诸异业奸伪憍诈欺诳世间诸人民不？无诸反叛娆乱国土诸人民不？"(《大萨遮尼乾子所说经》9-328a)

(3) 王言："大师，何者如来八正道分？"答言："大王，八圣道分者，所谓正见正思惟正语正业正命正精进正念正定……修行圣种头陀威仪，不动不转，无诸奸谄，不为世间利养所牵，见他得利心不生热，于己利养常知止足。"(《大萨遮尼乾子所说经》9-354b)

(4) 及法僧反叛后，树遗公卿百僚书曰：叉狼心虿毒，藉权位而日滋；含忍谄诈，与日月而弥甚。无君之心，非复一日；篡逼之事，旦暮必行。(《魏书》卷16，406)

(5) 闻慰曰："此故当文达诳诈耳。年常抄掠，岂有多军也？但可抚强兵，勤肃卫，方城狭险，何为便生忧怯，示人以弱也。"(《魏书》卷43，965)

---

① 颜洽茂：《佛教语言阐释——中古佛经词汇研究》，第262—264页。

（6）纥机辩有智数……然性浮动，慕权利，外似謇正，内实谄谀。时豪胜己，必相陵驾，书生贫士，矫意礼之。其诡态若此，有识鄙薄焉。（《魏书》卷93，2008）

（7）虎果虚诈，诸将皆无功而还。高祖攻钟离未克，将于淮南修故城而置镇戍，以抚新附之民，赐间玺书，具论其状。（《魏书》54卷，1206）

（8）渊至叶，具曹虎谲诈之问，兼陈其利害。（《魏书》卷47，1049）

（9）诏曰："应敌制变，算非一途，救左击右，疾雷均势。今朐山蚁寇，久结未殄，贼衍狡诈，或生诡劫，宜遣锐兵，备其不意。"（《魏书》卷66，1467）

（10）又齐郡曹昂，有学识，举秀才。永安中，太学博士、兼尚书郎。而常徒步上省，以示清贫。忽遇盗，大失绫缣，时人鄙其矫诈。（《魏书》卷79，1760）

（11）今后人诈欺，谩道爱神，润饰经文，改错法度。（《老君音诵戒经》18-216b）

（12）彼人如是心思惟已，复教他人，教他人已，即共相随，欺诈诳惑，设诸方便，诳惑他人，取其财物。（《正法念处经》17-257c）

（13）或复有人，奸欺无道，压善举恶，进非退是，诬枉贤良，党助不肖，或有邪见，或有断见。（《正法念处经》17-318a）

56. 障闭、隔塞、遮塞、阻阔、障塞、约障、隔绝、阻碍、阻塞、隔障

在阻碍、阻隔义上同义。

（1）如是问已，彼佛世尊言："诸兽充满，无量百千分别树林，障闭拥塞，无正法水，离善知识所说正道，多有无量邪见外道。"（《正法念处经》17-280a）

（2）今党援沮坏，亲属离叛，其余胜兵，不过数百，宜及此时，建复西海郡、县，规固二榆，广设屯田，隔塞羌胡交关之路，殖谷富边，省输转之役。（《水经注》卷 2，24）

（3）魏凉州刺史郭淮破羌，遮塞于白土，即此处也。（《水经注》卷 2，25）

（4）山川阻阔，并无沿注之理，所在受名者，皆是经隐显相关，遥情受用，以此推之，事或近矣，而非所安也。（《水经注》卷 12，222）

"阔"有远隔义，张永言等《古汉语字典》已经举例说明。① 在此例中"阻阔"为同义复词，义为阻隔。

（5）浊水又东径白石县南，《续汉书》曰：虞诩为武都太守，下辨东三十余里有峡，峡中白水生大石，障塞水流，春夏则濆溢，败坏城郭，诩使烧石，以醯灌之，石皆碎裂，因镌去焉，遂无泛溢之害。（《水经注》卷 20，364）

（6）左右民居，识其将漏，预以木为曲洑，约障穴口，鱼鳖暴鳞，不可胜载矣。（《水经注》卷 25，445）

王东认为，"'约障'是同义连文，义为阻隔、阻挡"②。

（7）水有二源，西源出奕山，亦曰鄣日山，山势高峻，隔绝阳曦。（《水经注》卷 26，479）

《素问·奇病论》"胞之络脉绝也"张志聪注："绝，谓阻隔不通也。"（《故训汇纂》1736 页绝 13 条）

---

① 张永言等：《古汉语字典》，巴蜀书社 1998 年版，第 333 页。
② 王东：《〈水经注〉词汇研究》，博士学位论文，四川大学，2003 年，第 24 页。

（8）川流西注，苦其不东，且淮源阻碍，山河无相入之理，盖应氏之误耳。（《水经注》卷28，503）

（9）江水又东径石龙而至于博阳二村之间，有盘石，广四百丈，长六里，阻塞江川，夏没冬出，基亘通渚。（《水经注》卷33，585）

（10）厅堂间，往往帏幔隔障，为寝息之所，时就休偃，还共谈笑。（《魏书》卷58，1302）

57. 贸易、交关、交易、交市
在交易、交换义上同义。

（1）饮食知足，不饮余食，不恼众生，不喜瞋恚，不与下贱屠儿魁脍贩卖贸易，卖买质直，不诳众生，不入酒肆。（《正法念处经》17-152c）

（2）今党援沮坏，亲属离叛，其余胜兵，不过数百，宜及此时，建复西海郡、县，规固二榆，广设屯田，隔塞羌胡交关之路，殖谷富边，省输转之役。（《水经注》卷2，24）

（3）战国之世，范蠡既雪会稽之耻，乃变姓名寓于陶，为朱公。以陶天下之中，诸侯四通，货物之所交易也。（《水经注》卷7，129）

（4）虽习俗裸袒，犹耻无蔽，惟依暝夜，与人交市。暗中臭金，便知好恶，明朝晓看，皆如其言。（《水经注》卷36，634）

58. 修复、修理、修饰
在修缮义上同义。

（1）汉成帝时，翟方进奏毁之。建武中，汝南太守邓晨欲修复之，知许伟君晓知水脉，召与议之。（《水经注》卷30，529）

（2）溉穰、新野、昆阳三县五千余顷，汉末毁废，遂不修

理。(《水经注》卷29,517)

(3) 黄巾之乱,残毁颓阙,魏太和、景初中、令长修饰旧字,后长汝南陈晞,以正始元年立碑,碑字破落,遗文殆存,事见其碑。(《水经注》卷21,379)

这里的"修饰"是修缮、修复义。

59. 紊灭、磨灭

在紊灭义上同义。

(1) 岸上并有庙祠,祠前有石碑三所,二碑文字紊灭,不可复识,一碑是太和中立。(《水经注》卷4,54)

(2) 内有一碑,文字磨灭,不可复识,俗相传言,是《华君铭》,亦不详华君何代之士。(《水经注》卷28,497)

60. 碎灭、紊碎、沦碎、碎落

在破碎义上同义。

(1) 余碑文字碎灭,不可复观,当似司隶诸碑也。(《水经注》卷23,413)

(2) 庙前有圭碑,文字紊碎,不可复寻,碑侧有小石函。(《水经注》卷21,381)

(3) 昭字叔明,周后稷之胄,冢有石阙,阙前有二碑,碑字沦碎,不可复识,羊虎倾低,殆存而已。(《水经注》卷22,390)

(4) 碑字碎落,不可寻识,竟不知所立岁月也。(《水经注》卷23,419)

61. 沦坠、沦覆、沦胥、崩沦

在沦丧、沦败义上同义。

（1）戊子，诏曰："自运属艰棘，历载于兹，烽驿交驰，旌鼓不息，祖宗盛业，危若缀旒，社稷鸿基，殆将沦坠。"（《魏书》卷9，244）

（2）诏曰："顷旧京沦覆，中原丧乱，宗室子女，属籍在七庙之内，为杂户滥门所拘辱者，悉听离绝。"（《魏书》卷9，245）

（3）辛卯，诏曰："顷天步中圮，国纲时屯，凶竖因机，互窥上国，疆埸侵噬，州郡沦胥。乃眷东顾，无忘寝食。"（《魏书》卷11，290）

（4）诏曰："而上天降祸，运踵多难，礼乐崩沦，宪章漂没。赫赫宗周，剪为戎寇；肃肃清庙，将成茂草。"（《魏书》卷11，282）

62. 颓褫、褫落
在废弛义上同义。

（1）时灵太后专制，朝纲颓褫。徽既居宠任，无所匡弼，与郑俨之徒，更相阿党。（《魏书》卷19下，511）

（2）既以亲尊，地当宰辅，自熙平以后，朝政褫落，不能守正匡弼，唯唯而已。及清河王怿之死，元叉专政，天下大责归焉。（《魏书》卷21上，557）

63. 崩褫、沦褫、崩颓、崩坏、崩夷、倾颓、崩毁、沦毁
在崩塌、损坏义上同义。

（1）清水又东径故石梁下，梁跨水上，桥石崩褫，余基尚存。（《水经注》卷9，153）

"褫"的崩塌义在《水经注》一书中也有用例，如：
太平真君十一年，又毁之。物不停固，白登亦继褫矣。（《水经注》卷13，233）

崩褫，即崩塌之义。

（2）自汉武帝穿昆明池于是地，基构沦褫，今无可究。（《水经注》卷19，332）

"沦"之崩塌义用例也见于《水经注》一书，如：
水西阜上有原过祠，盖怀道协灵，受书天使，忧结宿情，传芳后日，栋宇虽沦，攒木犹茂，故水取名焉。（《水经注》卷6，111）

（3）秦氏建元中，唐水泛涨，高岸崩颓，城角之下有大积木，交横如梁柱焉。（《水经注》卷11，208）

（4）义熙十二年，霖雨骤澍，洑水暴长，城遂崩坏，冠军将军彭城刘公之子也登更筑之，悉以砖累，宏壮坚峻，楼橹赫奕，南北所无。（《水经注》卷23，421）

（5）昔乾陀卫国有一国主，有一明相师，占王，却后七日，必当命终，出游猎行，见一故塔，毁败崩坏，即令群臣共修治之。（《杂宝藏经》4-469a）

（6）阜上有季氏宅，宅有武子台，今虽崩夷，犹高数丈。（《水经注》卷25，447）

（7）汾水西径晋阳城南，旧有介子推祠，祠前有碑，庙宇倾颓，惟单碑独存矣。（《水经注》卷6，98）

《文选·干宝〈晋纪总论〉》"基广则难倾"李周翰注："倾，崩也。"（《故训汇纂》153页倾20条）"倾颓"义为崩塌。

《水经注》中也有"倾""毁"同义之例，如：
云雍宫世有箫管之声焉。今台倾祠毁，不复然矣。（《水经注》卷18，326）

（8）又有石庙数间，依于墓侧，栋宇崩毁，惟石壁而已，亦

不知谁之胄族矣。(《水经注》卷29,521)

(9)碑东又有一碑,碑北有石柱、石牛、羊、虎俱碎,沦毁莫记。(《水经注》卷9,153)

64. 毁败、毁落、颓毁、破落、荒毁、凋毁、雕毁、沦败
在破败、毁坏义上同义。

(1)昔乾陀卫国有一国主,有一明相师,占王,却后七日,必当命终,出游猎行,见一故塔,毁败崩坏,即令群臣共修治之。(《杂宝藏经》4-469a)

(2)庙庭有碑,魏太和元年,孔灵度等以旧宇毁落,上求修复。(《水经注》卷9,156)

(3)简王尊贵,壮丽有加,始筑两宫,开四门,穿北城,累石为窦,通池流于城中,造鱼池、钓台、戏马之观。岁久颓毁,遗基尚存。(《水经注》卷11,207)

(4)岳父茝,琅琊太守,碑石破落,文字缺败。(《水经注》卷15,274)

(5)城南旧有石桥耗处,积石为梁,高二丈,今荒毁殆尽,亦不具谁所造也。(《水经注》卷23,420)

(6)但物谢时沦,凋毁殆尽,夫富而非义,比之浮云,况复此乎?(《水经注》卷22,391)

(7)庙南列二柱,柱东有三石羊,羊北有二石虎,庙前东北有石驼,驼西北有二石马,皆高大,亦不甚雕毁。(《水经注》卷24,428)

(8)虽石碛沦败,故迹可凭,准之于文,北引渠东合旧渎。(《水经注》卷16,289)

65. 毁废、夷毁、夷灭、毁坏、败坏
在人为毁坏义上同义。

（1）山之上顶，旧有上祠，今也毁废，无复遗式。(《水经注》卷26，472)

（2）自后古坟旧冢，莫不夷毁，而是墓至元嘉初尚不见发。(《水经注》卷29，517)

（3）梁王增筑，以为吹台。城隍夷灭，略存故迹。(《水经注》卷22，402)

（4）又西北入济水，城西北三里，有项王羽之冢，半许毁坏，石碣尚存，题云：项王之墓。(《水经注》卷8，137)

（5）浊水又东径白石县南，《续汉书》曰：虞诩库武都太守，下辨东三十余里有峡，峡中白水生大石，障塞水流，春夏辄溃溢，败坏城郭，诩使烧石，以醯灌之，石皆碎裂，因镌去焉，遂无泛溢之害。(《水经注》卷20，364)

66. 剥落、沦落、沦缺、缺败、剥缺、襵缺、破落、阙落、缺落在脱落、残缺义上同义。

（1）汾水西径晋阳城南，旧有介子推祠，祠前有碑，庙宇倾颓，惟单碑独存矣。今文字剥落，无可寻也。(《水经注》卷6，98)

（2）魏太和中，又更修之，撤故增新，石字沦落，无复在者。(《水经注》卷7，122)

（3）石铭岁远，字多沦缺，其所灭，盖阙如也。(《水经注》卷7，123)

（4）其碑中折，但世代不同，物不停故，《石经》沦缺，存半毁几，驾言永久，谅用忧焉。(《水经注》卷16，297)

（5）岳父芘，琅琊太守，碑石破落，文字缺败。(《水经注》卷15，274)

（6）基前有碑，文字剥缺，不可复识。(《水经注》卷16，298)

（7）渭水又径太公庙北，庙前有《太公碑》，文字褫缺，今无可寻。(《水经注》卷19，332)

（8）魏太和、景初中，令长修饰旧宇，后长汝南陈晞，以正始元年立碑，碑字破落，遗文殆存，事见其碑。(《水经注》卷21，379)

（9）城中有故碑，文字阙落，不可复识。(《水经注》卷31，555)

（10）碑文缺落，不详其人，称蠡是其先也。(《水经注》卷32，566)

67. 采访、推访、推觅、推求、求觅、搜觅、寻求、搜索、寻访、求访、询求

在寻找、查访义上同义。

（1）永熙三年秋，忽然自去，莫知所之。其年冬，而京师迁邺。武定五年，晖为洛州开府长史，重加采访，寥无影迹。(《洛阳伽蓝记》卷4"永明寺"，201)

（2）子恭奏曰："又称心存山水，不好荣宦，屡曾辞让，贻彼赫怒，遂被出为齐康郡。因尔归国，愿毕志嵩岭。比加采访，略无证明；寻其表状，又复莫落。案牒推理，实有所疑。"(《魏书》卷41，932)

（3）于是诏推访，周果以罪归阙，假称职位，如子恭所疑。(《魏书》卷41，933)

《水经注》中有"访"之查、寻义的用例：
其水侧有数陵，坟高壮，望若青丘，询之古老，访之史籍，并无文证，以私情求之，当是燕都之前故坟也。(《水经注》卷11，200)
"推""访"在《水经注》中也有同义对举的用例，如：
栅水又东南径高江产城南，胡景略城北，又东南径张祖禧城南，

东南流屈而北,径郑卫尉城西,魏事已久,难用取悉,推旧访新,略究如此。(《水经注》卷29,512)

因此,"推访"义即寻找、查访。

(4) 尔时太子自取利木,刺身出血,虎得舐之,其口乃开,即噉身肉,二兄待之经久不还,寻迹推觅,忆其先心,必能至彼。(《贤愚经》4-353a)

(5) 王心念曰:"如我今者,唯以财宝资给一切,无有道教而安立之,此是我咎,何其苦哉!今当推求坚实法财,普令得脱。"(《贤愚经》4-349a)

(6) 奋迅王,菩萨如是观察因缘则无诸见,无有断见,无有常见,彼如是知一切诸法皆因缘生,彼人如是推求因缘,亦不可得。(《奋迅王问经》13-941c)

(7) 昔汉武帝逐夷至海滨,闻有香气而不见物。令人推求,乃是渔父造鱼肠于坑中,以至土覆之,香气上达。(《齐民要术》卷8"作酱等法第七十",545)

《齐民要术》中有"推"用为求义之例,如:

蒜瓣变小,芜菁根变大,二事相反,其理难推。(《齐民要术》卷3"种蒜第十九",191)

关于"推""觅"等同义词运用,一些学者有深入的分析,如蔡镜浩认为,《贤愚因缘经·富那奇缘品》中"当须牛头旃檀香木摩以涂身,以除其病,举国推觅,求之叵得"的"推"为寻觅、查找义。推与觅并用,同义。[①] 汪维辉在《纵横结合研究汉语词汇》[②] 一文中说:上古汉语主要用"求""索"表示"寻找"这一概念,大约从两汉之交起开始用"寻",东汉开始用"觅",到南北朝时期,"寻"和

[①] 蔡镜浩:《魏晋南北朝词语拾零》,《苏州大学学报》1988年第3期。
[②] 汪维辉:《纵横结合研究汉语词汇》,载《21世纪的中国语言学》(二),商务印书馆2006年版,第288—294页。

"觅"在口语中大概已经取代了"求"和"索"。

因此,"推求"为寻找义。

(8) 夫人眠睡梦有三鸽共戏林野,鹰卒捉得其小者食,觉已惊怖,向王说之:"我闻谚言,鸽,子孙者也。今亡小鸽,我所爱儿必有不祥。"即时遣人,四出求觅。(《贤愚经》4-353a)

(9) 于时淫女与王家儿而共交通,贪其衣服众宝所成,利兴义衰,杀而藏之,王家搜觅,于其舍得,寻取淫女,斩截手足,劓其耳鼻,悬于高标,竖置冢间。(《贤愚经》4-442c)

(10) 彼沙门人自谓沙门,立沙门者,舍离自身大势力怨而作他事,彼欲瞋痴,于无量世随逐不离,示生死道,有大力势而无处所,不可寻求,唯智所知,与痴同行。(《正法念处经》17-286b)

(11) 乱不可久,狼子宜除,道运应兴,太平期近。今当驱除,留善种人,男女祭酒,一切生民,急相核实,搜索忠贤,恭慕道德,按名列言。(《女青鬼律》18-249c)

(12) 翼台左右,水流径通,长庑广宇,周旋被浦,栋堵咸沦,柱楚尚存,是其基构,可得而寻访。(《水经注》卷11,200)

"寻""访"在下列用例中对文同义:

寻郭文之故居,访胡昭之遗像,世去不停,莫识所在。(《水经注》卷15,页276)

野老时相访,山僧或见寻。(庾信《卧疾穷愁》诗,《庾子山集注》283)

"寻访"即寻找、查访。

(13) 世祖曰:"朕有一孝伯,足治天下,何用多为?假复求访,此人辈亦何可得。"(《魏书》卷53,1172)

(14) 其年冬,芳又上言:"古乐亏阙,询求靡所,故顷年以

来，创造非一，考之经史，每乖典制。"(《魏书》卷109，2833)

68. 推问、询访、讯访、询问、顾问、询仰、寻问、询请
在询问义上同义。

(1) 登上峰行且啸，如箫韶笙簧之音，声振山谷。籍怪而问作炭人，作炭人曰：故是向人声。籍更求之，不知所止，推问久之，乃知姓名。(《水经注》卷15，269)

(2) 高祖笃爱诸弟，以干总戎别道，诫之曰："司空穆亮年器可师，散骑常侍卢渊才堪询访，汝其师之。"(《魏书》卷21上，542)

(3) 考寻兹说，当承缘生《述征》谬志耳。缘生从戍行旅，征途讯访，既非旧土，故无所究。(《水经注》卷16，287)

(4) 汉武帝元鼎四年，幸洛阳，巡省豫州，观于周室，邈而无祀，询问耆老。(《水经注》卷21，375)

(5) 车驾每出，恭常陪乘，上顾问民政，无所隐讳，故能遗爱，自古祠享来今矣。(《水经注》卷22，399)

(6) 魏黄初元年，文帝令郡国修起孔子旧庙，置百石吏卒，庙有夫子像，列二弟子，执卷立侍，穆穆有询仰之容。(《水经注》卷25，448)

(7) 昔泰山吴伯武，少孤，与弟文章相失二十余年，遇于县市，文章欲殴伯武，心神悲恸，因相寻问，乃兄弟也。(《水经注》卷25，455)

(8) 齐有宦者内参田鹏鸾，本蛮人也。年十四五，初为阉寺，便知好学，怀袖握书，晓夕讽诵。所居卑末，使役苦辛，时伺间隙，周章询请。(《颜氏家训·勉学》，202)

69. 考按、考校、推校、考寻
在稽考义上同义。

第四章 北朝同义复音词

（1）渔父歌之，不违水地，考按经传，宜以《尚书》为正耳。（《水经注》卷28，497）

（2）考校群书及方土之目，疑非此矣。（《水经注》卷30，534）

（3）以《山海经》推校，里数不殊仲治所记，水会尚有故居处。（《水经注》卷16，286）

（4）考寻兹说，当承缘生《述征》谬志耳。（《水经注》卷16，287）

在《水经注》下例中单音词"考"表稽考义，如：

《经》所谓淮水径寿春县，北肥水从县东北注者也。盖《经》之谬矣。考川定土，即实为非，是曰洛涧，非肥水也。（《水经注》卷30，533）

考寻，即稽考义。

70. 综练、通利、便习、闲习、闲明、闲晓、闲练、明闲、解达、洞晓、精通、通解、明练、晓习、妙善

在熟练、精通义上同义。

（1）学习已达，还来在家，奉其母教，而作沙门，经少时间，读诵三藏，综练义理。（《贤愚经》4-423a）

李维琦《佛经词语汇释》一书将此例中的"综练"释为通晓、熟练，[①] 非常确切。

"练"的熟练义在《汉书》中已有用例，如《汉书·薛宣传》："练国家制度"颜师古注："练，犹熟也。"（《故训汇纂》1756页练25条）

在北朝《杂宝藏经》中同样有这种用法，如：

[①] 李维琦：《佛经词语汇释》，第428页。

北朝汉语复音词研究

昔难陀王,聪明博通,事无不练,以己所知,谓无訓敌。(《杂宝藏经》4-492c)

(2) 其儿聪明,好乐学问,诵持俗典,十八部书,文既通利,并善其义,学诸技术,靡所不通。(《贤愚经》4-405b)

"通利"一词在中古佛经中很常用,王云路、方一新认为"通利"义为流利、熟练,并指出这个意义是从"疏通""使……畅通"义引申而来。①

(3) 建武十九年,伏波将军马援上言:臣所将骆越万余人,便习战斗者二千兵以上,弦毒矢利,以数发,矢注如雨,所中辄死。(《水经注》卷37,641)

(4) 二十二年,车驾南讨,遣福与右卫将军杨播为前军。至邓城,福选兵简将,为攻围之势。高祖望福军法齐整,将士闲习,大被褒叹。(《魏书》卷44,1001)

"习""闲"表熟练义也很常用,如:

张堪为县,会公孙述击堪,同心义士,选习水者筏渡堪于小别江,即此水也。(《水经注》卷36,624)

逸云:"吾不闲养生,自然长寿。郭璞尝为吾筮,云寿年五百岁,今始余半。"(《洛阳伽蓝记》卷2"建阳里",83)

此外,还有"便""习""闲"互用之例:

至于风气喧暖,日影仰当,官民居止随情,面向东西南北,回背无定,人性凶悍,果于战斗,便山习水,不闲平地。(《水经注》卷36,629)

因此,"便习""闲习"均为熟练义。

---

① 王云路、方一新:《中古汉语语词例释》,第368页。

（5）雄用心平直，加以闲明政事，经其断割，莫不悦服。（《魏书》卷77，1691）

（6）剧鹏，高阳人。粗览经史，闲晓吏事。（《魏书》卷94，2020）

（7）老君曰：祭酒之官，迁功之后，子孙清彻聪明，闲练鬼事，可就明师受署，治箓符诫，承继父后。（《老君音诵试经》18-212b）

（8）明师者明闲道法，无有谬误，后人述之，其正相承，邪气不乱，功成德就，遂至于至真无为之道乎？（《太上妙法本相经》24-872b）

（9）怀吉，好勇有膂力，虽不善书学，亦解达世事。（《魏书》卷61，1357）

（10）虽经众议，于时卒无洞晓声律者，乐部不能立，其事弥缺。（《魏书》卷109，2828）

（11）宣明少有名誉，精通经史，危行及于诛死。（《洛阳伽蓝记》卷2"崇真寺"，77）

（12）摩罗聪慧利根，学穷释氏，至中国，即晓魏言隶书，凡所闻见，无不通解。（《洛阳伽蓝记》卷4"法云寺"，176）

（13）国之用材，大较不过六事……三则军旅之臣，取其断决有谋，强干习事；四则藩屏之臣，取其明练风俗，清白爱民。（《颜氏家训·涉务》，315）

（14）至于台阁令史，主书监帅，诸王签省，并晓习吏用，济办时须，纵有小人之态，皆可鞭杖肃督，故多见委使，盖用其长也（《颜氏家训·涉务》，318）

（15）魏支法存者，本是胡人，生长广州，妙善医术，遂成巨富。（《还冤志》，570下）

71. 投归、投趣、投造、往趣、往诣

在投奔、前往义上同义。

（1）毗首羯摩白天帝言："今阎浮提有大国王行菩萨道，名曰尸毗，志固精进，必成佛道，宜往投归，必能覆护，解救危厄。"（《贤愚经》4-351c）

（2）尔时适有五百估客入海采宝，值鱼张口，船行驶疾，投趣鱼口，贾人恐怖，举声大哭。（《贤愚经》4-379b）

（3）时枭怜愍，欲存养畜，众枭皆言："此是怨家，不可亲近，何缘养畜以长怨敌？"时枭答言："今以困苦，来见投造，一身孤单，竟何能为？"（《杂宝藏经》4-498c）

（4）以妒嫉故，以刀剑等迭相斫割，在黑暗处堕坠险岸，疾走往趣河渠陂池。（《正法念处经》17-18a）

（5）时虚空中诸夜叉等闻诸地神说是语已，即以大身大神通力，生大瞋恚，口中出烟，乘空上行，往诣四天王所，说如是言。（《正法念处经》17-110c）

72. 愍伤、悼愍、愍悼、悲愍
在哀怜义上同义。

（1）尔时世尊与诸比丘隔别经久，慈心愍伤，即举千辐相轮神手而慰劳之，下意问讯："汝等诸人住在僻远，饮食供养得无乏耶？"（《贤愚经》4-369a）

（2）太子白王："出行游观，睹彼群品为衣食故，欺诳杀害，积罪日增，意甚悼愍，欲得供济，愿王听我用于王藏，自恣布施，充民所乏。"（《贤愚经》4-411a）

（3）各前答言："祖父已来，无余业生，唯仰捕鱼，卖供衣食。"大施见已，甚怀愍悼，而自思惟：是诸众生皆由贫穷乏衣食故，为此恶业，杀害众生。（《贤愚经》4-405c）

（4）如是比丘观于欲火焚烧天人，心生悲愍，见其过故，不乐天乐。（《正法念处经》17-137a）

第四章　北朝同义复音词

73. 爱愍、怜愍、哀愍
在同情义上同义。

（1）何者是白？白色业摄，生于天中，彼人白业，善道宝价，买天人生，天欲退时，余天语言："汝善道去人世界中，人中欲死，亲友知识妻子啼哭，泪出覆面，而作是言，甚可爱愍，今舍我去，当好处生。生于人中，如是天人，是白生死，比丘如是，缘于相想。(《正法念处经》17－19a)

（2）帝释既出，见余天众放逸游戏以自娱乐受五欲乐，尔时天王见此事已，心生怜愍。(《正法念处经》17－181b)

（3）粗犷恶业，诳诈无智，自诳诳他，五有所没，近不善人，舍离三宝，此生盲人，不睹正法明慧之日，甚可哀愍。(《正法念处经》17－361a)

74. 贮聚、储畜、贮畜、聚积、贮积、积聚、畜积
在积聚义上同义。

（1）乞食比丘少欲知足，不储畜积聚，次第乞食，随敷露坐，一食三衣，如是等事，可尊可尚。在僧比丘，多欲无厌，贮聚储畜，贪求吝惜，嫉妒爱著，以故不能得大名闻。(《贤愚经》4－380b)

（2）若住非处，过失彰显，为诸凡俗之所轻笑，互共论说，言某沙门，某婆罗门及以余人，乐住非处，不名在家，不名出家，不乐山林阿兰若处，贮畜财物，乐见俗人，亲近在家，犹如奴仆，为诸白衣之所轻贱。(《正法念处经》17－362b)

（3）复次第五调伏，一切所作，不倚不著，不惜身命，于所用具，不多聚积，不行边方危怖之处。(《正法念处经》17－361c)

（4）若夫世尊声闻弟子……与俗交通，驱使走役，通致信

命，贮积钱财饮食衣服稻粟缯帛，于他财物亦复守护藏惜积聚，或复咒术或以书画教他自活。(《月藏经》13-351b)

(5) 时谷籴踊贵，乡人或有赡者，遗挺，辞让而受，仍亦散之贫困，不为畜积，故乡邑更钦叹焉。(《魏书》卷57，1264)

75. 离别、分散、分张、离散、乖离、分绝、分违、离绝、别离 在分开义上同义。

(1) 不著境界怖畏生死，知爱别离，生老病死，恩爱聚会，恩爱离别，一切皆知。(《正法念处经》17-242b)

(2) 彼处罪人各不相见，热风所吹，如利刀割，令身分散。(《正法念处经》17-29a)

(3) 此身分散，为无量分，骨节分张，髑髅异处，咽喉肩臂，手指爪甲，诸节异处。(《正法念处经》17-366c)

(4) 尔时难胜如来告罗睺罗言："罗睺罗，汝莫忧悲，罗睺罗，一切所爱称意等事，有为和合，必皆离散。"(《大悲经》12-951a)

(5) 庚午，诏曰："比闻缘边之蛮，多有窃掠，致有父子乖离，室家分绝，既亏和气，有伤仁厚。"(《魏书》卷7下，175)

(6) 植母既老，身又长嫡，其临州也，妻子随去，分违数岁。(《魏书》卷71，1572)

(7) 胡马哀吟，羌笳凄啭，亲友离绝，妻孥流转，玉关寄书，章台留钏，寒关凄怆，羁旅悲凉。(庾信《竹杖赋》，《庾子山集注》37)

(8) 哀笳关塞曲，嘶马别离声。(庾信《奉报赵王出师在道赐诗》，《庾子山集注》205)

76. 诤对、诤论、诤讼、诤竞、交诤、言讼、诤斗、斗诤 在争论义上同义。

（1）何者妄语？有兄弟等，有近有远，两朋诤对，彼兄弟者，或同一父，或同一祖，或异兄弟，或是伯叔，分物斗诤，有同种姓极远乃至二十一世如是人来，为作证明。(《正法念处经》17-51a)

（2）即以闻慧，知此众生于前世时，以邪见故习学邪法，复有众生，亦学邪法而生邪慢，以邪见论邪见譬喻，互相诤论。(《正法念处经》17-103c)

（3）处处多有摩尼宝珠珂贝严饰，多众婇女端正殊妙，罗睺阿修罗王之所主领，不相诤讼，随意忆念，能有所至。(《正法念处经》17-109a)

（4）知如是诸法，是菩萨能知诸法实体，若知诸法实体，是菩萨能知于空，若能知空，是菩萨不与他诤竞，若不与他诤竞，是菩萨能住沙门法中。(《法集经》17-645a)

（5）彼诸外道迭共推觅第一义相，称量第一义相，思惟第一义相，观察不见第一义相，生异异意，异异见，异异执著，立异朋党，起于诤论，口力交诤，出不善言，迭共相乱，起散而去。(《深密解脱经》16-666c)

（6）愚痴凡夫，恒常如是，人中则有农作等苦，迭相欺诳，斗秤不平，言讼诤斗。(《正法念处经》17-17c)

（7）即以闻慧，知此众生于人中时，于诸善人出家人所，污其净食，常戏斗诤，贪心因缘，身坏命终，堕畜生中，受于野干狐狗之身，互相憎嫉。(《正法念处经》17-103c)

（8）若比丘知他共斗诤，默然听此语向彼说。(《解脱戒经》24-663b)

（9）复次阿难，若人斗诤毁訾言讼违竞相对，心不调柔，浊心变坏者，有五过失。(《大悲经》12-972b)

77. 贪著、惑著、染著、耽著、恋著、乐著、爱恋
在爱恋义上同义。

（1）即告沙弥："汝往取食，善摄威仪，如佛所说，入村乞食，莫生贪著，如蜂采华，但取其味，不损色香，汝今亦尔。"（《贤愚经》4-380c）

（2）慧命阿难前白佛言："婆世踬沙门，往昔之时，与彼女子，有何因缘，心染惑著，几致危没？复共目连，造何善因，今蒙其恩，而获宁济，复何因缘，自致应真？"（《贤愚经》4-442a）

（3）年岁已大，聪才逸群，与其等辈，游行观看，见那罗伎家，有一女子，面貌清洁，晖容希偶，心便染著，欲得娉娶。（《贤愚经》4-441c）

李维琦认为，"染著"即贪恋，迷恋。①

（4）如是天鸟说此法时，天子心乱，念诸天女于利益法，不听不受，渴爱五欲，心意耽著，于莲花池游戏之处，欢娱受乐。（《正法念处经》17-161a）

（5）彼以闻慧知此众生于人中时欺陵妻子，独饭美食，其人妻子见之恋著，口中流涎。（《正法念处经》17-106c）

（6）复次第十，若沙门婆罗门及以余人，应当思惟，思何等法？所谓住处所害，若沙门婆罗门及以余人，少智慧者，住处所害，其心乐著，情恋不舍。（《正法念处经》17-362b）

关于"著"（着）的爱恋义以及由"著"（着）组成的双音词表爱恋义的用法，张相[②]、蒋礼鸿[③]、梁晓虹[④]等都有过详细的分析。李维琦曾概括指出："'著'常与表示恋念的单音动词连用。作为双音并

[①] 李维琦：《佛经词语汇释》，第251页。
[②] 张相：《诗词曲语辞汇释》，第301页。
[③] 蒋礼鸿：《敦煌变文字义通释》（增补定本），第282页。
[④] 梁晓虹：《口语词研究的宝贵材料》，《福建师范大学学报》（哲学社会科学版）1990年第3期。

列，有染著、爱著、恋著、念著、贪著、想著等。"①

（7）其心柔软，少于瞋心，乐行他妻，于自妻妾不生爱乐，于诸亲旧兄弟眷属，心不爱恋。（《毗耶娑问经》12－234a）

78. 顾恋、顾念
在挂念义上同义。

（1）父母闻语，惊而问言："世人入海，穷贫无计，分弃身命，无所顾恋，汝有何事，复欲习此，若欲布施，我家所有一切众物及藏中残，尽令汝用，莫入大海。"（《贤愚经》4－406a）
（2）云何名越过诸有？谓于诸三界而无所得又不顾念，是名过于诸有。（《月灯三昧经》15－616c）
（3）模果顾念幼度等，指幼度谓行人曰："吾何忍舍此辈，令坐致刑辱，当为尔取一人，使名位不减于我。"乃授以申谟。（《魏书》卷24，627）

79. 思量、思惟、寻思、思寻
在思考、思虑义上同义。

（1）何业具足？若人偷盗，彼偷盗人，若谄惑他，屏处思量，作欺诳事，斗秤治物，作恶业行，如是种种此业具足。（《正法念处经》17－2c）
（2）又修行者，内心思惟，随顺正法，观察法行，云何邪淫？（《正法念处经》17－2c）
（3）寻思万户侯，中夜忽然愁。（庾信《拟咏怀二十七首》，《庾子山集注》242）

---

① 李维琦：《佛经词语汇释》，第416页。

（4）吾出《诵诫》，宜令世人咸使知闻，好加思寻，努力修善。（《老君音诵诫经》18－212b）

（5）从今以后，诸官以意科处，思寻妙旨，苟能同心，福愿之人，参尔无苦。（《老君音诵诫经》18－213a）

80. 诵习、习诵、讽诵、读诵
在读诵义上同义。

（1）不常往返一檀越家，亦不戴面仰头而行，亦不动唇诈作诵习，不高声语，亦不私窃。（《正法念处经》17－275c）

（2）舍家出家，服三法衣，精进为伴，于家缚中，勤精进故，而得出离，得无住道，勤修禅定，习诵正法，欲入涅盘而得解脱。（《正法念处经》17－350b）

《中说·魏相》"房玄龄请习十二策"阮逸注："习，诵习。"（《故训汇纂》1813 页习 14 条）

"习诵"即读诵。

（3）芙蓉峰之东有仙人石室，学者经过，往往闻讽诵之音矣。（《水经注》卷 38，663）

（4）彪有女，幼而聪令，彪每奇之，教之书学，读诵经传。（《魏书》卷 62，1399）

81. 赠送、贡赠、酬赠、赠遗、赠赐、赠赙、饷馈
在把财物送与别人义上同义。

（1）尔时边境有一国王，与为亲厚，彼国所乏，大光明王随时赠送，彼国所珍，亦复奉献于光明王。（《贤愚经》4－372a）

（2）佛告阿难："今当遣使和索一河，若与我者，共为亲厚，

国有好物，更相贡赠；若有艰难，共相赴救，若其不得，便当力逼而夺取之。"（《贤愚经》4-402c）

（3）彼沙门者，相辱乃尔，遥伺尊者入禅定时，持一宝冠著其头上，既从定起，觉顶有冠，寻便思察，知魔所为，即以神力感魔使来，化其狗尸令似髻饰，而告魔言："汝遗我冠，深谢来意，今以髻饰，用相酬赠。"（《贤愚经》4-443b）

（4）诸比丘等于诸利养增上贪求，多毁禁戒，其心散乱，不乐闲林，舍离禅乐，与诸四众数相往来，破戒违道，共诸婆罗门长者居士等亲友交通，不相敬重，饮食花果，迭相赠遗。（《大悲经》12-955a）

（5）世祖将征平凉，试冲车以攻冢，地干为索所罥，折肋而卒。世祖亲往临抚，哭之甚恸。赠中领军将军、燕郡公，谥曰惠，赠赐丰厚。（《魏书》卷26，659）

（6）旧故多有赠赗，诸子推挽素心，一无所受。（《魏书》卷57，1266）

（7）京师朝贵，多出郡登藩，远相饷馈，逾于千里；以其远至，号曰"鹤觞"，亦名"骑驴酒。"（《洛阳伽蓝记》卷4"法云寺"，177）

《广雅·释诂三》："饷，遗也"。江蓝生、曹广顺认为"饷"作馈赠义魏晋已有之，唐代俗文学中仍使用。[①]

那么，"饷馈"即馈赠义。

82. 选择、简择、简选、简取、铨简

在选择义上同义。

（1）王言："大师，何者如来四无量心？"答言："大王，四无量者，所谓慈心无量，悲心无量，喜心无量，舍心无量，大王当知沙门瞿昙有十种无量大慈之心，一者平等大慈，不选择一切众生

[①] 江蓝生、曹广顺：《唐五代语言词典》，第384页。

故。"(《大萨遮尼乾子所说经》9-353a)

（2）彼比丘知如是声，思知想知，分分思量，以意识知，思知受知，忆念思量，彼耳声入，思量简择，然后觉知如是声者非有自体，无爱不爱唯有分别。(《正法念处经》17-20b)

（3）生此三种慈悲心已，然后庄严四种兵众，分布士马，唱说号令，简选兵众，分作三品。(《大萨遮尼乾子所说经》9-337c)

（4）供食豚，乳下者佳，简取别饲之。(《齐民要术》卷6"养猪第五十八"，443)

"简"的选义在北朝文献中已很常用，如：
简去碎者。(《齐民要术》卷5"种红蓝花、栀子第五十二"，371)
兴安二年，高宗引见侍郎、博士之子，简其秀俊者欲为中书学生。(《魏书》卷53，1175)
惠生遂减割行资，妙简良匠，以鍮䥥写雀离浮屠仪一躯，及释迦四塔变。(《洛阳伽蓝记》卷5"法云寺"，215)
至邓城，福选兵简将，为攻围之势。(《魏书》卷44，1001)
上例中"简"与"选"同义。
由此可知，"简择""简选""简取"均为同义词。

（5）及幸代，车驾北巡，留澄铨简旧臣。(《魏书》卷19中，465)

敦煌文献中有"诠谏"一词，曾良认为义为选择、分别，"谏"的本字为"柬"，后世往往写作"简""拣""谏"等。① 笔者认为，"铨简"同"诠谏"，义为选择。

83. 继绍、绍继、继嗣、绍嗣、承继、绍续、绍承
在继承义上同义。

---

① 曾良：《敦煌文献字义通释》，厦门大学出版社2001年版，第122页。

（1）父便听之，即放入山，去经数年，父王崩亡，其兄继位，统领人民，兄治不久，遇疾命终，未有子嗣，更无继绍。（《贤愚经》4-427b）

（2）于是婆罗门富敌王家，但无子息可以绍继，出入坐卧，每怀此愁，不知何方可以得子，即祷祀梵天。（《贤愚经》4-405a）

（3）佛告王曰："善著心听，乃往过去无数无量阿僧祇劫，此阎浮提有一国王，名摩诃赊仇利，领五百小国王，有五百夫人，无有太子可以继嗣。"（《贤愚经》4-364b）

（4）令奴大王卒遇时病，其命将终，诸小国王、群臣太子咸来问病，因问大王假其终没，诸王太子，谁应绍嗣？（《贤愚经》4-415c）

（5）老君曰：祭酒之官，迁功之后，子孙清彻聪明，闲练鬼事，可就明师受署，治箓符诫，承继父后。（《老君音诵诫经》18-212b）

（6）尔时其王退自思惟：我因宿福，今为人主，财宝五欲，富有四海，发言化下，如风靡草，今世会用，更无绍续，恐我来世穷苦是分。（《贤愚经》4-391a）

（7）若水沿流，间关蜀土，黄帝长子昌意，德劣不足绍承大位，降居斯水为诸侯焉。（《水经注》卷36，620）

84. 约截、拦约、遮障、遮止
在拦截义上同义。

（1）一切世间愚痴凡夫所不能渡，此五道河，无量劫中常漂众生，境界疾流，迅速不断，势力暴恶，不可遮障，无常相续，力势所牵，不可约截，爱河急恶。（《正法念处经》17-24b）

（2）若使急性人及小儿者，拦约不得，必有打伤之灾；或劳戏不看，则有狼犬之害。（《齐民要术》卷6"养羊第五十七"，423）

"约""拦"均为拦挡、遮拦义，王锳在《唐宋笔记语辞汇释》中业已作过考证。①

（3）此五道河，无量劫中常漂众生，境界疾流，迅速不断，势力暴恶，不可遮障，无常相续，力势所牵，不可约截。(《正法念处经》17-24b)

江蓝生、曹广顺认为："遮，拦挡、遮挡。"②
那么，遮障即阻挡、拦截。

（4）天诸玉女，于彼林中，受五欲乐，随心所念，游戏园林，所行无碍，无所遮止。(《正法念处经》17-125c)

85. 营理、经理、修理、经营、营综
在管理、料理义上同义。

（1）于时富那奇即受其教，营理家事，时二兄子，数往其所，求索饮食及余所须。(《贤愚经》4-394a)
（2）思惟所以，不能了知，而问之言："长者今暮，躬自执劳，经理事务，施设供具，为欲请王太子大臣？"(《贤愚经》4-418c)
（3）懈怠之人势力薄少，人所轻贱，亦复不能修理家业，贫穷下贱，不能营作治生贸易、耕田种殖及以余事悉不能作，不能亲近善友知识。(《正法念处经》17-350a)

江蓝生等认为，"修理"有照顾、料理义。③

---

① 王锳：《唐宋笔记语辞汇释》（修订本），第219页。
② 江蓝生、曹广顺：《唐五代语言词典》，第436页。
③ 江蓝生、曹广顺：《唐五代语言词典》，第395页。

（4）众生何业生于彼处？彼以闻慧，见此众生信心修行，持戒布施，法会听法，佐助经营，劝助随喜，深心善心，以净信心如是思惟。(《正法念处经》17－140c)

（5）若复世尊声闻弟子，弃舍正念，弃舍思惟，弃舍正观，弃舍读诵及为他说，弃舍正法所修行事，营综家业种种生具商贾，种植园林果树。(《月藏经》13－351b)

86. 拔济、济拔、拯济、救济、济救、振赡、赡赈、赈赡、赡救、赒恤、赡恤、赈恤

在救济义上同义。

（1）尔时其龙即解髻中如意之珠，用奉上之，因立誓愿："大士弘誓，慈心旷济，悲彼群生，不惮勤劳，必能成佛，拔济荼蓼，愿作侍者总持弟子。"(《贤愚经》4－408b)

（2）佛言："非但今日，于往昔时亦曾济拔。"(《杂宝藏经》4－478b)

（3）何等为十？一者美语，二者能舍，三者审谛，四者他国远人来看，五者近之则得安乐，六者以时给施左右，七者敬尊奉施所须，供给善人，拯济孤独。(《正法念处经》17－319b)

（4）时诸盲人闻此语已，还共议言："我曹罪积，苦毒特兼，若当遇佛，必见救济。"(《贤愚经》4－393a)

"济"有救助、拯救之义。《字汇·水部》："济，赒救也"。(《汉语大字典（缩印本）》744页济8条)

"济"与"救"同义，有救助、拯救义。

（5）初，允每谓人曰："吾在中书时有阴德，济救民命。若阳报不差，吾寿应享百年矣。"(《魏书》48卷，1089)

（6）是月也，冬谷或尽，椹麦未熟，乃顺阳布德，振赡穷乏，

务施九族，自亲者始。(《齐民要术》卷3"杂说第三"，233)

(7) 徙人之中，多允姻媾，皆徒步造门。允散财竭产，以相赡赈，慰问周至。(《魏书》48卷，1089)

(8) 二月丙辰朔，赈恤京师贫民。甲戌，以六镇大饥，开仓赈赡。(《魏书》卷8，213)

(9) 丙寅，诏曰："掩骼埋胔，古之令典，顺辰修令，朝之恒式。今时泽未降，春稼已旱。或有孤老馁疾，无人赡救，因以致死，暴露沟堑者，洛阳部尉依法棺埋。"(《魏书》卷8，202)

(10) 丙午，以去年旱俭，遣使者所在赒恤。(《魏书》卷8，205)

《集韵·尤韵》："赒，振赡也。"
赒恤即救济义。

(11) 清身奉公，务存赡恤，妻子不能免饥寒。(《魏书》卷51，1137)

(12) 及南徐州刺史沈陵外叛，徐州大水，遣芳抚慰赈恤之。(《魏书》卷55，1221)

87. 听许、许可、允可
在允许义上同义。

(1) 夫人闻已，甚怀忧惧，即白王言："如王所说，命不云远，我闻石室比丘尼说，若能信心出家，一日必得生天，由是之故，我欲出家，愿王听许，得及道次。"(《杂宝藏经》4-495a)

《贤愚经》中还有"听"表允许之例，如：
父母议言：昔日世尊已豫记之，云当出家，今若固留，或能取死，就当听之。(《贤愚经》4-430a)

梁晓虹《〈六度集经〉语词札记》一文指出："'听'、'听许'作允许、准让讲，是中古时期的习惯用法。"①

（2）王闻其言，以己命重，即便许可，还至宫中，愁忧懊恼。（《杂宝藏经》4-490b）
（3）时有夜叉，踊出殿前，高声唱言："东方有国，名弗婆提，其中丰乐，快善无比，大王可往游观彼界。"王即允可，意欲巡行。（《贤愚经》4-440a）

88. 原恕、宽恕、宽假、赦宥、矜恕、矜贷、原贷、原宥、宥原
在宽恕义上同义。

（1）其女即时悔过自责："唯愿尊者当见原恕，我前恶心，罪衅过厚，幸不在怀，勿令有罪"。（《贤愚经》4-358b）
（2）象师白王："调之如法，但今此象为欲所惑，欲心难调，非臣咎也，愿见宽恕。却后三日，象必自还，观臣试之，万死不恨。"（《贤愚经》4-421c）
（3）故大臣犯法，无所宽假。雅长听察，瞬息之间，下人无以措其奸隐。（《魏书》卷4下，107）
（4）诏曰："此而可忍，孰不可怀！虽屡经赦宥，未容致之于法，犹宜辨正，以谢朝野。"（《魏书》卷9，240）

《大戴礼记·子张问入官》"必以其善以宥其过"王聘珍解诂："赦，宥也。"（《故训汇纂》2200页赦6条）
"赦宥"为同义复词，义为宽恕。

（5）昶宽和矜恕，善于绥抚，其在徐州，戍兵疾，亲自检恤。

---
① 梁晓虹：《〈六度集经〉语词札记》，《古汉语研究》1990年第3期。

(《魏书》卷47，1060)

（6）诏曰："宝夤因难投诚，宜加矜贷，可恕死，免官削爵还第。"(《魏书》卷59，1315)

（7）众敬拔刀斫柱曰："皓首之年，唯有此子，今不原贷，何用独全！"(《魏书》卷61，1360)

（8）刘彧欲加原宥，灵越辞对如一，终不回改，乃杀之。(《魏书》卷70，1557)

（9）诏曰："不忠不道，深暴民听；附下罔上，事彰幽显。莫大之罪，难从宥原，封爵之科，理宜贬夺。可征虏将军，余悉削黜。"(《魏书》卷93，2006)

89. 防捍、扞御、捍御、捍拒、防拒、防卫

在防御义上同义。

（1）云何成就吉祥事？所谓能获一切果报故。云何名为防捍怨敌？所谓断除一切邪见及取着见故。(《月灯三昧经》15-619a)

（2）弱关在建平秭归界，昔巴、楚数相攻伐，藉险置关，以相防捍。(《水经注》卷34，592)

（3）桓穆二帝"驰名域外……奉承晋皇，扞御边疆。"(《魏书》卷23，599)

（4）文晔对曰："臣既见亡父，备申皇泽。云：'吾家蒙本朝宠遇，捍御藩屏，尊卑百口，并在二城。'"(《魏书》卷43，966)

（5）畅曰："知入境七百里，无相捍拒，此自上由太尉神算，次在武陵圣略，军国之要，虽不预闻，然用兵有机间，亦不容相语。"(《魏书》卷53，1171)

（6）于时葛荣攻信都，长围遏水以灌城。永基与刺史元孚同心戮力，昼夜防拒。(《魏书》卷72，1624)

（7）天光密使军多作木枪，各长七尺，至黄昏时，布立人马

为防卫之势，周匝立枪，要路加厚。(《魏书》卷75，1675)

《吕氏春秋·恃君》"爪牙不足以自卫"高诱注："卫，扞也。"(《故训汇纂》2050页卫3条)

"防卫"与前文中的"扞御"等词同义。

90. 发摘、发扬、发闻、纠发

在揭露义上同义。

（1）除南颖川太守，不好发摘细事，常云："何用小察，以伤大道。"吏民感之，郡中大治。(《魏书》卷45，1012)

（2）真度诸子既多，其母非一，同产相朋，因有憎爱。兴和中，遂致诉列，云以毒药相害，显在公府，发扬疵衅。时人耻焉。(《魏书》卷61，1359)

（3）旧制，二县令得面陈得失，时佞幸之辈恶其有所发闻，遂共奏罢。(《魏书》卷77，1708)

（4）道穆又上疏曰："若御史，司直纠劾失实，悉依所断狱罪之。听以所检，迭相纠发。"(《魏书》卷77，1717—1718)

"纠"作揭露义，在《魏书》中也有用例，如：

侍中孙腾上言："而比执事苦违，好为穿凿，律令之外，更立余条，通相纠之路，班捉获之赏。"(《魏书》卷111，2888)

"纠发"即揭露。

91. 骂辱、毁骂、诮詈、詈辱、诃詈、诟骂、讥骂、骂詈

在骂义上同义。

（1）母复告曰："自今已往，若共谈论，傥不如时，便可骂辱。"迦毗梨言："出家沙门，无复过罪，云何骂之？"(《贤愚经》4-423a)

在这里"骂"与"骂辱"交错使用，二者同义。

(2) 大慧，诸佛如来应正遍知亦复如是，内身证得圣智，满足诸力神通自在功德如恒河沙，一切外道邪论诸师愚痴鱼鳖，以瞋恚心毁骂如来，如来不动，不生分别。(《入楞伽经》16-558c)

(3) 帝患久多忿，因之以迁怒。飈每被诮骂，言至厉切，威责近侍，动将诛斩。(《魏书》卷21下，577)

(4) 然贪褊矜慢，初在中书，好詈辱诸博士，博士、学士百有余人，有所干求者，无不受其财货。(《魏书》卷54，1210)

(5) 昶好犬马，爱武事，入国历纪，犹布衣皂冠，同凶素之服。然呵詈童仆，音杂夷夏。(《魏书》卷59，1308)

(6) 神龟二年二月，羽林虎贲几将千人，相率至尚书省诟骂，求其长子尚书郎始均，不获，以瓦石击打公门。(《魏书》卷64，1432)

(7) 崇客李元佑语人云："李令公一食十八种。"人问其故，元佑曰："二九一十八。"闻者大笑，世人即以为讥骂。(《洛阳伽蓝记》卷3"高阳王寺"，156)

(8) 日日骂詈，时复歌云："桃李花，严霜落，奈何桃李子严霜早落已。"声甚伤切，似是自悼不得长成也。(《还冤志》，570上)

92. 推引、汲引、提引、接引、引荐、荐举

在推荐义上同义。

(1) 神俊意尚风流，情在推引人物，而不能守正奉公，无多声誉。(《魏书》卷39，896)

(2) 笃好文雅，老而不辍，凡所交游，皆一时名士。汲引后生，为其光价，四方才子，咸宗附之。(《魏书》卷39，896)

（3）皇兴中，东阳平，随文秀入国。而大将军刘昶每提引之，言是其外祖淑之近亲，令与其府谘议参军袁济为宗。（《魏书》卷69，1536）

（4）公善于抚驭，长于接引，山薮无弃，苞苴不行，示人赤心，与人颜色，盗不敢发，民不忍欺。（庾信《周柱国大将军长孙俭神道碑》，《庾子山集注》，817）

（5）及窦太后崩，婴益疏薄无势，黜不得志，与太仆灌夫相引荐，交接甚欢，恨相知之晚乎。（《还冤志》，565下）

（6）但知承上接下，积财聚谷，便云我能为相；不知敬鬼事神，移风易俗，调节阴阳，荐举贤圣之至也。（《颜氏家训·勉学》，162）

93. 怀胎、怀妊、怀娠、怀孕
在怀孕义上同义。

（1）尔时师子，从是怀胎，日月满足，便生一子，形尽似人，唯足斑驳。（《贤愚经》4-425b）

（2）是持戒人，若行旷野，若独若伴，若行道路，若行非道，若见恶兽怀妊产子，为饥所逼，欲啖其子，是人见之，自舍其身，与此恶兽，欲令杀己，不食其儿。（《正法念处经》17-163b）

（3）尔时无畏德菩萨母，号日月光，与阿阇世王俱，合十指爪掌往至佛所，白言世尊："我得大利，我于九月怀娠此子，然此善男子，今作如是大师子吼，我今回此善根，向阿耨多罗三藐三菩提。"（《无畏德菩萨会》11-555b）

（4）乳母好，堪为种产者，因留之以为种，恶者还卖；不失本价，坐赢驹犊。还更买怀孕者。（《齐民要术》卷6"养羊第五十七"，440）

94. 埋瘗、埋藏、葬埋、埋覆
在埋义上同义。

（1）三年春二月戊寅，诏曰："自比阳旱积时，农民废殖，寤言增愧，在予良多。申下州郡，有骸骨暴露者，悉可埋瘗。"（《魏书》卷8，194）

（2）诏曰："时雨不沾，春苗萎悴。诸有骸骨之处，皆敕埋藏，勿令露见。有神祇之所，悉可祷祈。"（《魏书》卷7上，150）

（3）诏曰："自今京师及天下之囚，罪未分判，在狱致死无近亲者，公给衣衾棺椟葬埋之，不得暴露。"（《魏书》卷7上，139）

（4）丁未，诏曰："掩骼之礼，诚所庶几；行埋之义，冀亦可勉。其诸有露尸，令所在埋覆。可宣告天下。"（《魏书》卷11，283）

95. 沦移、推移、移易、流移、迁流、迁贸
在变迁义上同义。

（1）地理沦移，不可复识，当是世人误证也。（《水经注》卷2，34）

（2）盖邑郭沦移，川渠状改，故名旧传，遗称在今也。（《水经注》卷29，519）

（3）夫物无不化之理，魄无不迁之道，而此尸无神识，事同木偶之状，喻其推移，未若正形之速迁矣。（《水经注》卷15，273）

（4）山川移易，铜柱今复在海中，正赖此民，以识故处也。（《水经注》卷36，635）

（5）县在桂阳郡东百二十里，县南、西二面，阻带清溪，桂

水无出县东理,盖县邑流移,今古不同故也。(《水经注》卷39,677)

(6) 正始四年冬,崇表曰:"然四序迁流,五行变易,帝王相踵,必奉初元,改正朔,殊徽号、服色,观于时变,以应天道。"(《魏书》卷107上,2659)

(7) 盖闻市朝迁贸,山川悠远。是以狐兔所处,由来建始之宫;荆棘参天,昔日长洲之苑。(庾信《拟连珠》,《庾子山集注》,599)

《文选·任昉〈为范始兴作求立太宰碑表〉》"则陵谷迁贸"吕延济注:"贸,易也。"(《故训汇纂》2182页贸11条)

"迁贸"即变迁。

96. 好乐、爱尚、雅好、好尚、尚好、企尚、爱好

在爱好义上同义。

(1) 其儿聪明,好乐学问,诵持俗典,十八部书,文既通利,并善其义,学诸技术,靡所不通。(《贤愚经》4-405b)

(2) 忻,阳平人也。爱尚文籍,少有名誉,见阉寺宠盛,遂发此言,因即知名,为治书御史。(《洛阳伽蓝记》卷1"昭仪尼寺",53)

(3) 县令济南刘熹,字德怡,魏时县宰,雅好博古,教学立碑,载生徒百有余人,不终业而夭者,因葬其地,号曰生坟。(《水经注》卷28,498)

(4) 山下潭中有《杜元凯碑》,元凯好尚后名,作两碑并述己功。(《水经注》卷28,500)

(5) 然世人多愚,好尚浮伪,游身恣欲于群俗之间,须臾之乐以快腹目,终不能苦身勤念奉道。(《正一法文天师教戒科经》18-235a)

(6) 御史中尉元匡高选御史,道穆奏记于匡曰:"道穆生自

蓬檐，长于陋巷。颇猎群书，无纯硕之德；尚好章咏，乏雕琢之工。"(《魏书》卷77，1714)

（7）上既崇之，下弥企尚。至延昌中，天下州郡僧尼寺，积有一万三千七百二十七所，徒侣逾众。(《魏书》卷114，3042)

《文选·陆机〈五等诸侯论〉》"盖企及进取"吕向注："企，羡也。"(《故训汇纂》90页企16条)
《慧琳音义》卷十四"叹羡"注："羡，爱也。"
根据这些训释可以判断，"企尚"有爱好义。

（8）礼曰："君子无故不彻琴瑟。"古来名士，多所爱好。(《颜氏家训·杂艺》，589)

97. 测量、相度、商校、商度、度量
在估量、测量义上同义。

（1）斗极所周，管维所属，若所亲见，不容不同；若所测量，宁足依据？(《颜氏家训·归心》，379)
（2）遂躬自履行，相度水形，随力分督，未几而就，溉田百万余亩，为利十倍，百姓至今赖之。(《魏书》卷69，1529)

王锳在《诗词曲语辞例释》一书中指出，"相度"有估量、思量义，并指出了《汉语大词典》对该词的释义问题。[①] 他的分析主要是以近代诗词为对象，由本例可知，"相度"在北朝文献中已有运用，表示估量、测量义。

（3）诏曰："其所陈计略，商校利害，料其应否，宁边益国，

---

① 王锳：《诗词曲语辞例释》，第324页。

专之可也。"(《魏书》卷51，1133)

《慧琳音义》卷八十二"商榷"注："商，量也。"(《故训汇纂》361页商20条)
《孙子兵法·计》"故经之以五校之计而索其情"李荃注："校，量也。"(《故训汇纂》1103页校30条)
"商""校"都有量义，"商校"为同义复词，义为测量。

（4）乃上书曰："诚宜商度东西戍防轻重之要，计量疆场险易安危之理，探测南人攻守窥觇之情，筹算卒乘器械征讨之备。"(《魏书》卷71，1594)

（5）千有余里，景乃商度地势，凿山开涧，防遏冲要，疏决壅积，十里一水门，更相回注，无复渗漏之患。(《水经注》卷5，76)

《慧琳音义》卷八十二"商榷"注："商，量也。"(《故训汇纂》361页商20条)
《玄应音义》卷二十"猜度"注："度，测量也。"(《故训汇纂》696页度94条)
那么，商度即测量义。

（6）释一曰：夫遥大之物，宁可度量？今人所知，莫若天地。(《颜氏家训·归心》，372)

98. 侧塞、充满、侧满、满侧、充遍、遍满、充牣
在充满义上同义。

（1）作是誓已，天地大动，乃至净居诸天，宫殿动摇，咸各下视，见于菩萨作法供养，毁坏身体，不顾躯命，欻然俱下，侧

塞虚空，啼哭之泪，犹如盛雨。(《贤愚经》4-350a)

"侧塞"具有塞满、充满、拥挤、充塞等义及其在北朝中土文献如《水经注》和六朝佛经中的运用，蒋礼鸿[1]、张联荣[2]都曾作过详细分析考证。

(2) 种种众鸟音声和雅，诸阿修罗众悉住其中，充满国界，丰乐安隐，周遍奇特，甚可爱乐。(《正法念处经》17-109c)

(3) 其身光明，威德赫焰，位次相比，间不容人，或有住于须弥山峰，侧满充遍。(《正法念处经》17-120a)

(4) 太延中，临终于八角寺，齐洁端坐，僧徒满侧，凝泊而绝。(《魏书》卷114，3033)

(5) 群鹿麋麂相随游戏，亦为麈鹿欲网所缚，亦如天子，迷天女色，譬如夏时降雨满池，充遍盈溢。(《正法念处经》17-188b)

(6) 山中有河名鸠摩罗，从山流出，多有鹅鸭鸳鸯，充遍河中。(《正法念处经》17-405a)

(7) 诵室禅堂，周流重迭，花林芳草，遍满阶墀。(《洛阳伽蓝记》卷2"秦太上君寺"，88)

在上述(6)(7)两例中，"充遍"即充满义；"遍满"为同义连文。关于"遍"与"满"同义在魏晋时期的用法，徐仁甫有详细的分析[3]。

(8) 远近交游者争有送遗，马牛衣服什物充牣其庭。(《魏书》卷61，1353)

---

[1] 蒋礼鸿：《敦煌变文字义通释》（增补定本），第356页。
[2] 张联荣：《汉魏六朝佛经释词》，《北京大学学报》（哲学社会科学版）1988年第5期。
[3] 徐仁甫：《广释词》，四川人民出版社1981年版，第566页。

《广韵·震韵》：牣，满也。

"充牣"即充满。

99. 陵压、陵驾、凌藉

在欺压义上同义。

（1）时细民为豪强陵压，积年枉滞，一朝见申者，日有百数。（《魏书》卷41，927）

（2）然性浮动，慕权利，外似謇正，内实谄谀。时豪胜已，必相陵驾，书生贫士，矫意礼之。（《魏书》卷93，2008）

（3）王太后闻，怒而不食，曰："我在，人皆凌藉吾弟，我百岁后，当鱼肉之。"（《还冤志》566上）

100. 指笑、轻笑、鄙笑、笑弄、讥笑、嗤笑、非笑、嗤诋、嗤鄙、嗤嫌、讥调、讥刺、讥讪

在讥笑义上同义。

（1）以懈怠故，人所轻贱，皆共指笑，不学智慧，痴无所知，不知时处，不知自力，不知他力。（《正法念处经》17－350a）

黄征在《魏晋南北朝词语零札：指授、指取》一文中通过对《魏书》等文献中"指授""指取""指宣""指就""指造""指讨""指来""指营"等词的考察分析，认为"指"为词缀，只起到动词词头的作用，整个词语的意义只在"指"后面的动词上。[①]

笔者认为，对"指笑"的结构和意义也可以这样认识，"指笑"应为讥笑义。

（2）何等为六？谓无义语，突入人家，贪爱他食，坐于尊

---

① 黄征：《魏晋南北朝词语零札：指授、指取》，《中国语文》1993年第3期。

处,虚说无实,如是六法,人所轻笑,在家出家,应离此法。(《正法念处经》17-353a)

(3) 遇诸父兄弟有如仆隶,夫妻并坐共食,而令诸父馂余。其自矜无礼如此,为时人所鄙笑。(《魏书》卷27,665)

(4) 性多造请,好以荣利干谒,乞丐不已,多为人所笑弄。(《魏书》卷42,951)

(5) 世祖每诏征,辞疾不应。恒讥笑允屈折久宦,栖泊京邑。(《魏书》卷48,1091)

(6) 子霄,字景鸾……与河东姜质等朋游相好,诗赋间起。知音之士,共所嗤笑;闾巷浅识,颂讽成群,乃至大行于世。(《魏书》卷79,1755)

(7) 自兹厥后,音韵锋出,各有土风,递相非笑,指马之谕,未知熟是。(《颜氏家训·音辞》,529)

《史记·李斯列传》"非世而恶利"司马贞索隐:"非者,讥也。"(《故训汇纂》2470页非19条)

"非笑"即为讥笑。

(8) 吟啸谈谑,讽咏辞赋,事既优闲,材增迂诞,军国经论,略无施用:故为武人俗吏所共嗤诋,良由是乎!(《颜氏家训·勉学》,166)

王凤阳在《古辞辨》中对"嗤"作了分析:"嗤,《集韵》'笑也'。'嗤'的否定意味较'哂'为重,不仅不以为然,而且含有鄙薄、戏弄的内容,近似冷笑。"并引《颜氏家训》中此例为证。[①]

(9) 齐世有席毗者,清干之士,官至行台尚书,嗤鄙文学,

[①] 王凤阳:《古辞辨》,第799页。

嘲刘逖云："君辈辞藻，譬若荣华，须臾之玩，非宏才也。"(《颜氏家训·文章》，265)

(10) 高祖曰："内外相称，非虚加也。今者岂徒顾礼违议，苟免嗤嫌而已。"(《魏书》卷108，2782)

(11) 我等令彼自然卒起他方怨敌，及自国土亦令兵起，病疫饥馑，非时风雨，斗诤言讼，诽谤讥调，又令其王不久复当亡失己国。(《月藏经》13-355c)

(12) 迁京之始，朝士住其中，迭相讥刺，竟皆去之。(《洛阳伽蓝记》卷5"凝玄寺"，209)

(13) 永安三年中，尔朱兆入洛阳，纵兵大掠，时有秀容胡骑数十人入寺淫秽，自此后颇获讥讪。(《洛阳伽蓝记》卷3"瑶光寺"，47)

101. 轻呵、怨责、呵责、呵嫌、呵谴、切责、责让、诘让、切让、诮让、切诮、诮责、嗔责、嫌责、怪责

在指责、责怪义上同义。

(1) 如是大王，一切众生有形之类，应护身口，勿妄为非，轻呵于人。(《贤愚经》4-358b)

(2) 时辟支佛如实语之，妇便恨恨，还唤将来，即取其钵，与满钵油，怨责夫言："汝实不是，云何乃以油滓与之？念还忏悔，除汝口过。"(《贤愚经》4-365c)

(3) 时诸比丘呵责沙弥："汝大恶人，杀父杀师！"即以白佛。(《贤愚经》4-418a)

《玉篇·口部》："呵，责也。"
"呵责"即指责。

(4) 时诸债主，竞共云集，迎取所负，来者无限，空竭其财，

财货已尽,犹不毕债,妻子穷冻,乞丐自活,宗亲国邑,悉共呵嫌。(《贤愚经》4-422a)

(5) 到民家不得妄有嗔怒,有呵谴,食饮好恶,床席舍庐,众杂论说是非。(《老君音诵戒经》18-214b)

(6) 世祖疑谓不实,切责之,以公归第。(《魏书》卷40,902)

(7) 民有兄弟争财,诣州相讼。安祖召其兄弟,以礼义责让之。(《魏书》卷45,1024)

(8) 穆先驱围虎牢,尽锐攻之。将拔,属天穆北渡,既无后继,人情离沮,穆遂降颢。以河阴酷滥事起于穆,引入诘让,出而杀之,时年五十三。(《魏书》卷44,1005)

(9) 彦质厚慎密,与人言不及内事。世祖以此益亲待之。进爵武昌公,拜安东将军、相州刺史。在州受纳,多违法度,诏书切让之。然以彦腹心近臣,弗之罪也。真君二年,卒。谥曰宣公。(《魏书》卷46,1036)

(10) 均表陈非便,朝议罢之。后均所统,劫盗颇起,显祖诏书诮让之。(《魏书》卷51,1129)

(11) 明年,从诣马圈,高祖疾势遂甚,戚戚不怡,每加切诮,又欲加之鞭捶,幸而获免。(《魏书》卷91,1968)

(12) 遂以事呈之,恚曰:"此小事,何足呈也!"时有所问,复怒曰:"何以不呈!"诮责杖捶,月至再三。(《魏书》卷95,2051)

(13) 吾兄弟自相诫曰:"今忝二圣近臣,母子间甚难,宜深慎之。又列人事,亦何容易,纵被嗔责,慎勿轻言。"(《魏书》卷58,1290)

(14) 其妻瞋恚,嫌责夫言:"须臾之劳,当得钱十万,以供家中衣食乏短,但听沙门浮美之谈,亡失尔许钱财之利。"(《贤愚经》4-434b)

(15) 十余年中,不尝言一人罪过,当时大被嫌责。(《魏书》

卷58，1290）

（16）诏曰："显宗斐然成章，甚可怪责，进退无检，亏我清风。此而不纠，或长弊俗。可付尚书，推列以闻。"（《魏书》卷60，1344）

方一新在《东汉魏晋南北朝史书词语笺释》中已指出（15）例中的"嫌责"义为责备，批评。[①]

在唐道宣撰《续高僧传》中有"嫌怪"一词表责怪之义：

意者宁贵朴而近理，不用巧而背源，傥见淳质，请勿嫌怪。（《续高僧传》50-439a）

从（14）（15）（16）三例中，可以看出，"嫌责""怪责"与"嫌怪"三词为同义词，"嫌"有责怪之义。

第三节　北朝同义复音形容词

通过笔者对北朝文献的调查和归纳，同义复音形容词在数量上没有同义复音动词丰富，但一些同义形容词组的数量也很可观，在运用上也很有特色。在本节对此予以分析。

1. 贡高、骄豪、憍慢、我慢、高慢、骄慢、倨傲、骄大

在骄傲、傲慢义上同义。

（1）诸人犹豫，不信我言，克期捔术，自省不如，靡然逃去，至毗舍离，诸六师辈，贡高转盛，各共相率，当必追穷。（《贤愚经》4-361c）

蒋礼鸿《敦煌变文字义通释》一书中指出："贡高，骄傲自大"[②]。

[①] 方一新：《东汉魏晋南北朝史书词语笺释》，第147页。
[②] 蒋礼鸿：《敦煌变文字义通释》（增补定本），第322页。

(2) 王既获已,即知其意,寻遣使请那伽斯那即赴王命,那伽斯那身体长大,将诸徒众,在中特出,王心骄豪,诡因游猎,路次相逢,见其姝长,即自摇指异道而去,竟不共语,默欲非之,一切长者都无所知。(《杂宝藏经》4－493a)

吴金华《〈三国志〉词语简释》一文指出,"豪"有傲、蛮横义,《三国志》中已有用例。①

骄豪,有骄傲之义。

(3) 时难陀王转复㤭慢,时诸臣等即白王言:"那伽斯那,聪慧绝伦。"(《杂宝藏经》4－493a)

(4) 时罗睺阿修罗王身量广大,如须弥山王,遍身珠宝,出大光明,大青珠宝出青色光,黄黑赤色亦复如是,以珠光明心大㤭慢,谓无与等。(《正法念处经》17－107a)

《集韵·宵韵》:"㤭,通作骄。"
"㤭慢"即"骄慢",义为骄傲。

(5) 彼邪见人,身业口业意业破坏,下贱之人,众生中劣,障碍正法,住不善法,以愚痴故,作恶道行,自谓有智,恃智我慢,自意分别,不实语说,受大苦恼。(《正法念处经》17－61c)

王云路、方一新认为,"我慢"即傲慢。②

(6) 佛告一切勇菩提萨埵善男子:"其人眷属皆悉忧愁悲泣啼哭,如来说法亦复如是,吾我自高喻诸凡夫,得见佛身耳闻说

---

① 吴金华:《〈三国志〉词语简释》,载《语言研究集刊》(第3辑),江苏教育出版社1989年版,第229页。
② 王云路、方一新:《中古汉语语词例释》,第386页。

法，自生高慢，说种种语，住吾我地，自不听受亦不说法。"(《僧伽吒经》13－967b)

（7）椿临行，诫子孙曰："汝家仕皇魏以来，高祖以下乃有七郡太守、三十二州刺史，内外显职，时流少比。汝等若能存礼节，不为奢淫骄慢，假不胜人，足免尤诮，足成名家。"(《魏书》卷58，1289)

（8）栗性简慢，矜宠，不率礼度，每在太祖前舒放倨傲，不自祗肃，咳唾任情。(《魏书》卷28，686)

（9）诏公卿为书让之曰："知朝廷志在怀远，固违圣略，切税商胡，以断行旅，罪四也。扬言西戎，高自骄大，罪五也。"(《魏书》卷99，2207)

2. 驶速、驶疾、暴疾、迅速、速疾、迅疾、急浚、浚急、迅急、急峻、峻激、浚激、奔急、速捷、迅捷、迅激、迅驶
在速度快义同义词

（1）须达闻之，遣人追逐，象走驶速，不能及逮。(《贤愚经》4－441a)

（2）尔时适有五百估客入海采宝，值鱼张口，船行驶疾，投趣鱼口，贾人恐怖，举声大哭。(《贤愚经》4－379b)

"驶""疾"在下面的例子中，同义变换运用：
尔时大众比丘、比丘尼优婆塞、优婆夷、天龙夜叉干闼婆阿修罗迦楼罗紧那罗摩睺罗伽释天梵天四天王等，得闻如是最后教已，愁苦不乐，为忧箭所射，啼哭流泪，极大号叫，作如是言："婆伽婆入涅槃一何驶哉，修伽陀入般涅槃一何驶哉！世间眼灭，世间盲冥，一何疾哉！我今云何与众生宝别离太速？"(《大悲经》12－964b)
"驶"之快义在《魏书》也有用例：
苗乃募人于马渚上流以舟师夜下，去桥数里便放火船，河流既驶，

倏忽而至。(《魏书》卷71,1596)

因此,(1)(2)中的"驶速""驶疾"都有速度快之义。

(3) 若诸河水急速乱波,深而流疾,难可得行,能漂无量种种树木,势力暴疾,不可遮障,山涧河水迅速急恶。(《正法念处经》17-24b)

(4) 有孔雀王名曰杂色……告彼天言:"此诸天等,多放逸行,不虑后退,此乐欲尽,无常不住。一切天乐速疾已过,如山中河,其流迅速而不觉知,心常著乐,以恶爱故。"(《正法念处经》17-309a)

(5) 复次比丘观忧流迦天火下者,复有因缘,忧流迦下,诸天欲行,宫殿随身,其行速疾,二殿并驰,互相研磨,令火炽焰,光明腾赫,从上而下。(《正法念处经》17-111a)

(6) 若有恶咒,唤之即来,能为众生作不饶益,其行迅疾,一念能至百千由旬,是故名为疾行饿鬼。(《正法念处经》17-96b)

(7) 高祖敕淹曰:"朕以恒代无运漕之路,故京邑民贫。今移都伊洛,欲通运四方,而黄河急浚,人皆难涉。"(《魏书》卷79,1754)

(8) 涑水自城西注,水流急浚,轻津无缓,故诗人以为激扬之水,言不能流移束薪耳。(《水经注》卷6,107)

在《水经注》中"浚"还可单用,表速度快义,如:

湘水又北径建宁县,有空泠峡,惊浪雷奔,浚同三峡。(卷38,663)

(9) 中朝时榖水浚急,注于城下,多坏民家,立石桥以限之;长则分流入洛,故名长分桥。(《洛阳伽蓝记》卷4"永明寺",201)

(10) 城西北有石夹水,飞湍浚急,人亦谓之磻溪,言太公

尝钓于此也。(《水经注》卷9,153)

(11) 其山虽辟,尚梗湍流,激石云洄,澴波怒溢,合有十九滩,水流迅急,势同三峡,破害舟船,自古所患。(《水经注》卷4,66)

(12) 此二山,楚之西塞也。水势急峻,故郭景纯《江赋》曰:虎牙桀竖以屹崒,荆门阙竦而盘薄,圆渊九回以悬腾,溢流雷响而电激者也。(《水经注》34卷,596)

(13) 江水又东径流头滩,其水并峻激奔暴,鱼鳖所不能游,行者常苦之。(《水经注》卷34,595)

蒋礼鸿指出:"'峻',通'迅'、'骏',快速。"①

(14) 庙渚有大石,高十丈,围五尺,水濑浚激,而能致云雨。(《水经注》卷40,693)

(15) 耒水发源出汝城县东乌龙白骑山,西北流径其县北,西流三十里,中有十四濑,各数百步,浚流奔急,竹节相次,亦为行旅溯涉之艰难也。(《水经注》卷39,677)

"奔急"在中古史书及《洛阳伽蓝记》中都有用例,义为急促、快速、速度快,方一新②、化振红③均已指出。

(16) 凤曰:"军无辎重樵爨之苦,轻行速捷,因敌取资。"(《魏书》卷24,609)

(17) 至年十八,身长七尺五寸,弓马迅捷,勇冠当时。(《魏书》卷95,2050)

(18) 玄入建业宫,逆风迅激,旌旗、服章、仪饰一皆倾偃。

---

① 蒋礼鸿:《敦煌变文字义通释》(增补定本),第374页。
② 方一新:《东汉魏晋南北朝史书词语笺释》,第2页。
③ 化振红:《〈洛阳伽蓝记〉词汇研究》,博士学位论文,四川大学,2001年,第105页。

(《魏书》卷97，2123）

（19）其风迅驶，斯须过尽，若不防者，必至危毙。(《魏书》卷102，2262）

3. 卑贱、鄙劣、凡贱、凡鄙、下贱
在卑贱、卑微义上同义。

（1）如是之人，白业采灭，黑业采色增长出生，又复若人生卑贱家，若极贫穷常行布施，受持禁戒。(《正法念处经》17-287a)

（2）若生人中同业之处，贫穷常疾，常为怨对之所破坏，生恶国土，海中夷人，一切人中最为鄙劣，又不长命，是彼恶业余残果报。(《正法念处经》17-73a)

（3）若作门兵，身体癃残，一切身分鄙劣不具，饥渴烧恼寒热冲逼，如箭射埵，受极苦恼，常被诬枉，为诸小儿木石砖等之所打掷，为一切人之所嫌贱，无妻无子，一切人中最为凡贱，受第一苦。(《正法念处经》17-30b)

（4）有智之人不属妇女，一切世间属妇女者，于世间中最为凡鄙。若余凡人属妇女者犹尚凡鄙，岂况国王，人中第一！(《正法念处经》17-318c)

（5）懈怠之人，势力薄少，人所轻贱，亦复不能修理家业，贫穷下贱，不能营作治生贸易，耕田种殖及以余事悉不能作。(《正法念处经》17-350a)

4. 丑恶、丑陋、鄙丑、鄙拙、矬陋、短陋、陋短
在丑陋、难看义上同义。

（1）王将此人入于后园，而约敕言："吾生一女，形貌丑恶，不中示人，今欲妻卿，可得尔不？"(《杂宝藏经》4-457c)

（2）若生人中同业之处，常有癣病在其腹中，若身焦枯，形貌丑陋，若守门户，身体状貌，如烧树林，作集业力，余残果报。（《正法念处经》17-36c）

（3）时有罗刹童子名毗毗沙歌，亦还住此楞伽大城，形貌雄猛，大腹巨力，其性硬恶，面目鄙丑，唯食肉血，口牙可畏。（《大乘同性经》16-645c）

（4）若于佛所修行布施所得福德，我当为汝而作譬喻，诸有智者以喻得解，阿难，譬如画师画虽精好，其中犹有少许鄙拙不端严处，复有画师所作端正转更胜前。（《大悲经》12-969a）

（5）以灭没故，阎浮提人皮肉脂骨，悉皆减少，一切身骨，矬陋短小。（《正法念处经》17-400a）

（6）长子产之，字孙侨。容貌短陋，而抚训诸弟，爱友笃至。（《魏书》卷39，888）

（7）子逊，字子言。貌虽陋短，颇有风气。（《魏书》卷65，1448）

关于"矬陋""短陋""陋短"三词的理据，王凤阳做过很好的分析。他指出："古代崇尚高大魁梧，所以身体矮小、举动无威仪是'陋'的主要内容……正因为如此，'陋'常常和'短'、'矮'、'矬'、'小'等词结合使用。"[①]

5. 错乱、错谬、倒错、乖错

在错乱义上同义。

（1）所谓举动心不审谛，彼眼见已则生分别，数数如是忆念思惟，乐于彼色，更不异缘，常如是作不善之行，非是善念，心意错乱。（《正法念处经》17-215c）

（2）第二十者谓少睡眠，少睡眠故，心善思惟，意不错谬，

[①] 王凤阳：《古辞辨》，第860页。

不愚不钝,怨不得便。(《正法念处经》17-321c)

(3) 诏曰:"然经历久远,传习多失其真,故令文体错谬,会义不惬,非所以示轨则于来世也。孔子曰,名不正则事不成,此之谓矣。今制定文字,世所用者,颁下远近,永为楷式。"(《魏书》卷4上,70)

"谬"有乱义,可以和"乱""错乱"构成同义关系,徐正考在其《〈论衡〉词汇研究》中已经指出。① 上述的"错乱""错谬"同义。

(4) 或传书倒错,情用疑焉,而无以辨之。(《水经注》卷13,236)

(5) 平王东迁,文字乖错,秦之李斯及胡母敬,又改籀书,谓之小篆,故有大篆、小篆焉。(《水经注》卷16,297)

6. 纰缪、乖谬、差谬、讹谬
在错误义上同义。

(1) 元氏之世,在洛京时,有一才学重臣,新得《史记音》,而颇纰缪,误反"颛顼"字,顼当为许录反,错为许缘反,遂谓朝士言:"从来谬音'专旭',当音'专翾'耳。"(《颜氏家训·勉学》,207)

(2)《中山记》以为中人城,又以为鼓聚,殊为乖谬矣。(《水经注》卷11,页205)

(3) 又汉兴,以朝鲜为远,循辽东故塞至浿水为界。考之今古,于事差谬,盖《经》误证也。(《水经注》卷14,261)

(4) 俗语讹谬,谓之寡妇城,水曰寡妇水。(《水经注》卷21,376)

---

① 徐正考:《〈论衡〉同义词研究》,第368页。

第四章 北朝同义复音词

7. 聪黠、聪了、聪慧、聪明、黠慧、聪利、聪惠、聪睿、聪达、辩慧、敏达、聪敏、辩悟、聪颖、聪解、聪悟、聪识、聪辩、晓了、黠了、聪令

在聪明义上同义。

（1）时有一儿，字须阇提，晋言善生，至年七岁，端正聪黠，甚为可爱。（《贤愚经》4-356b）

《集韵·黠部》："黠，慧也。"
"聪黠"即聪明。

（2）王第一夫人名须梨波罗满，经数时间，便觉有娠，自怀妊后，心性聪了，仁慈矜哀，劝人以善。（《贤愚经》4-363c）

（3）比丘思惟已即以闻慧，观阿修罗往昔过去习婆罗门法，第一聪慧，善知世间种种技术，喜行布施。（《正法念处经》17-108c）

（4）若有善业，得生人中，常受快乐，聪明智慧。同生一城，或同聚落，于世间中最为上首，或为亲友兄弟知识，常受安乐。（《正法念处经》17-149a）

（5）譬如黠慧善巧画师若其弟子，观察善平坚滑好地，得此地已，种种彩色，种种杂杂，若好若丑，随心所作，如彼形相。（《正法念处经》17-23b）

（6）尔时慧命阿那律白佛言："应说辩才者，随诸众生所应闻法，称彼根性广略说法，是名应说辩才，又得捷疾辩才，捷疾辩才者，随以辩才，言辞速疾教化一切众生，又得聪利辩才，聪利辩才者，随诸众生上根利智，为其说法令得利疾解脱。"（《法集经》17-637c）

（7）绘弟系，字乾经。少聪慧，有才学，与舅子河间邢昕少相伦辈，晚不逮之。（《魏书》卷49，1100）

(8) 太安二年二月，立为皇太子。聪睿机悟，幼而有济民神武之规，仁孝纯至，礼敬师友。(《魏书》卷6，125)

(9) 而飑凤侍高祖，兼聪达博闻，凡所裁决，时彦归仰。(《魏书》卷21下，581)

慧琳《一切经音义》卷一一"达骇"条注："达谓智也，骇谓愚也，以相比也。"①

"聪达"即聪明义。

(10) 浩纤妍洁白，如美妇人。而性敏达，长于谋计。(《魏书》卷35，815)

《广韵·轸韵》："敏，聪也"；
《慧琳音义》卷二十四"聪敏"注："敏，聪悟也。"
"敏达"也为聪明义。

(11) 颉，辩慧多策略，最有父风。(《魏书》卷30，715)

(12) 懋聪敏好学，博综经史，善草隶书，多识奇字。(《魏书》卷55，1229)

(13) 灵宾，文藻不如兄灵建，而辩悟过之。(《魏书》卷43，971)

(14) 祥弟少雍，字季仲。少聪颖，有孝行，尤为祖父绍先所爱。(《魏书》卷45，1027)

(15) 初，世隆之为仆射，自忧不了，乃取尚书文簿在家省阅。性聪解，积十余日，然后视事。(《魏书》卷75，1669)

(16) 子安世，幼而聪悟。(《魏书》卷53，1175)

(17) 奇少孤，家贫，而奉母至孝。韶龀聪识，有凤成之美。

---

① (唐)释慧琳、(辽)释希麟：《正续一切经音义》，上海古籍出版社1986年版，第16页。

(《魏书》卷84,1846)

(18)长乐王处文,天赐四年封。聪辩夙成。(《魏书》卷16,399)

《玉篇·辡部》:"辩,慧也。"
"聪辩"又作"聪辨":高阳宅北有中甘里,里内颍川荀子文,年十三,幼而聪辨,神情卓异,虽黄琬、文举,无以加之。(《洛阳伽蓝记》卷3"高阳王寺",156)
"聪辩",即聪明。

(19)赵邕,字令和,自云南阳人。洁白明髭眉,晓了恭敬。(《魏书》卷93,页2003)
(20)又有张景嵩、毛畅者,咸以阉寺在肃宗左右,而并黠了,甚见知遇。(《魏书》卷94,2035)
(21)彪有女,幼而聪令,彪每奇之,教之书学,读诵经传。(《魏书》卷62,1399)

8. 豫乐、和悦、喜悦、欣乐、怡悦、快乐、悦乐、欢悦、悦豫、怡适、舒悦、熙怡、欣喜、忻乐、忻悦、踊跃、踊悦
在喜悦义上同义。

(1)若刹利王能持瞋喜,彼王国土牢固不坏,一切国人,皆悉豫乐,不生厌恶,无能破坏,无能得便。(《正法念处经》17-322c)
(2)一切天众之所供养,无量百千天女围绕供养恭敬,皆是天子先所亲友,和悦含笑,种种庄严,其身胜妙,色相威德,皆悉庄严。(《正法念处经》17-185b)
(3)云何多作?既偷盗已,多作床敷、卧具、毡被、食噉饼肉,衣服庄严,淫女娱乐,樗蒲博戏,心生喜悦,我今快乐,一

· 175 ·

切乐中偷盗为最，以此因缘，我丰床敷、卧具、饮食、衣服庄严，淫女樗蒲，第一胜乐。(《正法念处经》17-4c)

(4) 实见之人于一切处，若天若人无有著心，何况地狱饿鬼畜生于五道中悉断悕望而得解脱，于一切生死苦中不复欣乐，怖畏厌离。(《正法念处经》17-376a)

(5) 何等十七中阴有耶？所谓死时见于色相，若人中死，生于天上，则见乐相，见中阴有，犹如白氎，垂垂欲堕，细软白净，见已欢喜，颜色怡悦。(《正法念处经》17-197c)

(6) 声味色香，贪欲瞋痴，种种放逸，习近妇女，欢喜园中种杂庄严，宝阁宫殿，树林水池，有妙莲花，游戏快乐。(《正法念处经》17-18a)

(7) 第四阿修罗地所住之处，一切忍阿修罗等，勇健无畏，第一端正，庄严其身，共相娱乐，不相恼乱，心常悦乐，犹如节会，与众婇女，种种庄严，一一徒众，眷属围绕，或百或千，游戏嬉乐。(《正法念处经》17-114b)

(8) 摩尼宝珠，以为其地，心常欢悦，如人节会，喜乐自娱，多诸爱慢。(《正法念处经》17-114a)

(9) 其地庄严，甚可爱乐，七宝园林，充满其地，种种流泉，诸莲华池种种莲华，毗琉璃茎，黄金为叶，遍覆池水，种种金石以为崖岸，旋转洄澓，犹如舞戏，种种众鸟出妙音，令心悦豫。(《正法念处经》17-174b)

(10) 复次大仙，彼天尔时，牟佉离汁生彼盘中，即变为花名阿姿婆，彼有善香。其汁清冷，饮则凉乐，又复彼香令天童子醉乐怡适。(《毗婆耶经》12-229a)

(11) 尔时婆伽婆遥望观察摩罗耶山楞伽城，光颜舒悦，如动金山，熙怡微笑，而作是言。(《入楞伽经》16-514c)

(12) 尔时娑伽罗龙王如是说已，一切诸龙皆得忍辱，面色熙怡，各坐本处。(《月藏经》13-357a)

(13) 若彼众生，于佛塔庙奉施灯明，以此奉施所作善业，

能获安乐可乐之果,彼施灯明作善业时,欣喜相应,从信心起,于现在世得三种净心,何等为三?(《施功德经》16-805a)

(14)鸾初出,灵太后闻之,曰:"鸾必不济,我为之忧。"及奏其死,为之下泪,曰:"其事我如此,不见我一日忻乐时也。"(《魏书》卷94,2032)

(15)地干奉上忠谨,尤善嘲笑。世祖见其效人举措,忻悦不能自胜。(《魏书》卷26,659)

(16)臣伏读圣制《象经》,并观象戏,私心踊跃,不胜抃舞。(庾信《进象经赋表》,《庾子山集注》539)

王云路、方一新在《中古汉语语词例释》中谈到此例时指出:"踊跃:高兴;欣喜;欢快异常。"①

(17)譬如生十子,孩抱之时普恩爱之,无欲遗弃,小有不和,驰追巫卜,问其进止,闻衰肝碎,闻吉踊悦。(《太上妙法本相经》24-858a)

蒋礼鸿曾以《施灯功德经》中"彼人临命终时,先所作福,悉皆现前,忆念善法,而不忘失;因是念已,心生踊悦"为例,说明"踊悦"是喜悦貌。②

9. 妙好、殊胜、殊妙、美妙、妙美、奇妙、上妙、胜妙、清妙、微妙、殊好、精妙、姣好、快妙

在美好义上同义。

(1)于是别后,转更前进,见一金城,其色晃晃,甚为妙好。(《贤愚经》4-408a)

---

① 王云路、方一新:《中古汉语语词例释》,第390页。
② 蒋礼鸿:《敦煌变文字义通释》(增补定本),第313页。

(2) 以屣力故，能有所至，终不疲倦，所著衣服，无有经纬，种种众宝，光明照曜，殊胜可爱。(《正法念处经》17-152b)

(3) 复次比丘，云何观月蚀？即以闻慧知罗睺阿修罗王眷属官众行于海上，见月常游忧陀延山顶，行阎浮提，住毗琉璃光明之中，端严殊妙，百倍转胜。(《正法念处经》17-107c)

(4) 所言善者，谓离杀生，摄取世间一切众生，施与不畏，于现在世，人所赞叹，面色诸根，端正美妙，得长命业。(《正法念处经》17-6c)

(5) 有异天女作众伎乐，来诣天子，是时天子见诸天女，颜色妙美，百倍爱著，走趣天女。(《正法念处经》17-163a)

(6) 诸天子等一一宫殿，庄严奇妙，金色莲华，香气第一。(《正法念处经》17-153c)

(7) 尔时天众见此天子衣服严饰，上妙色身，得未曾有，生欢喜心，亦向天子。(《正法念处经》17-346a)

(8) 一切众生之所归依，犹如父母，大悲熏心，一切众生，唯一上亲，慈悲喜舍为依止处，以三十七大菩提分胜妙之法庄严其身，一切众生清净眼观无有厌足。(《正法念处经》17-2a)

(9) 复有众鸟名嘴游戏，于铃网内出众妙音，其音清妙，与铃音合，不可分别，和合出声，两倍转妙。(《正法念处经》17-137c)

(10) 如是次第，复见有河，百千莲华集在其岸，处处皆有微妙莲华，我共天众皆如是见在虚空中，如是下观一切诸欲，功德具足。(《正法念处经》17-298b)

中古佛经中"微妙"的美妙义用法，李维琦在《佛经词语汇释》中已作过详细分析。[①]

---

① 李维琦：《佛经词语汇释》，第312页。

（11）城之西北三里，塔名放弓仗，恒水……下流有国王游观，见水上木函，开看，见千小儿端正殊好，王取养之，遂长大，甚勇健，所往征伐，无不摧服。（《水经注》卷1，5）

（12）而其山出雏鸟，形类雅乌，纯黑而姣好，音与之同，缋采绀发，嘴若丹砂，性驯良而易附，卝童幼子，捕而执之。（《水经注》卷13，234）

（13）自后毁撤，一时俱尽，间遗工雕镂，尚存龙云逞势，奇为精妙矣。（《水经注》卷23，421）

王梵志诗句"欲觅无嗔恨，少语最为精"。江蓝生、曹广顺等认为其中的"精"即好、佳义。① "精妙"，义为美好。从上例看"精"的好、佳义至少可上溯到北朝时期。

（14）时须菩提即语女言："汝何所证，何所得法，而有如是快妙辩才？"（《无畏德菩萨会》11-553c）

董志翘指出，中古汉语中"快"产生了一个新的义位，即"佳"，"好"义，为魏晋南北朝时期所习用。②

"快妙"，也即美好义。

10. 精勤、翘勤、策勤、精励

在勤奋、努力义上同义。

（1）临坛众僧次第为礼，其作礼时，两手拍地，当手拍处，有二金钱，如是次第，一切为礼，随所礼处，皆有金钱，受戒已竟，精勤修习。（《贤愚经》4-358c）

（2）昼则樵苏，夜诵经史，自是精勤，遂大通赡。（《魏书》

---

① 江蓝生、曹广顺：《唐五代语言词典》，第195页。
② 董志翘：《中古汉语中的"快"及与其相关的词语》，《古汉语研究》2003年第1期。

卷43，978）

（3）若人若天，以放逸故，近恶知识，不敬三宝，不求于智，不敬尊长，于过功德，不觉不知，于生死苦，不生厌离，不知杂业，谓种种业，不能翘勤，常喜睡眠，不能持戒，身坏命终，堕于恶道生地狱中，以放逸故得如是过，此第三过。（《正法念处经》17-307a）

"翘"的努力义，王小莘通过《高僧传》的用例作了详细分析。①翘勤，即勤奋，努力义。

（4）我常安住大精进力，教化众生策勤不惓，如我今者于世尊前坚固精进等无有异，为欲降化诸恶龙故。（《须弥藏经》13-389a）

（5）云何名美妙言？谓与他人说利益事故。云何名先言慰喻？谓先言善来速起迎接故。云何名不懈怠？谓不舍策勤故。云何名恭敬尊长？谓敬惧尊长如善知识想故。（《月灯三昧经》15-616b）

本例中"懈怠"与"策勤"相对，"策勤"为努力义。

王力《汉语词汇史》认为"勤"的努力、用功意义在唐代开始运用。② 从上述例子可知，"勤"的努力义在北朝时代已经产生。

（6）治点子弟文章，以为声价，大弊事也。一则不可常继，终露其情；二则学者有凭，益不精励。（《颜氏家训·名实》，311）

王利器注：精励，谓精进勤奋也。

---

① 王小莘：《〈高僧传〉词汇研究》，载《语言学论丛》（第22辑），商务印书馆1999年版，第140页。
② 王力：《汉语词汇史》，商务印书馆1993年版，第84页。

第四章 北朝同义复音词

11. 丽妙、端正、端严、精丽、严丽、光丽、绮丽、婉丽、华美、佳丽、丽华、华丽、美丽、纤丽、姝丽、雅丽、鲜丽

在美丽、华丽义上同义。

（1）洴沙谓佛可共捔神，即敕臣吏平治博处，安施床座，竖诸幢幡，庄严校络，极令丽妙。（《贤愚经》4-361b）

（2）所言善者，谓离杀生，摄取世间一切众生，施与不畏，于现在世，人所赞叹，面色诸根，端正美妙，得长命业。（《正法念处经》17-6c）

李维琦认为，"端正（政）"即美，美丽。[①]

（3）复次比丘，云何观月蚀？即以闻慧，知罗睺阿修罗王眷属官众行于海上，见月常游忧陀延山顶，行阎浮提毗琉璃光明之中，端严殊妙，百倍转胜。（《正法念处经》17-107c）

（4）时婆罗门见火烧塔，作是思惟：我今宁可且住施福，救如来塔，奇妙庄严，雕饰精丽，广大希有，当灭此火，令塔不坏。（《正法念处经》17-109a）

（5）自云年一百五十岁，历涉诸国，靡不周遍；而此寺精丽，阎浮所无也。（《洛阳伽蓝记》卷1"永宁寺"，13）

（6）时天帝释见是天众，皆大欢喜，坐众宝殿，其殿严丽，七宝庄严，或以光宝而为严饰，或有金色以为庄严。（《正法念处经》17-120a）

（7）彪、景出自儒生，居室俭素。惟伦最为豪侈，斋宇光丽，服玩精奇，车马出入，逾于邦君。（《洛阳伽蓝记》卷2"正始寺"，93）

[①] 李维琦：《佛经词语汇释》，第88页。

何亚南通过佛经与中土文献的用例说明,"光"的"华丽"义常用在魏晋南北朝文献中①。

(8) 四月初八日,京师士女,多至河间寺。观其廊庑绮丽,无不叹息,以为蓬莱仙室,亦不是过。(《洛阳伽蓝记》卷4"法云寺",179)

(9) 高山巉嵲,危岫入云,嘉木灵芝,丛生其上。林木婉丽,花彩曜目。(《洛阳伽蓝记》卷5"凝玄寺",212)

(10) 时陇西李元谦乐变双声语,常经文远宅前过,见其门阀华美,乃曰:"是谁第宅过佳?"(《洛阳伽蓝记》卷5"凝玄寺",209)

(11) 老翁云:"是吾儿也。"取书,引元宝入。遂见馆阁崇宽,屋宇佳丽。(《洛阳伽蓝记》卷3"大统寺",132)

(12) 图以云气,画彩仙灵,绮钱青锁,辉赫丽华。(《洛阳伽蓝记》卷1"永宁寺",12)

(13) 是以邢子才碑文云:"俯闻激电,旁属奔星"是也。妆饰华丽侔于永宁。(《洛阳伽蓝记》卷3"景明寺",124)

(14) 公主容色美丽,综甚敬之;与公主语,常自称下官。(《洛阳伽蓝记》卷2"龙华寺",72)

(15) 庙中图安及八士像,皆坐床帐如平生,被服纤丽,咸羽扇裙帔,巾壶枕物,一如常居。(《水经注》卷32,563)

(16) 名之与实,犹形之与影也。德艺周厚,则名必善焉;容色姝丽,则影必美焉。(《颜氏家训·名实》,303)

(17) 希远第二弟希宗,字景玄。出后宪兄。性宽和,仪貌雅丽,涉猎书传,有文才。(《魏书》卷36,836)

(18) 禧性骄奢,贪淫财色,姬妾数十,意尚不已,衣被绣绮,车乘鲜丽,犹远有简娉,以恣其情。(《魏书》卷21上,537)

---

① 何亚南:《中古汉语词汇考释三则》,《中国语文》2001年第3期。

12. 宏美、弘丽、敞丽、壮丽、崇丽
在宽敞、高大义上同义，侧重指宽敞、大气。

（1）堂宇宏美，林木萧森，平台复道，独显当世。（《洛阳伽蓝记》卷2"平等寺"，101）

（2）堂比宣光殿，门匹乾明门。博敞弘丽，诸王莫及也。（《洛阳伽蓝记》卷1"建中寺"，40）

（3）皆高门华屋，斋馆敞丽，楸槐荫途，桐杨夹植，当世名为贵里。（《洛阳伽蓝记》卷1"修梵寺"，58）

（4）摹写真容，似丈六之见鹿苑；神光壮丽，若金刚之在双林。（《洛阳伽蓝记》卷4"法云寺"，176）

（5）中庙去下庙五里，屋宇又崇丽于下庙，庙东西夹涧。（《水经注》卷24，437）

13. 工丽、华妙、巧丽、工妙、工巧
在制作巧妙义上同义。

（1）刚字叔毅，山阳高平人，熹平元年卒。见其碑。有石阙、祠堂、石室三间……飞禽走兽之像。制作工丽，不甚伤毁。（《水经注》卷8，144）

（2）乘舆南幸，以其作制华妙，致之平城东侧西阙，北对射堂，绿水平潭，碧木侧浦，可游憩矣。（《水经注》卷9，169）

（3）库中有汉时故乐器及神车、木偶、皆靡密巧丽。（《水经注》卷24，437）

（4）按柱勒，赵建武中造，以其石作工妙，徙之于此。（《水经注》卷13，232）

（5）余为尚书祠部，与宜都王穆罴同拜北郊，亲所经见，柱侧悉镂云矩，上作蟠螭，甚有形势，信为工巧，去《子丹碑》则远矣。（《水经注》卷13，232）

14. 困苦、困厄、困乏、窘乏、困弊
在生活处境困难义上同义。

(1) 若生人中同业之处,得风血病,是彼恶业余残果报,生恶国土,无有医药瞻病使人,贫穷困苦,复生恶国,多有种种恶草刺棘。(《正法念处经》17-41c)

(2) 业尽得脱,从此命终,业风所吹,流转生死,人身难得,犹如海龟遇浮木孔,若生人中,生于边地,贫穷困厄,无有林树,无水浆处,而依住止。(《正法念处经》17-94c)

(3) 如是善人,云何布施?善心善行,自利利他,自身贫穷,勤苦得财,若从他人常乞财物,得已布施,贫穷疾病,困乏之人,若学三禅,得三禅人,从他求索,勤苦得已,而行布施。(《正法念处经》17-169a)

(4) 若生人中,生在海渚,或有一足,或复短足,因乏浆水,以余业故,受如斯报。(《正法念处经》17-98a)

(5) 李氏自初入魏,人位兼举,因冲宠遇,遂为当世盛门。而仁义吉凶,情礼浅薄,期功之服,殆无惨容,相视窘乏,不加拯济。识者以此贬之。(《魏书》卷39,898)

(6) 自京师迁洛,边朔遥远,加连年旱俭,百姓困弊。(《魏书》卷41,926)

15. 贫穷、贫乏、俭短、短乏、贫薄、俭乏
在贫困、贫乏义上同义。

(1) 若生人中则常贫穷,若得财物,畏王水火劫贼因缘,具足失夺,不曾得乐。(《正法念处经》17-3b)

(2) 如是之人,一切人信,一切人爱,财物具足,常不贫乏,皆不能与作不饶益,第一大富。(《正法念处经》17-255c)

(3) 我等当作如是等事护持养育,于佛正法亦令一切斗诤疫

病饥馑俭短非时风雨悉令休息,复令一切花果药草五谷等物滋茂成熟,肥腻软泽,善香美味,妙色增盛。(《月藏经》13-347c)

(4) 时夜叉大将等各作是言:"唯然受教,大德婆伽婆,我等护持养育,安置世尊正法……休息一切斗诤言讼怨雠疫病饥馑短乏,非时亢旱,曜宿失度。"(《月藏经》13-364a)

(5) 气味香美,不减黍米酒。贫薄之家,所宜用之,黍米贵而难得故也。(《齐民要术》卷7"笨曲并酒第六十六",514)

(6) 又尚书令高肇奏言:"请听苟子等还乡课输,俭乏之年,周给贫寡,若有不虞,以拟边捍。"(《魏书》卷114,3042)

16. 宽广、宽博、宽大
在宽大、广大义上同义。

(1) 又复鹅王,住宽广处,天共天女,向彼鹅处,如是彼处,见种种天无量百千歌舞游戏而受天乐,更无余物,可为譬喻。(《正法念处经》17-305a)

(2) 又复此天生如是念,我此殿内转更宽博,广百由旬,即于念时,多有无量种种可爱诸流水河,妙莲花池,并诸涧谷,具足房舍,种种园林,妙莲花等,皆悉具足,如是宽博。(《正法念处经》17-222c)

(3) 既入彼已,一切天众共受快乐,即于念时,彼莲花台增长宽大,以善业故,多有如是大莲花台,皆入其中。(《正法念处经》17-211c)

17. 羸劣、羸弱、劣弱、虚劣、衰弱、微劣
在弱义上同义。

(1) 导师言曰:"我今羸劣,命必不济,示方面已,进止道路,汝从是去,前当有城。"(《贤愚经》4-412b)

（2）制不由己默然乐，怨敌力胜自羸弱。亲友既少无所怙，自察如是默然乐。(《杂宝藏经》4-462b)

（3）阿鼻地狱，无间极深，其火猛焰如劫火起烧大劫时，满斫迦婆罗山，是为大地狱苦恼大海，劣弱之人，无有善力，无能度者。(《正法念处经》17-91b)

《说文·力部》："劣，弱也。"
"劣"之弱义在《魏书》中有下面的用例：

诏使者察诸州郡垦殖田亩、钦食衣服、闾里虚实、盗贼劫掠、贫富强劣而罚之，自此牧守颇改前弊，民以安业。(《魏书》卷110，2851)

"贫富强劣"即"贫富强弱"。

（4）梦后二日，不能言，针之，乃得语，而犹虚劣。(《魏书》卷71，1584)

（5）彼以闻慧，或以天眼，观损腻风，若不调顺，不忆饮食，令人衰弱，不喜腻食，病之所起，因于昼寝，风不调顺，不乐甜食，嗜苦醋味。(《正法念处经》17-394a)

（6）食力少故，身体微劣，手足皆肿，下门蒸热，一切身分恒热不定。(《正法念处经》17-393a)

18. 老朽、朽老、老弊、朽耄
在衰老义上同义。

（1）彼以闻慧，或以天眼见手足甲，以风因缘而得增长，乃至老朽，是名观于爪甲之风。(《正法念处经》17-388b)

（2）于此山中遍山诸树，天欲明时，皆生婴儿，日出能行，至于食时皆成年少，至日中时身色盛壮，至日晡时年已朽老，拄杖而行，头发皓白，如霜著树。(《正法念处经》17-402b)

第四章 北朝同义复音词

(3) 尔时文殊师利童子,入坏魔军三昧法门,文殊师利入坏魔军三昧门时,若干三千大千世界,百亿魔宫毁变欲坏,陈朽暗冥,无有威光,一切魔身皆悉衰变,极成老弊,各自知见拄杖而去。(《圣善住意天子所问经》12-122b)

(4) 青抽剑而前曰:"卫公朽耄,不足以成大事。狄道长苻登,虽王室疏属,请共立之。"(《魏书》卷95,2080)

19. 茂盛、蔚茂、繁茂、郁茂、滋茂、翁蔚、茂密、幽茂、丰蔚在繁茂义上同义。

(1) 天莲华树,河泉池流,华果茂盛,种种杂宝,以为庄严,一切园林甚可爱乐。(《正法念处经》17-151b)

(2) 僧迦赊山及平等山峰具足庄严,此山转胜勿力伽山,流水具足,石蜜河水,意树具足,所谓金树,六时花果,敷荣蔚茂,光明如日。(《正法念处经》17-408c)

(3) 伽蓝之内,花果蔚茂,芳草蔓合,嘉木被庭。(《洛阳伽蓝记》卷4"法云寺",176)

(4) 以法胜故,降微细雨,五谷熟成,色香味具,无诸灾害,果实繁茂,众花妙色,日月晶光。(《正法念处经》17-105c)

(5) 复次比丘,云何观罗睺阿修罗王第二住处?彼以天眼智慧观察阿修罗王所住之处纵广一万三千由旬,园林浴池,莲华郁茂,游戏之处,异类众鸟,以为庄严。(《正法念处经》17-109a)

(6) 大德婆伽婆,我等当作如是等事护持养育,于佛正法,亦令一切斗诤疫病饥馑俭短非时风雨悉令休息,复令一切花果药草五谷等物滋茂成熟,肥腻软泽,善香美味,妙色增盛。(《月藏经》13-347c)

(7) 又彼国土,复得成就十种殊胜利益,何等为十?……五者彼国一切种子,五谷诸药草木林树翁蔚茂盛,无诸辛苦涩恶等味华果。(《须弥藏经》13-383a)

187

(8) 沁水又南五十余里，沿流上下，步径裁通，小竹细笋，被于山渚，蒙茏茂密，奇为翳荟也。(《水经注》卷9，155)

(9) 今林木幽茂，号曰孝子墓也。(《水经注》卷28，502)

(10) 此树尝中枯，逮晋永嘉中，一旦更茂，丰蔚如初。(《水经注》卷39，683)

(11) 时园中果菜丰蔚，林木扶疏，乃服逸言，号为圣人。(《洛阳伽蓝记》卷2"建阳里"，83)

20. 哀好、哀和、哀雅、和雅
在声音美好义上同义。

(1) 雉复报言："汝到彼所，为我白王：我在余树，鸣声不快，若在此树，鸣声哀好，何缘乃尔？汝若见王为我问之。"(《贤愚经》4-428c)

(2) 又白王言："道边树上，见有一雉，倩我白王我在余树，鸣声不好，若在此树，鸣声哀和，不知其故何缘如是？"(《贤愚经》4-429b)

王云路《汉魏六朝语言研究与中古文献校理》一文根据三国失译《摩登伽经》及北朝《贤愚经》用例认为，"哀好""哀和"皆为同义连言，谓声音美妙。[1]

(3) 天河清净，摩尼庄严，莲华浴池，林树映饰，于河水中出妙音声，如是之音，多有众鸟，其鸣哀雅。(《正法念处经》17-128a)

朱庆之《释"悲"、"哀"》一文举三国失译《摩登伽经》、康僧会

---

[1] 王云路：《汉魏六朝语言研究与中古文献校理》，载《词汇训诂论稿》，北京语言文化大学出版社2002年版，第175页。

译《六度集经》及竺法护译《大哀经》等用例,对"哀"指声音动听的用法作了细致的论证分析。① 李维琦也指出:"哀,声音柔美好听。"②"哀雅"即指声音美好。

(4) 种种铃网,弥覆其上,无量众鸟,周遍庄严,出于无量种种美妙和雅之音,其林如是,种种庄严。(《正法念处经》17-204b)

21. 困乏、疲极、疲倦、疲惓、疲顿、困极、顿乏、疲劳、顿弊、劳弊、疲弊、劳倦、疲惫

在疲乏义上同义。

(1) 尔时人民,摄身口意,敦从十善,众邪恶疫,不敢侵近,饥羸困乏,瘦悴无力。(《贤愚经》4-360b)

(2) 复次比丘,知业果报,观饿鬼世间,彼以闻慧观于海渚诸饿鬼等,以何业故而生其中? 彼以闻慧,知此众生,前世之时,见有行人欲过旷野,病苦疲极,于是人所,多取其价,与直薄少。(《正法念处经》17-98a)

(3) 尔夜,元崇母陈氏梦元崇还,具叙亡父事及身被杀委曲:"尸骸流漂,怨酷无双,违奉累载,一旦长辞,衔悲茹恨,如何可说!"歔欷不能自胜。又云:"行速疲极,困卧窗下床上,以头枕窗,母视儿眠处足知非虚矣。"(《还冤志》,562下)

"极"有疲义、困义,蒋礼鸿③、郭在贻④、李维琦⑤、王小莘⑥等

---

① 朱庆之:《释"悲"、"哀"》,《文史知识》1989年第4期。
② 李维琦:《佛经词语汇释》,第2页。
③ 蒋礼鸿:《敦煌变文字义通释》(增补定本),第366页。
④ 郭在贻:《〈古代汉语〉文选部分若干注释的商榷》,载《郭在贻文集》(一),中华书局2002年版,第222—223页。
⑤ 李维琦:《佛经词语汇释》,第158页。
⑥ 王小莘:《魏晋南北朝词汇研究与词书的编纂》,《中国语文》1997年第4期。

分别以中土文献与佛教文献中的用例作出了解释。

"疲极"即疲乏义。

（4）何者衣宝？有何功德？缕成致密，第一柔软，垢所不污，王既著已，则无寒热饥渴痟瘦疲倦之极，火不能烧，刀不能割，如是第六衣宝功德。（《正法念处经》17-10b）

（5）或行虚空，如鸟飞翔，天女围绕，有乘鹅殿，有乘鹅鸟，有行于地，多有天女，歌赞音颂，身皆安乐，无有疲倦。（《正法念处经》17-140a）

（6）若食血虫，瞋而生病，脑头旋回，转于咽喉中，口中生疮，下门生疮，若瘤瘤虫血中流行，则生疾病，疲顿困极，不欲饮食。（《正法念处经》17-384a）

（7）或复其身如白象皮，粗涩生疮，或复口齿稀疏黧黑，手足生疮，犹如工师。疲极顿乏，身生疮癣，手足常热，坚硬粗恶，或生疮烂，爪甲恶色，鼻柱萎倒，眼睐堕落。（《正法念处经》17-390b）

（8）佛言："善哉，善哉，清净智，汝清净智，于此法中以为疲劳，满此法行为众生故，能于如来应正遍知所问于此义，汝清净智，当至心听善思念之，我今为汝分别演说。"（《须弥藏经》13-382b）

（9）宋云答曰："我皇帝深味大乘，远求经典，道路虽险，未敢言疲；大王亲总三军，远临边境，寒暑骤移，不无顿弊？"（《洛阳伽蓝记》卷5"凝玄寺"，214）

本例中前文用"疲"，后文用"顿弊"，二者同义。

化振红在其博士学位论文中将本例中的"顿弊"释为"疲困"，可以参考[①]。

[①] 化振红：《〈洛阳伽蓝记〉词汇研究》，博士学位论文，四川大学，2001年，第132页。

(10) 水侧山际有五龙口，义熙五年，刘武帝伐慕容超于广固也，以藉险难攻，兵力劳弊，河间人玄文说裕云。（《水经注》卷26，472）

(11) 凤曰："军无辎重樵爨之苦，轻行速捷，因敌取资。此南方所以疲弊，而北方之所以常胜也。"（《魏书》卷12，609）

(12) 浩曰："就使能来，待其劳倦，秋凉马肥，因敌取食，徐往击之，万全之计，胜必可克。"（《魏书》卷35，819）

(13) 贼本轻骑，延伯军兼步卒，兵力疲怠，贼乃乘间得入排城。（《魏书》卷73，1639）

《孙子·用间》"怠于道路"杜牧注："怠，疲也。"（《故训汇纂》779页怠13条）

"疲怠"为同义复词，有疲乏义。

22. 疲厌、厌倦

在厌倦义上同义。

（1）彼以闻慧，知持戒人修行善业，以善熏心，于破戒病人不求恩惠，悲心施安，心不疲厌，供养病人。（《正法念处经》17-132a）

（2）时毗毗沙那言："如是世尊，我知如是心生厌倦。"佛言："楞伽王，汝莫于此生厌倦想，所以者何？诸众生界前后不可尽故，虚空界法界亦尔。"（《大乘同性经》16-643a）

23. 怯弱、怯劣、软弱

在软弱义上同义。

（1）以本宿世破人村落，令他恐怖，是故生于旷野山林，常多恐怖，以业力故。若生人中，心常恐怖，小心怯弱，多怀怖畏，余业缘故。（《正法念处经》17-104a）

(2) 郁单越人，见华既合，愁恼怯劣，云中出风，吹众乐音，皆悉乱坏，不可爱乐，如是四天下恶龙势力，而作衰害。(《正法念处经》17-106b)

《慧琳音义》卷一"无怯"注："怯，弱也"。(《故训汇纂》780页怯9条)

"劣"的弱义前文已分析（见17组第3条）。

怯劣，即软弱义。

(3) 一切妇女，皆悉欺陵软弱之人，体性尔故，不知恩养，能兴衰恼，多贪妒嫉，妇女如是，皆不可信。(《正法念处经》17-319a)

24. 挺特、绝异、殊绝、殊挺、奇特、殊特、殊异、绝殊、异常、殊常、瑰异、奇异、诡异、卓异、诡谲

在奇异、不同寻常义上同义。

(1) 其人醒悟，会罢至家，入门见妇，端政奇妙，容貌挺特，人中难有，见已欣然，问是何人，女答夫言："我是汝妇。"(《贤愚经》4-358a)

(2) 十月已满，其大夫人，便生男儿，端正绝异，身紫金色，其发绀青，人相具足。(《贤愚经》4-410b)

(3) 如是我闻，一时佛在舍卫国祇树给孤独园，于时国王名波斯匿王有辅相，聪明巨富，其妇怀妊，生一男儿，形貌端正，容体殊绝。(《贤愚经》4-423b)

(4) 王曰："汝不闻乎？迦维罗卫净饭王子厌老病死，出家学道，道成号佛，三十二相八十种好，神足智慧，殊挺无比，人天中尊，故号为佛。"(《贤愚经》4-431a)

(5) 如是命鸟偈赞天子，令心喜悦，天子闻已，心生欢喜，即与其父共入林中，其林皆以如意之树以为庄严，犹如日光，庄

严奇特。(《正法念处经》17-141b)

(6) 其山有殿名曰胜上,殿有千柱,其柱皆以金毗琉璃青摩尼宝之所成就,金刚厕填,百千天宫犹如红色,端严殊特。(《正法念处经》17-144c)

(7) 或作男子,颜容端正;或作女人,姿首美妙;或作畜生,相貌殊异,能作种种上妙庄严,能遍游行一切方所。(《正法念处经》17-97c)

(8) 所留之种,率皆精好,与世间绝殊,不可同日而语之。(《齐民要术》卷6"养羊第五十七",440)

(9) 临食,细切葱白,着麻油炒葱令熟,以和肉酱,甜美异常也。(《齐民要术》卷8"作酱等法第七十",541)

(10) 二七日熟,美酽殊常矣。(《齐民要术》卷8"作酢法第七十一",552)

(11) 又有孤石,介立大湖中,周回一里,竦立百丈,矗然高峻,特为瑰异。(《水经注》卷39,687)

(12) 初,萧衍子豫章王综来降,闻此钟声,以为奇异,遂造听钟歌三首,行传于世。(《洛阳伽蓝记》卷2"龙华寺",72)

(13) 其日,寺门外有石像,无故自动,低头复举,竟日乃止。帝躬来礼拜,怪其诡异。(《洛阳伽蓝记》卷2"平等寺",103)

(14) 高阳宅北有中甘里,里内颍川荀子文,年十三,幼而聪辨,神情卓异,虽黄琬、文举,无以加之。(《洛阳伽蓝记》卷3"高阳王寺",156)

(15) 彩幢上索,诡谲不常。奇伎异服,冠于都市。(《洛阳伽蓝记》卷1"长秋寺",44)

本组(7)(8)(14)中的"殊异""绝殊""卓异",《论衡》中已有运用,在不同、不同于寻常义上构成同义词。[1]

---

[1] 徐正考:《〈论衡〉同义词研究》,第391页。

25. 微少、微薄、微劣、薄少
在少、不多义上同义。

(1) 何者为中？非福田所，偷盗彼物，此盗为中；何者为上？佛法僧物，微少偷盗，是则为上。(《正法念处经》17-4c)

(2) 如是次第耳触生受，意触生受，鼻触生受，舌触生受，身触生受，如是知受，善法满足，烦恼微薄。(《正法念处经》17-15a)

(3) 有诸群贼决去池水，令道行者，疲极渴乏，气力微劣，破坏劫剥，夺其财物，嫉妒覆心，不肯布施。(《正法念处经》17-101b)

(4) 彼以闻慧，知此众生前世之时，见有行人欲过旷野，病苦疲极，于是人所多取其价，与直薄少。(《正法念处经》17-98a)

26. 微细、微小
在微小义上同义。

(1) 彼恶毒蛇，罪业所作，极甚微细，入罪人口，既入腹已，即便粗大，地狱人肚亦复增长。(《正法念处经》17-66a)

(2) 以知足故，不坏他信，远离一切愦闹之处，于微小过，心常怖畏，如是怖畏恶名比丘，得世间善。(《正法念处经》17-363c)

27. 徐庠、详审、详徐、庠序、安详
在舒缓义上同义。

(1) 时舍利弗从禅定起，更整衣服，以尼师坛，著左肩上，徐庠而步，如师子王，往诣大众。(《贤愚经》4-420b)

第四章 北朝同义复音词

（2）彼象调顺，以一缕绠系咽牵行，若转轮王乘行之时，彼象调顺，与王心同，若转轮王欲何处行，则不须教，速至彼处，平正均行，不震不掉，行步详审，身不动摇，次第举足，不踔不骤，亦不怒力。（《正法念处经》17-9b）

（3）或博通典籍，辨慧清悟，风仪详审，容止可观。至三元肇庆，万国齐珍，金蝉曜首，宝玉鸣腰，负荷执笏，逶迤复道，观者忘疲，莫不叹服。（《洛阳伽蓝记》卷4"法云寺"，176）

（4）彼见闻知，或天眼见，履相似宝，王若著之，水行若陆，若游行时，行则详徐。涉百由旬，亦能行去，不损威仪而身不乏。（《正法念处经》17-10b）

（5）以善业故，其地诸天，种种河林，饮食香洁，从河而流，千万天众游戏娱乐，所服天衣，无有经纬，身具光明，无有骨肉，亦无津污，口意无惓，常怀欢喜，行步庠序，歌舞戏笑，乃至爱善业尽。（《正法念处经》17-150a）

（6）尔时如是始生天子，作如是念，彼天大乐，胜于此间夜摩天王，如是思惟，于须臾间心动不定，于境界乐心生爱乐，复更深著，观诸乐处，普于天众何者何者受乐之事，一切皆见，次第安详，游历彼处。（《正法念处经》17-221b）

在《正法念处经》中还有"安安详详"一词：
彼诸天众，自身光明，共自光明，无量形服，庄严天女，围绕同行，安安详详，如心意行，上彼山上。（《正法念处经》17-315b）

关于本组词的意义，学者们大都归纳为"稳重""安详"等义，如蒋礼鸿认为"庠序""祥序"等词具有"举动安详肃穆"的意义[1]。李维琦认为"庠序"也作"详序"，义为稳重、端庄[2]；杨会永指出"详审"即稳重，安详[3]。

---

[1] 蒋礼鸿：《敦煌变文字义通释》（增补定本），第76页。
[2] 李维琦：《佛经词语汇释》，第331页。
[3] 杨会永：《佛本行集经词汇研究》，博士学位论文，浙江大学，2005年，第40页。

195

张联荣《汉魏六朝佛经释词》一文中指出:"从语音上看,序、徐都是邪母鱼部字,二字同音。庠(详)是邪母阳部字,和序字可以构成对转关系。可以推测,庠序就是徐徐。从意义上看,安详就是安徐。《说文》:'徐,安行也。'安徐、安详本指人的步态动作而言,由人的步态动作进而引申指人的仪态、仪容。"①

笔者认为上述各种意见中张联荣的分析比较确切。这些词主要是对人或动物的走路状态的描写,意在说明行步稳当、不快等情状,因此概括为舒缓较好,这样更直接,而"稳重""安详"则属于进一步的引申之义。

上述学者之所以大都解为稳重、安详,也许是受玄应《一切经音义》的影响,该书卷九云:"庠序,谓仪容有法度也"。

28. 痟瘦、消瘦、羸瘦、瘦损、损瘦、瘦瘠、羸薄、损瘠

在消瘦义上同义。

(1) 海神放之,隐形而去,船进数里,海神复更化作一人,形体痟瘦,筋骨相连,复来牵船。(《贤愚经》4-354c)

(2) 从此命终,随业流转,受生死苦,若生人中,贫穷下贱,多病消瘦,齆鼻脓烂。(《正法念处经》17-95b)

(3) 彼处脱已,于五百世生畜生中,在崄迮处而受鹿身,心常惊恐,于一切人皆生怖畏,于崄岸中离人之处,常怖畏故羸瘦无色,身体干枯,恶业力故,猎人所杀。(《正法念处经》17-88b)

《说文·羊部》:羸,瘦也。
"羸瘦"即消瘦义。

(4) 彼以闻慧,或以天眼,见破毛爪粪风,若不调顺,诸根

---

① 张联荣:《汉魏六朝佛经释词》,《北京大学学报》(哲学社会科学版)1988年第5期。

瘦损，或复头痛，或一眼一耳，半面疼痛。(《正法念处经》17-389b)

（5）若任之树林，一遇风寒，大者损瘦，小者或死。(《齐民要术》卷6"养鸡第五十九"，449)

（6）以福德故，虫有大力，人则有色，气力充足，若虫无力，人亦瘦瘠，色貌憔悴。(《正法念处经》17-387b)

（7）二十七者沙门瞿昙见诸众生依止世间，羸薄少力，非坚固中谓坚固故，起大悲心。(《大萨遮尼乾子所说经》9-346b)

（8）孝芬兄弟孝义慈厚，弟孝演、孝政先亡，孝芬等哭泣哀恸，绝肉，疏食，容貌损瘠，见者伤之。(《魏书》卷57，1271)

29. 羞耻、羞惭、羞愧
在羞愧义上同义。

（1）作已随喜，复教他作，随喜赞说，喜乐贪著，不离于心，常怀恶心，他人所避，不可往返，为他毁呰，不生羞耻，无惭无愧，不能自知，如是名为破坏语业。(《正法念处经》17-3a)

（2）阿修罗言："今者悉为诸天所破，还归水底，住于门下，皆失势力，遥归大王娑罗呵娑欲求救护，望助其力，羞惭愧耻，于门下住，不得入城。"(《正法念处经》17-119b)

（3）陀摩睺阿修罗住星鬘城，或住林中，心怀憔悴，光明威德悉亦损减，羞愧愁戚，自入其宫。(《正法念处经》17-111c)

30. 勇悍、勇健、勇猛、勇胜、勇果、壮勇、骁勇
在勇敢、勇悍义上同义。

（1）时金刚聚，处于正殿，独坐思惟：如我今者，兵众勇悍，而所获水少，彼国伫弱，独霸三河。(《贤愚经》4-402c)

（2）如是八种胜大功德具足相应，彼转轮王离瞋善业所得果报，满足千子，皆悉勇健，人中第一胜妙身色。(《正法念处经》17-9a)

（3）曼陀罗林有孔雀王名曰杂色，种种七宝间错斑杂，所出音声普遍彼林，实是菩萨以愿力故，生彼天中，为放逸天，除放逸故，见彼诸天五境界火之所烧故，住树枝中，勇猛无畏，生怜愍心。(《正法念处经》17-309a)

（4）尔时乐见一处坐已，彼迦那迦牟尼世尊即出勇胜不畏音声，一切夜摩皆悉遍满。(《正法念处经》17-215b)

（5）琰曾孙文骥，勇果有将领之才。(《魏书》卷70，1561)

"勇果"为同义复词。"果"有勇义，在《水经注》中也有用例，如：

至于风气暄暖，日影仰当，官民居止随情，面向东西南北，回背无定，人性凶悍，果于战斗，便山习水，不闲平地。(《水经注》卷36，629)

（6）世祖以其壮勇，数有战功，兼悉北境险要，诏大千巡抚六镇，以防寇虏。(《魏书》卷30，725)

（7）康生性骁勇，有武艺，弓力十石，矢异常箭，为当时所服。(《魏书》卷73，1629)

31. 坚固、牢固、坚牢
在坚固义上同义。

（1）此善行人成就善法，一切所得皆悉坚固，无有王贼水火等畏，皆自食用。(《正法念处经》17-7a)

（2）二十四者，所谓瞋喜所不能动，若刹利王，能持瞋喜，彼王国土，牢固不坏，一切国人，皆悉豫乐，不生厌恶，无能破

第四章 北朝同义复音词

坏,无能得便。(《正法念处经》17-322c)

(3) 又彼比丘观察如是心业画师,更复异法,画作众生,心如画师,身如彩器,贪欲瞋痴,以为坚牢,攀缘之心,犹如梯蹬,根如画笔。(《正法念处经》17-23c)

(4) 若举宿食,心则贪著,不乐禅诵,贪著食味,恐后不得,如是少贪,妨沙门法,何况比丘,多贪供养,若畜此法,为于爱网坚牢系缚,是名沙门第五法也。(《正法念处经》17-195b)

"坚牢"为同义复词。北朝佛经中有"牢"表坚固义的情况,如:是时国王安慰军众,作如是言:"尽力勿畏,城壁若有不牢之处,当好防护。"日日常尔,如是乃至福德尽已,为他军众之所破坏。"(《毗耶娑问经》12-226c)

32. 刚坚、刚强、强硬、坚刚、坚硬

在坚硬义上同义。

(1) 地广千里,皆为盐而刚坚也。(《水经注》卷2,22)

(2) 其山田及刚强之地,则耧下之。(《齐民要术》卷2"大小麦第十",126)

(3) 以砖瓦刮疥令赤,若强硬痂厚者,亦可以汤洗之,去痂,拭燥,以药汁涂之。(《齐民要术》卷6"养羊第五十七",439)

(4) 初下酿,用黍米四斗,再馏弱饮,必令均熟,勿使坚刚、生、减也。(《齐民要术》卷7"造神曲并酒第六十四",492)

"坚刚""刚强"同义用法在《论衡》中已有用例,徐正考已作过归纳分析,他认为"坚刚""刚强""坚""刚""强"等词在坚硬义上同义[①]。

---

① 徐正考:《〈论衡〉同义词研究》,第361页。

(5) 肉长尺半以上，皮骨坚硬，不任为脍者，皆堪为鲊也。（《齐民要术》卷 8 "作鱼鲊第七十四"，573）

王力认为"硬"字大约产生在隋唐以后①。根据汪维辉的调查，"硬"最早当出现在东汉医籍中，到《齐民要术》里，已经用得很普遍了。②

33. 端直、亮直、质直、清直

在正直义上同义。

（1）欲界天子闻此语已，甚大欢喜，赞说之音，如是次第，展转相告，乃至光音一切天众，比丘如是勤修精进，心不休息，端直不谄，远离邪曲，如是求涅槃城，善音名称遍诸天众。（《正法念处经》17-103b）

（2）尔朱荣之奉庄帝，召百官悉至河阴，素闻顺数谏诤，惜其亮直，谓朱瑞曰："可语元仆射，但在省，不须来。"（《魏书》卷 19 中，485）

（3）瑞长厚质直，敬爱人士。（《魏书》卷 80，1769）

（4）司马景之，字洪略……清直有节操，太宗甚重之。（《魏书》卷 37，860）

34. 丰足、丰饶、优赡、穰赡

在丰足义上同义。

（1）此园林中常有天女，游戏受乐，莲华浴池以为庄严，游戏林中，流泉浴池出妙音声，树出光曜，众鸟哀鸣，饮食丰足。（《正法念处经》17-126a）

---

① 王力：《汉语词汇史》，第 108 页。
② 汪维辉：《东汉—隋常用词演变研究》，第 378—380 页。

(2) 国内人民，一切军众，一切僮仆，左右百官，诸大臣等皆悉炽盛，财物丰饶。(《正法念处经》17-321c)

(3) 或由年谷丰穰，而忽于蓄积；或由布帛优赡，而轻于施与：穷窘之来，所由有渐。(《齐民要术》"序"，17)

(4) 后张纯堰洛以通漕，洛中公私穰赡。(《水经注》卷16，292)

35. 稠密、稠概
在稠密义上同义。

(1) 彼地狱处，竹林稠密，一切火燃，如此人间，大风起时，火烧干林，不烧众生。(《正法念处经》17-52a)

(2) 复有天风，吹种种花以坌其身，复于后时善业尽故，生饿鬼中，裸形无衣，自身生毛，毛甚稠概，坚硬色黄而覆其身。(《正法念处经》17-277c)

36. 婴愚、顽痴、愚痴、愚钝、暗钝、顽顿、顽塞、愚朦、顽暗、愚顿、愚昧、愚戆
在愚蠢、愚痴义上同义。

(1) 有释名毗纽天，是耶输陀罗舅，语耶输陀罗："凡鄙婴愚，无过于尔，舅于种族，宜好实语，竟为何处而得此子？"(《杂宝藏经》4-497a)

李维琦在考释"婴愚"时曾举上述例子指出，"婴愚"为无知、愚痴义。[①]

---

① 李维琦：《佛经词语汇释》，第358页。

(2) 彼以闻慧，或以天眼，见害脂风，若不调顺，令脂增长，身生疱肉，高下不平，堆阜凹凸，或坚或滑，或有顽痴，无所觉触。(《正法念处经》17-393c)

(3) 此善男子善心净心，不乐在家，所有舍宅，如罩如笼，心不喜乐，无始贪欲，瞋恚愚痴。(《正法念处经》17-10c)

(4) 若于前世过去久远，有善业熟，不生饿鬼畜生之道，若生人中同业之处，生则愚钝，心不黠慧，则多忘失，少时不忆，如是暗钝愚痴之人，无有资财，人不敬爱，贫穷无物。(《正法念处经》17-40b)

(5) 以本口过故……禀受身形不似父母，不为父母之所怜爱，常被恶谤，远离诸佛，生生愚痴暗钝无智，速堕地狱。(《正恭敬经》24-1103c)

(6) 彼人如是一切世间，诸事皆劣，是故顽钝，一切所作，皆悉失坏。(《正法念处经》17-256c)

(7) 彦之与友人萧斌书曰："鲁轨顽钝，马楚粗狂，亡人之中唯王慧龙及韩延之可为深惮。不意儒生懦夫，乃令老子讶之。"(《魏书》卷38，876)

(8) 居世轻易笑于丑陋，今报以丑陋；居世聪明不教于人，今报以顽塞。(《太上经戒》18-223b)

《玉篇·页部》："顽，钝也。"
顽塞，即愚蠢义。

(9) 时富那奇俱与其兄，办足供养，各持香炉共登高楼，遥向祇洹，烧香归命佛及圣僧，唯愿明日，临顾鄙国，开悟愚朦盲冥众生。(《贤愚经》4-395a)

(10) 临刑上疏曰："臣以顽暗，忝备股肱。"(《魏书》卷30，714)

(11) 文晔泣曰："臣愚顿理极，再见无期，陛下既垂慈泽，

愿敕有司,特赐矜理。"(《魏书》卷43,968)

(12)诏曰:"植阇门归款,子昕愚昧,为人诱陷,虽刑书有常,理宜矜恤,可特恕其罪,以表勋诚。"(《魏书》卷71,1570)

(13)及齐献武王起义兵,仲远、度律等愚戆,恃强不以为虑,而世隆独深忧恐。(《魏书》卷75,1670)

徐正考在研究《论衡》同义词时指出,"愚、顽、顿、钝、愚蠢、愚痴、顽愚、顽鲁、顿愚、痴愚"在愚蠢义上为同义词。① 在上列12个同义复音词中,"婴愚""愚痴""愚朦""愚昧""愚戆"5个词由"愚"作为语素构成;"顽痴""顽塞""顽暗"3个词以"顽"为语素组成;"暗钝"由"钝"作为语素;"顽顿""愚钝""愚顿"3词则由"顽""钝""愚"3个表愚蠢义的同义语素词构成。

37. 愚近、短暗、暗短、愚短

在见识浅短义上同义。

(1)辞曰:"尚书务殷,公爵至重,非臣年少愚近所宜荷任,请收过恩。"(《魏书》卷44,990)

(2)正表长七尺九寸,眉目疏朗。虽质貌丰美,而性理短暗。(《魏书》卷59,1326)

(3)延昌三年三月,式上表曰:"暨臣暗短,识学庸薄,渐渍家风,有忝无显。"(《魏书》卷91,1961—1964)

(4)祚奏曰:"谨案前后考格虽班天下,如臣愚短,犹有未悟。"(《魏书》卷64,1424)

38. 愚暗、暗塞

在不明事理义上同义。

---

① 徐正考:《〈论衡〉同义词研究》,第372页。

(1) 又闻邪法，歌咏赞颂，复有大过，谓恶沙门，闻邪恶法，歌咏赞颂，令意愚暗。(《正法念处经》17-289b)

(2) 而后人道官诸祭酒，愚暗相传，自署治箓符契。(《老君音诵诫经》18-211a)

(3) 修本给事东宫，为白衣左右，颇有膂力。世宗践祚，仍充禁侍，爱遇日隆。然天性暗塞，不闲书疏，是故不参文墨。(《魏书》卷93，1998)

39. 缠络、纷纶
在纷乱、混乱义上同义。

(1) 亦言与嵇叔夜书，及关尹望气之所，异说纷纶，并未知所定矣。(《水经注》卷4，62)

(2) 京相璠曰：今泰山南武城县有澹台子羽冢，县人也。未知孰是。因其方志所叙，就记缠络焉。(《水经注》卷22，403)

40. 辽远、悬远、辽旷、辽廓、辽迥、迥阔、辽阔、绝远
在辽远义上同义。

(1) 父母闻此，心怀灼然，与诸内官，前谏喻曰："海道辽远，险难事多，往者甚众，来还者鲜。"(《贤愚经》4-406b)

(2) 乳哺长大，好为恶事，恒生贪心，怀嫉妒意，年各长大，欲行共贾，入海求索宝物，各有五百侍从，前后而发，途路悬远，中道乏粮，经于七日，去死不远。(《贤愚经》4-416c)

"悬"之远义，曾良有详细考释[①]。则"悬远"为同义复词。

[①] 曾良：《敦煌文献字义通释》，第169页。

（3）昔燕、齐辽旷，分置营州，今城届海滨，海水北侵，城垂沦者半。（《水经注》卷5，91）

《广雅·释诂》："旷，远也。"
"辽旷"为辽远义。

（4）故傅逮《述游赋》曰：出北蓟，历良乡，登金台，观武阳，两城辽廓，旧迹冥芒。（《水经注》卷11，200）
（5）又南径营丘城西，营丘在齐而名之于辽燕之间者，盖燕、齐辽迥，侨分所在。（《水经注》卷14，260）

《文选·班固〈西征赋〉》"何相越之辽迥"李善注："迥，远也。"（《故训汇纂》2279页迥1条）"辽迥"为辽远义。

（6）其间平地可二十许里，江山迥阔，入峡所无，城周十余里，背山面江，颓墉四毁，荆棘成林，左右民居，多垦其中。（《水经注》卷33，586）

《玄应音义》卷七"恢阔"注："阔，远也。"（《故训汇纂》2407页阔2条）
"迥阔"即辽远之义。

（7）芳表曰："考之郑氏，不云远近。今太学故坊，基趾宽旷，四郊别置，相去辽阔，检督难周。"（《魏书》卷55，1221—1222）
（8）其水东北流径博南山，汉武帝时通博南山道，渡兰仓津，土地绝远，行者苦之。（《水经注》卷36，622）

《淮南子·修务》"绝中殊俗僻远幽闲之处"高诱注："绝，远

也。"(《故训汇纂》1736页绝17条)

"绝远",即辽远义。

41. 玄绝、玄远、玄殊、悬绝

在相差很远义上同义。

（1）时天帝释自观天众告阿修罗曰："汝等畜生，云何如是痴无所知，一切阿修罗力，不及一天之力，独我一天，能破汝军。何以故？天有法力，汝无法力，法以非法，相去玄绝。譬如日光比于暗冥，如以实语比于妄谈，如以须弥山比于众山，如以解脱比于系缚，如以利益比于衰损，如以善友比于冤家，如以甘露比于毒药，如以白日比于昏夜，如以伪珠比于真宝，如以巨富比于贫穷，犹如行使比安住者。如以萤火比于日光，如无足者欲比猛风，相去玄远，如以盲人比明眼者，如以险路比平坦道，如以外道比于如来，犹如虚空比于土地，如以一念欲比一劫。汝之与我，相去玄殊，亦复如是。"(《正法念处经》17-123b)

在这里，"玄绝""玄远""玄殊"三个同义词交换运用。

（2）用盐杀茧，易缲而丝朋；日曝死者，虽白而薄脆，缣练衣着，几将倍矣，甚者，虚失岁功：坚、脆悬绝，资生要理，安可不知之哉？(《齐民要术》卷5"种桑、柘第四十五"，333)

42. 迮狭、隘迮、迫隘、褊狭、偪狭

在狭窄义上同义。

（1）若脱彼处，生畜生中，在于旷野无水之处，竹林中生，口常干燥，生迮狭处，山谷之中，常畏阴影，常畏鸽鹫。(《正法念处经》17-84a)

（2）彼处脱已，于五百世生畜生中，在隘迮处而受鹿身，心常惊恐，于一切人皆生怖畏，于险岸中离人之处，常怖畏故羸瘦无色，身体干枯，恶业力故，猎人所杀。(《正法念处经》17－88b)

（3）今城南、西二面并去大河口二十余里，北去首山十许里，处河山之间，土地迫隘，故《魏风》著《十亩》之诗也。(《水经注》卷4，60)

《慧琳音义》卷六"恐迫"注："迫，隘也。"(《故训汇纂》2280页迫12条)

张能甫指出，在东汉时已经出现"迫"已与"狭"连文同义构成复音词的用例①。

在本例中"迫"与"隘"组成同义复词。

（4）南则绝谷，累石为关垣，崇墉峻壁，非轻功可举，山岫层深，侧道褊狭，林鄣邃险，路才容轨，晓禽暮兽，寒鸣相和，羁官游子，聆之者莫不伤思矣。(《水经注》卷14，247)

（5）昔周迁殷民于洛邑，城隍偪狭，卑陋之所耳。(《水经注》卷16，292)

我们认为上例中的"偪狭"一词应具有狭窄义。郭在贻对"偪侧""堛塞""侧塞"等词的考释有助于该词的理解和认识。他指出，"偪侧"等这几个词为同义词，有饱满、充实、拥挤、狭窄之义。② 因而我们可以判断"偪狭"具有"狭窄""狭隘"之义。

43. 峻极、峻峭、峻竦、竦杰、杰秀、高峻、崇峻、崇峭、峭举、峭秀、高秀

在高峻义上同义。

---

① 张能甫：《〈汉语大词典〉疏漏拾零》，《四川师大学报》（社会科学版）2001年第3期。
② 郭在贻：《唐诗与俗语词》，《文史》第25辑。

(1) 彼嬉戏山，七宝庄严，多有无量，种种诸鸟，种种妙色，种种形相，无量百千诸树庄严，流水河池，莲花庄严，园林戏处，山谷险岸，峻极之处，鹿众庄严，天众在彼嬉戏山中。(《正法念处经》17－212b)

(2) 城惟一井，井深四十丈，山势峻峭，不容防捍，潜作地道取井。(《水经注》卷5，75)

(3) 下望层山，盛若蚁蛭，实兼孤山之称，亦峻竦也。(《水经注》卷11，210)

(4) 其颓崖所余，比之诸岭，尚为竦杰。(《水经注》卷34，593)

"杰"的高义的在《水经注》中常用，如：
因名逃石，以其有灵运徙，又曰灵石。其杰处，临江壁立，霞驳有若缋焉。(《水经注》卷38，670)
"竦杰"即为高峻义。

(5) 溱水又西南历皋口、太尉二山之间，是曰浈阳峡。两岸杰秀，壁立亏天，昔尝凿石架阁，令两岸相接，以拒徐道覆。(《水经注》卷38，670)

(6) 山甚高峻，上平坦，下有二泉，东浊西清，左右不生草木，数十步外多细竹。(《水经注》卷9，155)

(7) 台有三峰，甚为崇峻，腾云冠峰，高霞翼岭，岫壑冲深，含烟罩雾。(《水经注》卷11，201)

(8) 徐水东北屈径郎山，又屈径其山南，众岑竞举，若竖鸟翘，立石崭岩，亦如剑杪，极地险之崇峭。(《水经注》卷11，210)

(9) 其下层岩峭举，壁岸无阶，悬岩之中，多石室焉。(《水经注》卷2，25)

(10) 滱水又屈而东合两岭溪水，水出恒山北阜，东北流历

两岭间，北岭虽层陵云举，犹不若南峦峭秀。(《水经注》卷11，204)

关于上例中"峭秀"一词的意义，王东认为其中的"秀"是高出、特出义，并指出了《汉语大词典》的释义问题①。我们认为，可以用"高峻"来概括"峭秀"一词。

(11) 澧水又东历层步山，高秀特出，山下有峭涧，泉流所发，南流注于澧水。(《水经注》卷37，647)

王东指出，"秀"表示"高出""高耸"义，在中古常见。他还对《水经注》中的下列用例进行了分析：
又东北入黄瓮涧，北迳中阳城西。城内有旧台甚秀。(卷22，693)
沂水又南迳爆山西山有二峰，相去一里，双峦齐秀，圆峙若一。(卷25，2160)②
他同时指出，"高秀"为同义连文，义为高耸，如：
山东西二十里，高秀特出，积石相临，殆无土壤。(卷25，2116)③
44. 疏远、疏妄、疏罔、疏阔、疏僻
在虚妄不实义上同义。

(1) 水南流又西屈，径北舆县故城南。按《地理志》，五原有南舆县，王莽之南利也，故此加北。旧中部都尉治。《十三州志》曰：广陵有舆，故此加北。疑太疏远也。(《水经注》卷3，43)

单音词"疏"指虚妄义也见于《水经注》：

---

① 王东：《〈水经注〉词汇研究》，博士学位论文，四川大学，2003年，第26页。
② 王东：《〈水经注〉词汇研究》，博士学位论文，四川大学，2003年，第182页。
③ 王东：《〈水经注〉词汇研究》，博士学位论文，四川大学，2003年，第91页。

余按林乡故城在新郑东如北七十许里，苑陵故城在东南五十许里，不得在新郑北也。考京、服之说，并为疏矣。(《水经注》卷22，399)

(2)《注》云：山在郑北，故郑也，所未详。刘澄之云：有白马塞，孟达登之长叹。可谓于川土疏妄矣。(《水经注》卷5，79)

(3) 今考此城之南，又无山以应之，是故先后论者，咸以《地理记》之说为失。又即俗说以唐城为望都城者，自北无城以拟之，假复有之，途程纡远，山河之状全乖，古证传为疏罔。(《水经注》卷11，206)

(4) 㴲水之右，卢水注之，水上承城内黑水池。《地理志》曰：卢水出北平，疑为疏阔；阚骃、应劭之徒，咸亦言是矣。(《水经注》卷11，207)

(5) 缘生从戍行旅，征途讯访，既非旧土，故无所究。今川澜北注，澄映泥汀，何得言枯涸也。皆为疏僻矣。(《水经注》卷16，287)

(6) 又言尧陵在城南九里，中山夫人祠在城南二里，东南六里，尧母庆都冢，尧陵北二里有仲山甫墓。考地验状，咸为疏僻，盖闻疑书疑耳。(《水经注》卷24，432)

45. 伛偻、伛曲
在背曲义上同义。

(1) 彼以闻慧，或以天眼见妨咽喉语风，若不调顺，则生身病，以余不调，则便失音，或时耳聋，或手足挛躄，或身曲伛偻，两目失明，以风不调，生如是病。(《正法念处经》17-396b)

(2) 普身诸分一切皆软，离于疲惓，自所念行，若来若去，皆无障碍，离于求索，离身伛曲。(《正法念处经》17-242c)

46. 鄙俗、浅俗、鄙浅、浅鄙、鄙拙
在言词浅俗不雅义上同义。

（1）子宵，字景鸾。亦涉学，好为文咏，但词彩不伦，率多鄙俗。(《魏书》卷79，1755)

（2）滑稽多智，辞说无端，尤善浅俗委巷之语，至可玩笑。(《魏书》卷91，1971)

（3）凡阴阳之术，与天地俱生，其吉凶德刑，不可不信；但去圣既远，世传术书，皆出流俗，言辞鄙浅，验少妄多。(《颜氏家训·杂艺》，583)

（4）山下有《太石岭碑》，河南隐士通明，以汉灵帝中平六年八月戊辰，于山堂立碑，文字浅鄙，殆不可寻。(《水经注》卷15，278)

（5）又二碑，并是汉延熹中守令所造，文辞鄙拙，殆不可观。(《水经注》卷30，527)

47. 沉厚、沉重、沉谨、沉毅、谨厚
在稳重少言义上同义。

（1）出帝，讳修，字孝则，广平武穆王怀之第三子也，母李氏。性沉厚少言，好武事。(《魏书》卷11，281)

（2）鉴，字绍达。少有父风，颇览书传。沉重少言，宽和好士。(《魏书》卷16，397)

（3）回族叔轨，字广度。沉谨好学，博通经传。(《魏书》卷32，764)

（4）琇沉毅少言，雅好读书，以功臣子孙为侍御长、给事中，迁黄门侍郎，转太常少卿、散骑常侍、太子左詹事、领北海王师、光禄大夫，转祠部尚书、司州大中正。(《魏书》卷40，905)

（5）颖弟顺，字延和，宽裕谨厚。(《魏书》卷58，1295)

48. 谄伪、谄诡、巧伪

在虚伪义上同义。

(1) 诸比丘言:"希有世尊,提婆达多,甚能谄伪,于众人前,调顺向佛;于屏处时,恶心骂佛。"(《杂宝藏经》4-464a)

李维琦在《佛经词语汇释》一书中指出:"谄:伪,虚假。'谄'、'伪'连用,'谄'即是'伪'。"①

(2) 鹅雀语言:"何为作此语,来共作亲善?"白鹅答言:"我知汝谄诡,终不亲善,汝欲知尔时鹅王,即我身是也。"(《杂宝藏经》4-464a)

(3) 彼以闻慧,见诸众生,为工画师,虽受雇直,无巧伪心为他营福。(《正法念处经》17-158a)

方一新认为:"'欺巧'之'巧'有欺义,此义先秦已见,汉魏六朝文献亦不鲜见。"②

上述中的"巧伪"也即虚伪、欺诈不实义。

49. 悭吝、悭惜、贪惜、悭嫉、悭贪、吝啬、啬吝

在吝啬义上同义。

(1) 何等名为三十七法?一者军众一切净洁,二者依法赋税受取,三者恒常怀忍不怒,四者平直断事不偏,五者恒常供养尊长,六者顺旧依前而与,七者布施心不悭吝。(《正法念处经》17-316c)

(2) 若有丈夫敕其妇人,命施沙门婆罗门食,其妇悭惜,实

---

① 李维琦:《佛经词语汇释》,第38页。
② 方一新:《东汉魏晋南北朝史书词语笺释》,第112页。

有言无，语其夫言："家无所有，当以何等施与沙门及诸道士？"（《正法念处经》17-93a）

（3）时天帝释，方便利益，为诸天众广说妙法："诸天子，云何谄曲心不正直？坚著生死，故名谄曲。云何名妒？于他热恼，故名为妒。云何名悭？惧已物尽，而生贪惜，故名为悭。"（《正法念处经》1717-193b）

《方言》卷十"𢔑，啬，贪也"郭璞注："贪，谓悭贪也。""贪"与"啬"为同义词，"贪惜"义即吝啬。

（4）时优波斯那闻佛所说，得断悭嫉，成阿那含道，家内眷属，悉受五戒，其婆罗门舍离邪见，信敬三宝，受优婆塞戒。（《贤愚经》4-376a）

（5）云何名世谛智？善知去来法故，是名世智。云何名解脱舍？所谓随所有财，不隐藏，不悭嫉故，云何名常舒施手。（《月灯三昧经》15-617b）

（6）如是比丘，作是思惟，生慈悲心，知饿鬼道险恶之业，由心贪嫉，欺诳于人，贪惜积聚，欲望长富，广积众恶，恶贪所覆，不行布施，不施沙门婆罗门及诸病瘦盲冥贫穷，有来乞求，心生悭嫉，不肯施与，不作功德，不持禁戒，此世他世，无利衰恼，妻子奴婢，吝惜不与，悭嫉自诳。（《正法念处经》17-92a）

"吝惜"与"悭嫉"表达同样的意义，可以推知"悭嫉"是吝惜的意思。

（7）白魔王言："阎浮提人，行于非法，不孝父母……令诸施主，贪惜财物，悭贪覆心，恋著妻子，令出家者习学种种贩卖斗诤，互相挝打，我作如是种种方便，令魔增长，正法损减。"（《正法念处经》17-154a）

(8) 僧渊从弟和，平昌太守。家巨富，而性吝啬，埋钱数百斛。(《魏书》卷24，634)

(9) 义多所受纳，政以贿成。性又啬吝，民有礼饷者，皆不与杯酒脔肉，西门受羊酒，东门酤卖之。(《魏书》卷56，1239)

以上(7)中"悭贪"与"贪惜"同义，(8)(9)中"吝啬""啬吝"同义。

第四节 北朝同义复音名词

佛经翻译引进了大量的专有名词，这种现象也同样存在于包括佛经在内的北朝文献之中。在本节的讨论中，我们以常用的、一般意义上的名词为考察对象，来观察和分析北朝汉语中的同义复音名词。

1. 伴党、伴侣、朋侣、同侣、同伴、等侣

在伴侣义上同义。

(1) 如是我闻，一时佛在罗阅祇竹园中，尔时贤者阿难从座而起，整衣服长跪叉手，前白佛言："阿若憍陈如伴党五人，宿有何庆，依何因缘，如来出世，法鼓初震，独先得闻。"(《贤愚经》4-402a)

(2) 如是罪人，作集恶业，暗火聚触恶山之中，受如是果，苦恼急恶，无主无救，无有伴侣，食自业果，久受极苦，常烧常煮，业风所吹。(《正法念处经》17-69a)

"伴党"与"伴侣"的伙伴、同伴义，王云路、方一新[1]、李维琦已先后揭示出[2]。

---

[1] 王云路、方一新：《中古汉语语词例释》，第12—13页。
[2] 李维琦：《佛经词语汇释》，第11页。

（3）此等比丘，第一持戒，彼恶比丘现持戒相，令彼檀越心信敬已，共诸朋侣数数往到彼檀越家。(《正法念处经》17-293b)

（4）如是比丘随已所闻，少知佛法，共其同侣为彼檀越说所知法。(《正法念处经》17-293b)

（5）时彼天众复白天主牟修楼陀，而作是言："如是如是，当于尔时无一同侣，除法非法。"尔时天主牟修楼陀告天众言："汝等天众，应如是知，更无同伴。"(《正法念处经》17-276c)

（6）菩萨作是思惟，如虚空界无量无边，众生界亦无量无边，唯我一人独无等侣，令入无余涅槃界中。(《大乘十法会》11-152b)

2. 过失、过非、过短、疵谬、疵失、差谬、谬误、差失、差违、过误、舛谬、误错、短失

在错误、过失义上同义。

（1）或复有人，非佛弟子，于佛不信，而自说言是佛弟子，为求过失而听佛法，推求其便，闻已于法不生信入，如是毁呰，乐行多作。(《正法念处经》17-89c)

（2）依法王法，明识罪福，心不迷闷，不疑于法，动则合理，不生过非故，大王当知如是名为转轮圣王依自业力功德护持于彼世。(《大萨遮尼乾子所说经》9-332b)

（3）佛言："大仙，若人前身于畜生中，和合而来生人中者，迭互相见，则生瞋心，更求过短，常相伺便，欲为恼乱，大仙当知。"(《第一义法胜经》17-881c)

（4）熙平二年十一月乙丑，太尉、清河王怿表曰："辩答乖殊，证据不明，即诋诃疵谬，纠劾成罪。此乃简牒成文，可具阅而知者也。"(《魏书》卷108，2806)

《文选·潘岳〈马汧督诔〉》"极推小疵"吕延济注："疵，过也。"(《故训汇纂》1504页疵7条)

"疵谬"即错误，过失义。

(5) 增置内外候官，伺察诸曹外部州镇，至有微服杂乱于府寺间，以求百官疵失。(《魏书》卷111，2875)

(6) 七十五者沙门瞿昙语随方音不增不减，七十六者沙门瞿昙说法应机无有差谬。(《大遮萨尼乾子所说经》9-344c》)

(7) 见有闭门读书，师心自是，稠人广坐，谬误差失者多矣。(《颜氏家训·勉学》，206)

(8) 数说不同，道阻且长，经记绵褫，水陆路殊，径复不同，浅见末闻，非所详究，不能不聊述闻见，以志差违也。(《水经注》卷1，1)

《后汉书·朱景王杜马刘傅坚马传论》"鉴前事之违"李贤注："违，失也。"(《故训汇纂》2305违38条)

"差违"即过失之义。

(9) 故道人强于志，坚于诚，牢于心，审于意，择师而修，良徒而行，三思求益，岂有过误？(《太上妙法本相经》24-871b)

(10) 沙门法抚，三齐称其聪悟，常与显宗校试，抄百余人名，各读一遍，随即覆呼，法抚犹有一二舛谬，显宗了无误错。(《魏书》卷60，1337)

(11) 子士机，性识不周，多有短失。(《魏书》卷56，1249)

3. 衢路、道陌、道路、衢道、术衢

在道路义上同义。

(1) 阎浮提内一切臣民，蒙王恩泽，快乐无极，歌颂赞叹，盈于衢路，善名遐宣，流布四方，无不钦仰，慕王恩化。(《贤愚经》4-388c)

(2) 时一女人，于道陌上多人众中，裸形立溺，人悉惊笑，来共呵之。(《贤愚经》4-427b)

(3) 今复说酒，旷野之中无人居处，唯有道路多人所行，若人于中卖酒求利，彼人以是恶业因缘，身坏命终，堕于恶处叫唤地狱，大剑林处，受大苦恼。(《正法念处经》17-43b)

(4) 如是恶人，身坏命终，堕于恶道，生在食肉饿鬼之中，是夜叉鬼，于四衢道，或在巷陌街巷市店，或在城内僧所住处天祀中生，形状丑恶，见者恐怖，而有神通。(《正法念处经》17-95c)

(5) 其有恃不自存者，悉检集，为粥于术衢，以救其困。(《魏书》卷110，2856)

《文选·左思〈咏史〉》"冠盖荫四术，朱轮竟长衢"张铣注："术、衢，皆道也。"(《故训汇纂》2046页术12条)

4. 街巷、巷陌、巷路、阡陌

在街道义上同义。

(1) 如是恶人，身坏命终，堕于恶道，生在食肉饿鬼之中，是夜叉鬼，于四衢道或在巷陌街巷市店，或在城内僧所住处天祀中生，形状丑恶，见者恐怖而有神通。(《正法念处经》17-95c)

(2) 如是恶人，身坏命终，堕于恶道，生在食肉饿鬼之中，是夜叉鬼，于四衢道或在巷陌街巷市店，或在城内僧所住处天祀中生，形状丑恶，见者恐怖而有神通。(《正法念处经》17-95c)

(3) 复次比丘，知业果报，观饿鬼世间，彼以闻慧观，多行嫉妒，习于遍业，究竟成业，堕饿鬼道，生于不净巷陌之中。(《正法念处经》17-100a)

(4) 复次佛告圣者大慧菩萨言："大慧，复次字身者，谓声长短音韵高下，名为字身。大慧，复次句身者，谓巷路行迹，如人象马诸兽行迹等，得名为句。"（《入楞伽经》16-536a）

(5) 如是园林，众鸟妙音以为庄严，善见大城街巷阡陌，一切皆以真金官殿，白银为柱，毗琉璃树以为庄严。（《正法念处经》17-150b）

5. 村邑、村营、村落、聚落、邑落
在村落义上同义。

(1) 闻说法已，将欲还家，合掌白佛："我此村人普皆邪见，不识佛法，不知佛德，不好布施，故使沙门婆罗门入此村乞，常至我家。唯愿世尊，随我几时，住此村邑，佛及弟子，常受我请，四事供养。"（《贤愚经》4-374c）

(2) 即以闻慧，知此众生为前世时，喜作强贼，击鼓吹贝，至于城邑聚落村营，破坏人栅，作大音声，加诸恐怖。（《正法念处经》17-103c）

(3) 彼以闻慧，知此众生，贪嫉覆心，诬枉众生，而取财物，或作斗诤，恐怖逼人，侵他财物，于村落城邑劫夺他物。（《正法念处经》17-96b）

(4) 如是次第乐行多作，令他苦恼，恶贪覆意，破坏城郭村邑聚落多人住处，或烧城郭村邑聚落多人住处，为一切人之所弃舍，一切善人之所嫌贼。（《正法念处经》17-257c）

(5) 户口逃散，邑落空虚。乃诬良民，云欲反叛，籍其资财，尽以入己，诛其丈夫，妇女配没。（《魏书》卷56，1244）

6. 边地、边方、边裔
在边远的地方义上同义。

（1）若生人中，则生边地夷人之中，常畏铁处，常怖魄处，堕险岸处。（《正法念处经》17 - 4a）

（2）复次第五调伏，一切所作，不倚不著，不惜身命。于所用具，不多聚积，不行边方危怖之处，不异服饰，不乐请唤，不偏乐于一家往返，是名第五调伏之法。（《正法念处经》17 - 361c）

（3）尔时边裔有一小国，其王名曰波罗陀跋弥，恃远傲慢，不宾王化，又其治政，五事无度。（《贤愚经》4 - 391a）

7. 疆陲、边陲、边疆、边境、边戍、边鄙
在边疆义上同义

（1）嵩表曰："臣若遣书相闻，迎其本谋，冀获同心，并力除衍。平衍之后，彼必旋师赴救丹阳，当不能复经营疆陲，全固襄沔。"（《魏书》卷19，486）

（2）萧衍遣将彭群、王辩等搔扰边陲，劭频有防拒之效。（《魏书》卷21下，584）

（3）桓帝崩后，操立碑于大邘城南，以颂功德，云："奉承晋皇，扞御边疆。"（《魏书》卷23，599）

（4）尔时边境有一国王，与为亲厚，彼国所乏，大光明王随时赠送，彼国所珍，亦复奉献于光明王。（《贤愚经》4 - 372a）

（5）从此得脱，随业流转，受生死苦，若处人中，生在边戍，幽山险谷，深河峻岸，危怖之处。（《正法念处经》17 - 98c）

（6）诏昶曰："朐山险塞，寇之要防，水陆交凑，扬、郁路冲，畜聚凶徒，虔刘边鄙，青、光、齐、兖每罹其患。"（《魏书》卷47，1057）

8. 财物、财宝、财利、财贿、利养、资产、资货
在财物义上同义。

（1）何者为贪？若见他人富者财物，心生希望，欲得彼物，是意贪业。(《正法念处经》17－3b)

（2）彼将酒去，既入旷野险处饮之，饮已极醉，无所觉知，如是醉人所有财宝，悉为贼取，或夺其命。(《正法念处经》17－43a)

（3）彼以闻慧，见此饿鬼于人中时，性多贪嫉，为活身命，为求财利，与人说法，心不敬重，犯戒无信，不为调伏诸众生故，说不净法。(《正法念处经》17－94b)

（4）如是忍者，能破瞋恚，正法忍光，犹如炬火，能灭瞋暗，如盲者眼贪正法者之财贿，除邪见之贫穷，犹如父母，利益其子。(《正法念处经》17－358a)

（5）又复比丘第四念者，所谓修行一切具足悉皆失坏，念彼具足一切失坏，此念比丘不乐利养，不贪檀越往返来去，亦不乐见王若大臣。(《正法念处经》17－269b)

李维琦对"利养"的货利、财利义作过具体的分析。①

（6）众生所有诸华果实、五谷药草及诸美味，悉皆殄灭，夺其精气，众生资产皆悉衰耗而作暗冥。(《须弥藏经》13－385c)

（7）琅琊诸葛覆，永嘉年为元真太守，家累悉在扬都，唯将长子元崇送职。覆于郡病亡，元崇年始十九，送丧欲还，覆门生何法僧贪其资货，与伴共推元崇堕水而死，分其财。(《还冤志》562下)

9. 病患、病垢、病过、病疾、病瘦
在疾病义上同义。

---

① 李维琦：《佛经词语汇释》，第207页。

第四章 北朝同义复音词

（1）一切天女之所爱念，大生敬重，心不疲倦，亦无病患，离肉骨虫，污等皆离。（《正法念处经》17-230a）

（2）又复菩萨若以种种利益众生，能为他人疗治病患，不求财利供养名称，大悲为首，疗治世间，然后令住出世间法。（《奋迅王问经》13-946c）

"患"有病义，蒋礼鸿运用变文材料进行了分析考证[①]。下面句子中的"患"也是这种用法：

户人有患，以金箔贴像，所患处即得阴愈。（《洛阳伽蓝记》卷5"凝玄寺"，210）

因此，"病患"为同义复词，义为疾病。

（3）彼以闻慧或以天眼见于热虫住人身中，若食重食，以食过故，病垢增长，妨出入息。（《正法念处经》17-385c）

（4）复次修行者内身循身观，彼以闻慧，或以天眼，观动脉虫，是虫遍行一切脉中，其身微细，行无障碍，若虫住人食脉之中，则有病过，令身干燥，不喜饮食。（《正法念处经》17-384c）

（5）彼以闻慧，或以天眼，见伤髓风，若不调顺，令身振动，身多疲极，不能远行，常多病疾，颜色丑恶。（《正法念处经》17-393b）

（6）如是比丘作是思惟，生慈悲心知饿鬼道险恶之业，由心贪嫉，欺诳于人，贪惜积聚，欲望长富，广积众恶，恶贪所覆，不行布施，不施沙门婆罗门及诸病瘦盲冥贫穷。（《正法念处经》17-92a）

关于佛经中"病""瘦"同义的原因，朱庆之《论佛教对古代汉

[①] 蒋礼鸿：《敦煌变文字义通释》（增补定本），第226页。

语词汇发展演变的影响》一文从佛经翻译的角度作过很好的说明："印度人是以'瘦'为'病'的，译者在使用汉语'瘦'一词的时候可能认为也应当有与梵语相同的病弱的意思，所以将'瘦'作为'病'的同义词来看待。"①

10. 恩分、恩情、恩义

在恩情义上同义。

（1）或覆泉井，恐诸蛇毒蜘蛛虫蚁堕于井中，行人饮之而致苦恼，以是因缘，覆盖泉井，不求恩分。（《正法念处经》17－137b）

（2）何等功德？所谓次第闻法，起报恩心，知他恩分，闻正法中说报恩故，思念报恩。知恩报故，一切亲友悉皆坚固。以功德故，一切怨家犹如亲友。（《正法念处经》17－376a）

方一新《中古汉语词义求证法论略》一文指出，"分"之恩情、情谊义在《人物志·八观》《三国志·魏志·臧洪传》已有用例②。黄征《魏晋南北朝俗语词考释》也举《三国志》中《吴主传》《华歆传》的"分义"连文用法指出"分"有"情分"义，读去声。③

根据这些考释意见，笔者认为此例中的"恩分"为同义复词。

（3）盖闻无怨生离，恩情中绝，空思出水之莲，无复回风之雪。（《庾子山集注》卷9，页606）

---

① 朱庆之：《论佛教对古代汉语词汇发展演变的影响》，载《21世纪的中国语言学》（二），商务印书馆2006年版，第255页。
② 方一新：《中古汉语词义求证法论略》，《浙江大学学报》（人文社会科学版）2002年第5期。
③ 黄征：《魏晋南北朝俗语词考释》，《杭州大学学报》（哲学社会科学版）1990年第3期。

第四章　北朝同义复音词

（4）崇乃唱言曰："梁眷不顾恩义，奖显为逆，今我掠得其妻马，足以雪忿。"（《魏书》卷27，661）

11. 吉庆、吉祥、嘉祥
在吉祥义上同义。

（1）此诸众生无始无终，怨心所诳，如是心者常动不住，无耳无心，如石金刚，多吉祥处能为妨碍。（《正法念处经》17-54b）
（2）不识业果诸相师等作如是说，或言当丰，或言当俭，或言凶祸，殃及王者，或言吉庆。（《正法念处经》17-107b）

《广雅·释诂一》："庆，善也。"
从"凶祸"与"吉庆"反义对举运用看，"吉庆"具有吉祥义。

（3）阎浮提中诸国相师谓天兽下，说如此相，或言丰乐，安隐无他；或言灾俭，五谷涌贵；或言王者崩亡，或言吉庆，灵应嘉祥。（《正法念处经》17-107c）

12. 脍子、魁脍
在脍子手义上同义。

（1）又复作牛，既脱彼处若生人中同业之处，生脍子家，于二百世胎中而死。（《正法念处经》17-83b）
（2）业尽命终，生于人中，堕旃陀罗家，屠儿魁脍，担负死尸，以余业故，受如斯报。（《正法念处经》17-102b）

关于"魁脍"的脍子手义及其用例，李维琦有详细的分析[1]。

---

[1] 李维琦：《佛经词语汇释》，第200页。

13. 狱监、牢槛、囹圄、牢狱
在监狱义上同义。

（1）王即付狱中，经十二年，恒为狱监饲马除粪，离越弟子，得罗汉者有五百人观觅其师，不知所在。（《杂宝藏经》4-457b）

（2）譬如龙象，至年六十，其力盛壮，善调象人，革斗捉取，缚其五处，置牢槛中，然后乃多与欢喜博，及以甘蔗、甘蔗酒等种种美味，以诸乐器，歌声乐之。（《正法念处经》17-25b）

（3）彼以闻慧，知诸饿鬼前身之时，以悭嫉故，自覆其心，妄语欺诳，自恃强力，枉诬良善，系之囹圄，禁人粮食，令其致死。（《正法念处经》17-93c）

（4）即以闻慧，知此众生，以净信心见犯法者，应受死苦，系在牢狱，以财赎命，令其得脱。（《正法念处经》17-132c）

14. 僮使、奴婢、奴仆、使人、僮客、仆使、仆隶、僮仆
在仆人义上同义。

（1）优婆塞女即白父言："唯愿父母，从诸僮使，但行应请，我堪后守。"（《贤愚经》4-380c）

（2）彼见闻知，或天眼见离两舌人，于现在世受业果报，知识亲友、兄弟妻子、奴婢作使，如是等人皆悉坚固，无人能坏。（《正法念处经》17-7c）

（3）依彼长相则起长想，如是世间愚痴少智，无边生死，业果退生，爱离寒热，饥渴之患，为他作使若奴仆等，迭互相食。（《正法念处经》17-17c）

（4）若生人中同业之处，得风血病，是彼恶业余残果报，生恶国土，无有医药瞻病使人，贫穷困苦。（《正法念处经》17-41c）

第四章　北朝同义复音词

钱群英在《魏晋南北朝佛经词语考释》一文中指出，"使人"即仆人、佣人义。①

（5）受佛禁戒，智慧具足，真心持戒，不恼坏他，众人所爱，善言赞叹，软语供养，奴婢僮客，不横加怖。（《正法念处经》17-152c）

（6）何者第三？所谓恒常怀忍不怒，心如是念，随何因缘，令我瞋恚，如是因缘，一切皆舍，身虽自在，见他瑕疵，不讥不调，于诸臣僚眷属仆使有罪过者，不重刑罚。（《正法念处经》17-317b）

（7）遇诸父兄弟有如仆隶，夫妻并坐共食，而令诸父馂余。（《魏书》卷27，665）

（8）连山，性严暴，挞挞僮仆，酷过人理。（《魏书》卷56，1246）

15. 亲眷、亲里、亲爱、亲族、亲戚、亲类、眷属
在亲属义上同义。

（1）无戒功德，大众会处则不入中，不令他人到于城邑聚落等处说已持戒本望利养，不种种处妨乱心意，不贪不求，不近村住，于旧知识亲眷等舍不自在入摄令属己。（《正法念处经》17-275c）

（2）何等诟法？所谓见本生处而生乐心，乐见亲里，远离断之，知识亲里，心常乐见。常念亲近，昼夜不离。不乐修禅习业。（《正法念处经》17-352c）

（3）尔时其人，作如是念，此山或当堕我身上，是故动手欲遮此山，兄弟亲里见之，谓为触于虚空。（《正法念处经》17-200c）

---

① 钱群英：《魏晋南北朝佛经词语考释》，《杭州师范学院学报》1999年第5期。

李维琦在《佛经词语汇释》中指出，佛经中的"亲里"一词只能是指父系或母系的亲戚。①

（4）此杂色人，心怀放逸……无常死灭，入大黑暗，不见老苦，破坏少壮，不见死火，欲来烧人，能令永离，一切亲爱，死如大火，烧人命树，焚众生林。（《正法念处经》17-413b）

（5）若生人中，虽未见谛，常值知识亲族眷属，兄弟具足，大富饶财，以余业故。（《正法念处经》17-129a）

（6）何等十四？一者知足，二者精进……十一者不观女色，十二者不近亲族，十三者正住一切境界，十四者畏于生死，是名十四法善修其心。（《正法念处经》17-195a）

（7）及其家祸，尔朱仲遣使于州害之，时年三十二。吏人如丧亲戚，城邑村落，为营斋供，一月之中，所在不绝。（《魏书》卷58，1301）

（8）若生人中，虽未见谛，常值知识亲族眷属，兄弟具足，大富饶财，以余业故。（《正法念处经》17-129a）

（9）兄弟同居怡怡然，为亲类所慕。（《魏书》卷76，1686）

16. 耆旧、耆宿、宿老、长宿、长老、故老、古老、长旧、父老、老成、耆老

在老年人义上同义。

（1）若阎浮提人，修行正法，孝养父母，敬事师长，供养沙门耆旧长宿，一切诸天势力增长。（《正法念处经》17-107b）

（2）彼见闻知，若善男子近善知识，信业果报，心意正直，随顺法行，受持禁戒，正见不邪，修正见行，常近耆宿，于佛法僧，生清净信，信于生死。（《正法念处经》17-242b）

---

① 李维琦：《佛经词语汇释》，第242—243页。

（3）不善恶人，不正行人，世间所贱，不共同行，不与同住，亲近宿老，遵奉祇敬，受佛禁戒，智慧具足。(《正法念处经》17－152c)

（4）尔时世尊为诸比丘如是说言："诸比丘，何者正法念处法门？所谓法见法，非法见非法，常念彼处，心不生疑，喜乐闻法，供养长宿。"(《正法念处经》17－2b)

（5）长老传闻，条支有弱水，西王母亦未尝见。(《水经注》卷2，18)

（6）孙子荆《故台赋叙》曰：酸枣寺门外，夹道左右有两故台，访之故老云：韩王听讼观台，高十五仞，虽楼榭泯灭，然广基似于山岳。(《水经注》卷8，133)

（7）河东岸有石桥，桥本当河，河移，故厕岸也。古老言：此桥东海吕母起兵所造也。(《水经注》卷8，135)

（8）访其川居之士，云其乡中父老作童儿时，已闻其长旧传，此当是数百年骸矣。(《水经注》卷17，315)

（9）考其道里，不容得耳。今父老传在霸城南门数十里，于理为得。(《水经注》卷19，343)

（10）今采捃经传，爰及歌谣，询之老成，验之行事……号曰《齐民要术》。(《齐民要术》序，18)

（11）诏曰："自大军停轸，庶事咸丰，可谓国之老成，善始令终者也。"(《魏书》卷54，1208)

（12）引明根入见，高祖曰："卿年耆德茂，服勤累朝，历职的外，并著显绩，逮于耆老，履道不渝。"(《魏书》卷55，1214)

17. 妄语、妄谈
在不切实际的话义上同义。

（1）又修行者内心思惟，随顺正法，观察法行，云何一切不善对治，舍离妄语，大善分摄，现得果报。(《正法念处经》17－7b)

(2) 譬如日光比于暗冥，如以实语比于妄谈，如以须弥山比于众山。(《正法念处经》17-123b)

18. 怨对、怨家、怨敌、冤家、敌对、对敌、仇敌、怨仇、仇雠在仇人义上同义。

(1) 若生人中同业之处，贫穷常疾，常为怨对之所破坏，生恶国土，海中夷人，一切人中最为鄙劣，又不长命，是彼恶业余残果报。(《正法念处经》17-73a)

"怨对"，冤家对头义。在佛经中不仅有"怨对"一词示表冤家对头之义，而且还有"怨敌对"三词连用的情况，北魏菩提流支《大萨遮尼乾子所说经》即有"怨敌对"三词连文同义的用例，可参见李维琦的分析。①

(2) 若生人中，一切不爱，王舍怨家、兄弟亲家轻弄嫌贱，此是绮语口业果报。(《正法念处经》17-4a)

蔡镜浩《魏晋南北朝词语拾零》一文指出，"怨家"指仇人、敌人。②

(3) 离诸怨敌，互相亲善，无他怖畏，受第一乐。(《正法念处经》17-114a)

(4) 譬如日光比于暗冥，如以实语比于妄谈，如以须弥山比于众山，如以解脱比于系缚，如以利益比于衰损，如以善友比于冤家，如以甘露比于毒药。(《正法念处经》17-123b)

---

① 李维琦：《佛经词语汇释》，第92页。
② 蔡镜浩：《魏晋南北朝词语拾零》，《苏州大学学报》1988年第3期。

（5）彼转轮王，如是七宝具足成就，遍行大地无有敌对，无有怨刺，无有诸恼，无诸刀杖，依于正法，平等无偏，安慰降伏。（《大萨遮尼乾子所说经》9－330a）

（6）以离一切诸对敌故，当知是人不诳世间，以其不诳诸如来故，当知是人是真语者。（《胜思惟梵天所问经》15－70a）

（7）且晋献子尚不辞死以逞志，何容对仇敌而不惩，暴草木于海嵎乎？（《水经注》卷26，475）

（8）祖龙，司空行参军。性刚躁，父亡后，与兄伯骊讼竞嫡庶，并以刀剑自卫，若怨仇焉。（《魏书》卷24，634）

（9）性颇忍酷，所养子息，驱驰鞭挞，视如仇雠。（《魏书》94卷，2018）

19. 殃患、衰患、殃咎、殃祸、灾横、凶衰、殃恶、灾变、祸难、祸变、凶祸、灾害、祸祟、灾殃、祸灾、灾异

在灾祸义上同义。

（1）时洴沙王复白佛言："六师群迷，不自度量……六师穷缩乃无一术，惭形愧影，投水而死，徒类散解，自遗殃患，念其迷惑，何剧之甚！"（《贤愚经》4－364a）

（2）时优婆夷心生欢喜，问言："天王，我供养时，称汝名字有何利耶？"天王答言："我为天王，天耳远闻，称我名者，我悉闻之，以称我故，增我势力，威德眷属，我亦复以神力，及敕鬼神，护念是人，增其禄福，令离衰患。"（《贤愚经》4－373c）

从下例中"衰"与"吉"反义对举可以看出"衰"有凶祸义：

譬如生十子，孩抱之时普恩爱之，无欲遗弃，小有不和，驰追巫卜，问其进止，闻衰肝碎，闻吉踊悦。（《太上妙法本相经》24－858a）

方一新《〈大方便佛报恩经〉语汇研究》一文说："殃祸,犹言灾祸、灾难。"①"殃患"与"殃祸"同义。

(3) 王即语言:"此是汝福,世间凡愚,亦复如是……悕求利乐,既无善果,反获殃咎,如彼愚人,等无差别。"(《杂宝藏经》4-494a)

(4) 凡世愚人所共供养,咸皆号之,以为大力神通夜叉,如是种种为人殃祸,令人怖畏。(《正法念处经》17-96b)

(5) 佛告一切诸天人众龙神夜叉,应当养育供给是人,衣服饮食卧具汤药,随其所须,尽给与之,亦当守护,除其灾横,离诸凶衰殃恶疾病,悉令除灭。(《月藏经》13-302a)

"横"有灾祸之义李维琦已指出②。在这里,"灾横""凶衰""殃恶"三词同义变换运用。

(6) 风雨不时,或复旱潦,寒热不调,作诸灾变,众生所有诸华果实、五谷药草及诸美味,悉皆殄灭,夺其精气。(《须弥藏经》13-385c)

"灾""变"与"患"等词,在汉代已具有祸害、灾害之义,徐正考对这些词在《论衡》中的用法进行了分析,如:

夫不熟,或为灾,或为福,祸福之知不可知,桑谷之言安可审?(《论衡·异虚》)

御百里之手,而以调千里之足,必有摧衡折轭之患;有接舆臣之才,而以御大臣之知,必有闭心塞意之变。(《论衡·逢遇》)③

---

① 方一新:《〈大方便佛报恩经〉语汇研究》,《浙江大学学报》(人文社会科学版)2001年第5期。
② 李维琦:《佛经词语汇释》,第149页。
③ 徐正考:《〈论衡〉同义词研究》,第116—117页。

第四章　北朝同义复音词

"灾""变"同义对文使用及"灾变"同义连用表祸害、灾害义的情况在《论衡》中还可以找到另外一些用例，如：

百灾万变，殆同一曲。(《论衡·寒温》)

天尊贵高大，安能撰为灾变以谴告？(《论衡·自然》)

(7) 略曰："臣遭家祸难，白骨未收，乞还本朝，叙录存没。"(《洛阳伽蓝记》卷5"追先寺"，193)

(8) 树下四面坐像，各高丈五，恒有四龙典掌此珠。若兴心欲取，则有祸变。(《洛阳伽蓝记》卷5"凝玄寺"，215)

(9) 不识业果诸相师等作如是说，或言当丰，或言当俭，或言凶祸，殃及王者，或言吉庆。(《正法念处经》17-107b)

(10) 以法胜故，降微细雨，五谷熟成，色香味具，无诸灾害，果实繁茂，众花妙色，日月晶光。(《正法念处经》17-105c)

(11) 行于傲慢，或因著欲，或是醉乱，或时祸祟，或时狂病，一切时尔，更不余异。(《正法念处经》17-254c)

"祸难""祸变""凶祸""灾害""祸祟"等词在东汉文献中的同义关系，徐正考有详细的论述①。这些词在北朝继续使用。

(12) 室家不和，起贪欲财利者，忿怒相加以致灾殃。(《正一法文天师教戒科经》18-232a)

(13) 祸灾非富贵者求请而可避，非贫贱者守穷而故罚。(《正一法文天师教戒科经》18-233b)

(14) 奉道之家，或遇灾异疾病死丧，官符口舌以致不利，何以然也？(《正一法文天师教戒科经》18-233c)

《汉书·刘向传》"往者众臣见异"颜师古注："异，灾异也。"

---

① 徐正考：《〈论衡〉同义词研究》，第116—117页。

(《故训汇纂》1489 页异 24 条)

"灾异"一词在《论衡》中已经使用,如:

当时亦无灾异,如有灾异,不名曰谴告。(《论衡·谴告》)

纣至恶之君也,当时灾异繁多,七十卜而皆凶。(《论衡·卜筮》)

20. 面首、容貌、面貌、色貌、形相、形色、相貌、颜貌、状貌、眉面、貌相、形容、形状、真容

在容貌义上同义。

(1) 如是我闻,一时佛在舍卫国祇树给孤独园,是时国中有大长者,生一男儿,面首端政。(《贤愚经》4-354a)

蔡镜浩《魏晋南北朝词语与辞书编纂》一文认为,"面首"指面貌、相貌,男女皆适用。①

(2) 时诸天女,见此天子,独游林中,容貌端严,未有天女,皆疾走诣此天子所,戏笑歌舞,作天伎乐。(《正法念处经》17-141b)

(3) 如是次第,如前所说,王法所缚,身体恶色,面貌丑陋,系狱而死,是彼恶业余残果报。(《正法念处经》17-42b)

(4) 若虫无力,人亦瘦瘠,色貌憔悴,观善色虫已,如实知身。(《正法念处经》17-387b)

"色貌"为同义复词。王东认为,"色"有形状、形象义,为中古习用,并举东晋《法显传》用例进一步说明:"其国中有佛唾壶,以石作,色似佛钵。"②

---

① 蔡镜浩:《魏晋南北朝词语与辞书编纂》,载《语言研究集刊》(第 3 辑),江苏教育出版社 1989 年版,第 97 页。

② 王东:《〈水经注〉词汇研究》,博士学位论文,四川大学,2003 年,第 179 页。

第四章 北朝同义复音词

(5) 其人如是，于一缘中见于下色，若作中业，则见中色，生中乐心，若作上业，则见无量种种妙色，形相端严，如是一切声香味触，亦复如是。(《正法念处经》17-165c)

(6) 以恶业报，生地狱中，见诸师子，形色可畏，虎豹大鸟，恶虫蟒蛇，大恶色者。(《正法念处经》17-105a)

(7) 或作男子，颜容端正；或作女人，姿首美妙；或作畜生，相貌殊异，能作种种上妙庄严，能遍游行一切方所。(《正法念处经》17-97c)

(8) 若生人中，或作国王，或为大臣，为一切人之所爱念，颜貌端正，以余业故。(《正法念处经》17-141c)

(9) 若生人中同业之处，常有癣病在其腹中，若身焦枯，形貌丑陋，若守门户，身体状貌，如烧树林，作集业力，余残果报。(《正法念处经》17-36c)

(10) 第十二者，谓爱善名，不贪财物，以王之心，不贪财物，不急拳手，不动眉面，不怒眼目，不恶语说。(《正法念处经》17-319b)

(11) 若男子女人，起微瞋心，貌相变异，乃至畜生，障一善根。(《信力入印法门经》10-958a)

(12) 复有最上最胜天龙、夜叉、捷闼婆、阿修罗、迦楼罗、紧那罗、摩睺罗伽，并持咒神及非人等，种种形容天冠衣服，执持器杖并诸幢盖，及诸鬼神、仙人众等，皆来集坐，为欲听法。(《大乘同性经》16-640c)

(13) 既登车，为左右说之，又问殷涓形状，答以肥短，温云向亦见在帝侧，十余日便病，因此忧懑而死。(《还冤志》，566下)

(14) 水右有三层浮图，真容鹫架，悉结石也。装制丽质，亦尽美善也。(《水经注》卷13，233)

"真""容"二词同义，表容貌，郭在贻[①]、项楚[②]与化振红[③]等都有具体分析。

21. 等类、訓敌、仇匹、伦匹、俦类

在同类的人或物义上同义。

（1）问讯已竟，各共白言："承闻尊者，欲舍身命至于涅盘，我曹等类，失于恃怙。"（《贤愚经》4-387c）

（2）昔难陀王，聪明博通，事无不练，以己所知，谓无訓敌。（《杂宝藏经》4-492c）

（3）如是天众，共鸟游戏，天子天女，互相娱乐，天鸟仇匹，游戏受乐。（《正法念处经》17-160a）

（4）时有一鸟，敬爱其声，飞在树上，听其音响，时有猎师，以箭射杀，缘兹善心，即生第二忉利天中父母膝上，忽然长大，如八岁儿，面貌端正殊异，光相炳然，无有伦匹。（《贤愚经》4-437b）

（5）如来功德，世无俦类，今乃下意，瞻诸比丘，特怀谦敬。（《贤愚经》17-369a）

本组大多是由"等""俦""伦""仇"等同义语素词构成的复音词。此外，在佛经中还有一个"匹""双""并""类"4个单音词连用的典型例子：

尔时阿阇世王有女名无畏德，端正无比，无匹无双，无并无类，成就最胜殊妙功德，年始十二，在其父王堂阁之上，着金宝屐彼处而坐。（《无畏德菩萨会》11-550c）。

上例反映了佛经语言不避重复、同义复现的特色。

[①] 郭在贻：《〈太平广记〉词语考释》，载《郭在贻文集》（一），第146页。
[②] 项楚：《寒山诗注附拾得诗注》，中华书局2000年版，第499页。
[③] 化振红：《〈洛阳伽蓝记〉词汇研究》，博士学位论文，四川大学，2001年，第141页。

22. 商贾、商人、贾客、估客
在商人义上同义。

（1）彼以闻慧，知此众生，为嫉妒心，恶贪所覆，商贾卖香，见人买香，速须供养，不以好香与彼买者，乃以劣香，价不酬直，心无净信，谓无恶报，不识诸佛真实福田。（《正法念处经》17－96a）

（2）云何轮王得彼第二皮相似宝？彼第二宝，有何功德？彼皮宝者，海中而生，彼既生已，商人得之，将来上王。（《正法念处经》17－10a）

（3）若生人中大富饶财，妻子奴婢僮仆贾客，眷属和合，以余业故。（《正法念处经》17－132b）

（4）又于四交路首，施诸病人、行路估客，盲冥贫穷，施于房舍，饮食敷具，悉令满足，而不正见。（《正法念处经》17－108c）

23. 际畔、边际、分齐、畔齐
在边际义上同义。

（1）尔时光明幢菩萨白佛言："随何等陀罗尼，闻取一句法，能于无量劫，说如是菩萨，乐说辩才，不留不尽，亦无际畔。"（《法集经》17－642c）

（2）如是苦恼，重于火苦，如是彼处，受大蛇苦，受恶毒苦，严利于火，受如是苦，无有边际。（《正法念处经》17－47c）

（3）阿僧祇劫广大无量，不可思议，不可称，不可量，无有分齐。（《月灯三昧经》15－602b）

《文选·马融〈长笛赋〉》"各得其齐"李善注："齐，分限也。"（《故训汇纂》2643页齐141条）

"分齐"即边际。

（4）佛言："弥勒，有五种观观彼法，何等五种？所谓思惟奢摩他毗婆舍那，念念灭一切烦恼，身离种种相，得法乐乐，如实知十方，无量无畔齐，知无量法光明所作，成就相应清净分。"（《深密解脱经》16-675c）

24. 名字、名号、代称、称谓、称号
在名字、称号义上同义。

（1）此善男子，如是名字，如是种姓，发心欲断无始世来贪瞋痴等，为欲破坏魔之境界，不乐烦恼染欲境界，心不喜乐欲染心爱。（《正法念处经》17-10c）

（2）中有一塔，真金璎珞，焰鬘庄严，七宝映饰，种种庄校，随其曾闻诸佛名号，皆悉图画如来影像。（《正法念处经》17-108c）

（3）代称不枸，名号变改，校其城郭，相去远矣。（《水经注》卷13，237）

（4）盖控引众流，总成一川，虽称谓有殊，言归一水矣。（《水经注》卷39，681）

（5）蠕蠕之俗，君及大臣因其行能即为称号，若中国立谥，既死之后，不复追称。（《魏书》卷103，2291）

25. 饥俭、饥馑、饥怖、荒俭
在饥荒义上同义。

（1）答言："是时善求及诸贾人，咸共诚心祷诸神祇，欲济饥俭，于空泽中遥见一树枝叶郁茂，便即趣之。"（《贤愚经》4-416c）

《广韵·琰韵》:"俭,饥馑也。"
"饥俭"即饥馑。

(2) 从此命终,随业流转,受诸生死,人身难得,犹如海龟遇浮木孔,若得为人,于饥馑世,统领国土,或为大臣,以余业故,受如斯报。(《正法念处经》17-97a)

(3) 有余善业,不堕地狱饿鬼畜生,得受人身,常离饥渴,无有疲倦,不值饥怖,受第一乐,一切世间人所爱念,为设敷具,供身医药,以余业故。(《正法念处经》17-136a)

(4) 郁单越人……不畏夜叉罗刹,毗舍遮鬼,鸠盘荼鬼,师子虎豹,夜叉恶龙恶虫之类,亦无荒俭寒热饥渴疾病,远离一切怨家恐怖。(《正法念处经》17-406b)

以上3例中的"饥馑""饥怖""荒俭"均有饥荒义。

第五节 北朝同义复音词形成原因探析

向熹曾指出:"到了中古,随着新词的大量增加,古今词的并存,词义的引申交叉,一部分方言词进入普通词汇,汉语同义词进一步发展,同义词的构成方式更加多样化了。"① 从笔者对北朝汉语复音词的考察来看,北朝复音词的形成主要有以下几个方面的原因。

一 单音节语素构词能力的增强

从北朝文献可以看出,一些单音节语素的构词能力增强,当其与其他同义单音语素组成复音词时,便会产生一批同义复音词。如:

(1) "著"有爱义,与同义单音语素构成一组同义复音词,表示爱恋之义:贪著、惑著、染著、耽著、恋著、乐著。

---

① 向熹:《简明汉语史》(上),第560页。

（2）"聪"表示"聪明"义，与其他同义语素结合组成一批同义复合词——聪黠、聪了、聪慧、聪明、聪利、聪惠、聪睿、聪达、聪敏、聪颖、聪解、聪悟、聪识、聪辩、聪令，这些同义词又与表同样意义的另一些复音词——黠慧、辩慧、辩悟、敏达、晓了、黠了，构成一组同义复音词。

（3）"轻""贱""薄""鄙"分别与同义的单音语素组成同义复音词后，形成一批表示"轻视、看不起"义的同义复音词——轻薄、轻贱、轻忽、轻慢、轻弄、轻易、薄贱、贱薄、鄙贱、鄙薄。

（4）从这一时期的文献看，"妙"的构词能力也大大增强，与另外一些同义单音语素词构成多个同义复音词——妙好、殊妙、美妙、妙美、奇妙、上妙、胜妙、微妙、精妙、姣好、快妙，都具有美好的意义。

在汉语史的每个发展阶段都会产生一大批构词能力强的单音词，从而与另外的单音词一起作为语素构成复音词，促进了汉语词汇的发展。

二 新词新义的产生

北朝时期，一些单音词出现了新义项，作为语素与同义的单音语素构成复音词，从而增加了同义复音词的数量。

1. 由于"快"在中古有了"佳""好"的新义，与"妙"结合成"快妙"一词，和另外的一些同义词构成一组同义复音词——妙好、殊胜、殊妙、美妙、妙美、奇妙、上妙、胜妙、微妙、殊好、精妙、姣好、快妙，从而增加了同义词的新成员。

2. "哀"有声音好听义，在这个意义上形成"哀好""哀和""哀雅"同义复音词后与"和雅"构成一组同义词，表示声音美好义。

3. "瘦"有病义，"病""瘦"组成同义复词"病瘦"后与"病患""病垢""病过""病疾""病瘦""疫病"等构成同义复音词。

三 部分语素的词缀化倾向

在中古时出现了一批新的词缀，学者们对此都有详细的分析，如前文中谈到的黄征关于"指"作为词缀的论述等，笔者认为北朝文献中的"丽"同样具有词缀化的倾向。一方面具有"美丽"义可与同义语素构成同义复音词，如"精丽""严丽""光丽""绮丽""婉丽""佳丽""丽华""华丽""美丽""纤丽""姝丽""雅丽""鲜丽"等词，其中的"丽"都有美丽的意义；另一方面又具有词缀化的倾向，与另一些词结合形成复音词，如"工丽""巧丽""奇丽""珍丽"，在这个四个词中，都是前一个语素表示实在的意义。"工丽""巧丽"两个词同义，都有工巧义，"丽"有词缀化倾向。这对同义复音词的形成起到了促进作用，增加了同义复音词的数量。

四 同素异序同义词的产生

同素异序词的大量形成是中古汉语词汇发展中的一个重要现象，一些学者也曾对不同材料中的这种现象作过深入的分析。在同素异序词中有一大批同素异序同义词，北朝文献也同样存在这种现象，现举例说明如下。

（一）动词异序同义词之例：
（1）爱重，重爱

若有余善，不堕地狱饿鬼畜生，得受人身，常得安乐，王所爱重，众人所念，以余业故。（《正法念处经》17-137c）

彼人以是恶业因缘，身坏命终，堕于恶处合大地狱，生恶见处，受大苦恼，所谓自见己之儿子，以恶业故见自儿子在地狱中，于彼儿子，生重爱心，如本人中。（《正法念处经》17-34a）

（2）怖畏，畏怖

口常烂臭，齿亦不好，面皮无色，一切世人妄语枉谤，常生怖畏，亲友兄弟，知识不固，一切所作不得果利。（《正法念处经》17-3c）

《江东旧事》云：范文本扬州人，少被掠为奴，卖堕交州，

年十五六,遇罪当得杖,畏怖因逃,随林邑贾人渡海远去,没入于王,大被幸爱。(《水经注》卷36,632)

(3) 忿恚,恚忿

若多事比丘,受他利养,若此行人不受其物,令多事者其心忿恚,言此比丘谄曲不实。(《正法念处经》17-195c)
婆罗门闻,甚怀恚忿,语其妇言:"此无恼者力敌千人,辅相之子,种族强盛,虽欲治之,宜当以渐。"(《贤愚经》4-423c)

(4) 愧耻,耻愧

尔时天主释迦提婆复于镜中观业果报,时天帝释示诸天众,诸天见之皆生愧耻。(《正法念处经》17-178c)
彼大天王并诸天众见化天已,心生耻愧,皆见自身色光欲乐,如草无异。(《正法念处经》17-214c)

(5) 诱诳,诳诱

或于姊妹,或于同姓,或于香火,或香火妇,或知识妇,诳诱邪行,彼人以是恶业因缘,身坏命终,堕于恶处。(《正法念处经》17-69b)
复有邪行,所谓比丘贪染心故不相应行,以酒诱诳持戒妇人,坏其心已,然后共行,或与财物。(《正法念处经》17-69c)

(6) 障覆,覆障

譬如火光能障雪光,又何者受?何者受胜?如是复起,如是

·240·

观察，彼不善受障于善受，后时复起，譬如昼日覆月光明，彼月光明，于夜闇中无能障覆。(《正法念处经》17-15a)

时阿修罗思惟是已，从城而起，即以一手覆障日月诸光明轮，世间愚人、诸相师等咸记灾祥，如上所说，复以一手摩须弥顶，欲与诸天决其得失。(《正法念处经》17-108a)

(7) 訾毁，毁訾

第八十七戒者不得訾毁人物以为恶。(《太上老君经律》18-220a)

如是天鸟，虽是畜生，毁訾诸天，何况余天。(《正法念处经》17-186a)

(8) 毁谤，谤毁

谓知此业，知此业果，知善不善，知此众生成就身恶行，成就口恶行，成就意恶行，毁谤贤圣，邪见所摄。(《正法念处经》17-22c)

复次大慧，我诸弟子为护世间谤三宝故，不应食肉，何以故？世间有人见食肉故，谤毁三宝，作如是言。(《入楞伽经》16-562a)

(9) 减劣，劣减

夜摩天王如是普为彼一切天和合利益已，说此偈告天众言："汝等乐行境界所迷，然不觉知，天则减劣而不增长。"(《正法念处经》17-253b)

若其生者，智火能烧，智火烧已，则到第一不退之处，不生不老，不死不尽，如是之处应当舍离，如怨放逸，又复天众更有

余事，意则劣减，损辱羞耻。(《正法念处经》17-260a)

(二) 形容词异序同义词之例：
(1) 刚坚，坚刚

地广千里，皆为盐而刚坚也。(《水经注》卷2，22)
初下酿，用黍米四斗，再馏弱饮，必令均熟，勿使坚刚、生、减也。(《齐民要术》卷7"造神曲并酒第六十四"，492)

(2) 短暗，暗短

正表长七尺九寸，眉目疏朗。虽质貌丰美，而性理短暗。(《魏书》卷59，1326)
延昌三年三月，式上表曰："暨臣暗短，识学庸薄，渐渍家风，有忝无显。"(《魏书》卷91，1961—1964)

(3) 急浚，浚急

涑水自城西注，水流急浚，轻津无缓，故诗人以为激扬之水，言不能流移束薪耳。(《水经注》卷6，107)
城西北有石夹水，飞湍浚急，人谓之磻溪，言太公尝钓于此也。(《水经注》卷9，153)

(4) 短陋，陋短

长子产之，字孙侨。容貌短陋，而抚训诸弟，爱友笃至。(《魏书》卷39，888)
子逊，字子言。貌虽陋短，颇有风气。(《魏书》卷65，1448)

(5) 瘦损，损瘦

彼以闻慧，或以天眼，见破毛爪粪风，若不调顺，诸根瘦损，或复头痛，或一眼一耳，半面疼痛。(《正法念处经》17-389b)

若任之树林，一遇风寒，大者损瘦，小者或死。(《齐民要术》卷6"养鸡第五十九"，449)

(6) 殊绝，绝殊

如是我闻，一时佛在舍卫国祇树给孤独园，于时国王名波斯匿王有辅相，聪明巨富，其妇怀妊，生一男儿，形貌端正，容体殊绝。(《贤愚经》4-423b)

所留之种，率皆精好，与世间绝殊，不可同日而语之。(《齐民要术》卷6"养羊第五十七"，440)

(三) 名词异序同义词之例：

这方面的例子，我们以"敌对"与"对敌"为例加以分析，如：

彼转轮王如是七宝具足成就，遍行大地无有敌对，无有怨刺，无有诸恼，无诸刀杖，依于正法，平等无偏，安慰降伏。(《大萨遮尼乾子经》9-330a)

以离一切诸对敌故，当知是人不诳世间，以其不诳诸如来故，当知是人是真语者。(《胜思惟梵天所问经》15-70a)

除此之外，还有一些我们在文中没有详细分析的同素异序词，如"语言/言语"（《正法念处经》）；"肥充/充肥""均调/调均""刮削/削刮""和合/合和""疥癣/癣疥""扬簸/簸扬""践履/履践"（《齐民要术》）；"音声/声音""漕运/运漕""平夷/夷平""险阻/阻险"（《水经注》）；"夸矜/矜夸""质朴/朴质"（《魏书》）；"避讳/讳避"

(《颜氏家训》);致密(《正法念处经》)/密致(《颜氏家训》)等。这些词都具有相同的意义,从而增加了同义词的成员。当然其中的一些词不是北朝时才产生的,但这些词的运用,无疑丰富了北朝汉语的复音词。

五 同义复音词的连用和变换使用

同义连用,是指两个同义词重复运用或连续运用,互相注释、互相说明,使意义更加明确、更加精确的一种语言现象。在汉语史上,中土文献与佛经中都有大量的同义连用现象,不但有实词的连用,而且有虚词的连用,许多学者对此曾作过研究和分析[①]。

同义连用的现象在北朝文献中比较普遍,这与佛典的文体有关,表达上的同义重复,会在语言上有所体现。受佛典语言的影响,中土文献中也有这种特点。这就为同义复音词大量产生提供了环境。

(一)动词同义连用

(1)业尽还退,恶业所缚,欲堕畜生,足上头下,如是中阴,如印所印,生畜生中,无量种类相似中阴,是名第三道。中阴有相,见之怖畏,复生厌离,惊愕惶怖,互相观视。(《正法念处经》17-339b)

"惊愕"与"惶怖"同义。

(2)彼以闻慧,知此众生,贪嫉覆心,破坏他人……得王势力,王善其能,称叹赞美,转增凶暴。(《正法念处经》17-97a)

---

① 如:谢质彬:《同义连用辨析》,《中国语文》1990年第1期;朱诚:《同义连用浅论》,《古汉语研究》1990年第4期;王海棻:《六朝以后汉主叠架现象举例》,《中国语文》1991年第5期;张志达:《假设义类词同义连用举隅》,《古汉语研究》1993年第2期;罗正坚:《〈史记〉中的同义词语连用》,《安徽大学学报》1994年第1期;陈卫兰:《汉代连用动词的语义特征和语法贡献》,《学术交流》1998年第2期;武振玉:《魏晋六朝汉译佛经中的同义连用总括范围副词初论》,《吉林大学社会科学学报》2002年第4期等。

"称叹"与"赞美"同义。

（3）王言："大师，何者根本罪？"答言："大王，有五种罪，名为根本，何等为五？……若谤声闻辟支佛法及大乘法，毁訾留难，隐蔽覆藏，是名第二根本重罪。"《大萨遮尼乾子所说经》9-336a）

"覆藏"与"隐蔽"同义连用。

（4）是故天众增长，阿修罗众亏损减少，以于池中见如是相。（《正法念处经》17-110a）

"亏损"与"减少"同义连用。

（5）梵天问言："汝等可不明了通达此法门耶？"答言："梵天，一切诸法我等悉皆明了通达，无彼我故。"（《胜思惟梵天所问经》15-93b）

"明了"与"通达"同义。

（6）乞食比丘少欲知足，不储畜积聚，次第乞食，随敷露坐，一食三衣，如是等事，可尊可尚。在僧比丘，多欲无厌，贮聚储畜，贪求吝惜，嫉妒爱著，以故不能得大名闻。（《贤愚经》4-380b）

"储蓄"与"积聚"、"贮聚"与"储畜"同义连用。

（二）形容词同义连用

（1）业尽得脱，从此命终，业风所吹，流转生死，人身难得，

犹如海龟遇浮木孔,若生人中,生于边地,贫穷困厄,无有林树,无水浆处,而依住止。(《正法念处经》17-94c)

"贫穷""困厄"同义连用。

(2) 或复其身如白象皮,粗涩生疮,或复口齿希疏黧黑,手足生疮,犹如工师,疲极顿乏,身生疮癣,手足常热,坚硬粗恶,或生疮烂,爪甲恶色,鼻柱萎倒,眼睫堕落。(《正法念处经》17-390b)

"疲极""顿乏"同义连用。

(3) 以本口过故……不为父母之所怜爱,常被恶谤,远离诸佛,生生愚痴暗钝无智,速堕地狱。(《正恭敬经》24-1103c)

"愚痴"与"暗钝"同义连用。
(三) 名词同义连用

(1) 见有闭门读书,师心自是,稠人广坐,谬误差失者多矣。(《颜氏家训·勉学》,206)

"谬误""差失"同义。

(2) 如是园林,众鸟妙音以为庄严,善见大城街巷阡陌,一切皆以真金宫殿,白银为柱,毗琉璃树以为庄严。(《正法念处经》17-150b)

"街巷"与"阡陌"同义。

第四章 北朝同义复音词

（3）如是恶人，身坏命终，堕于恶道，生在食肉饿鬼之中，是夜叉鬼，于四衢道，或在巷陌街巷市店，或在城内僧所住处，天祠中生，形状丑恶，见者恐怖，而有神通。（《正法念处经》17－95c）

"巷陌""街巷"二词同义。

张世禄在《"同义为训"与同义并行复合词》一文中对同义复合词的形成原因与构词原理作了很好的分析。他指出："训诂和构词，都是为着加强语文的明显性和准确性，都是为着阐明词义，通晓名物，达到相互了解，沟通思想，发挥语言的交际作用。构词上的'化单为复'，把构词成分结合起来，实际上就象训诂上训释词和被释词的关系一样，有互相注释的作用。所以一个同义词的联合结构，也就包含着一个'同义为训'的体例；换句话说，同义词相联合使用的过程，也就是同义词相训释的过程。"[①] 朱庆之也对佛经中同义连文形成大量复音词的现象进行了讨论，前文已经述及[②]。我们认为他们的这些分析同样适用于解释同义复音词连用的现象。这些同义复音词的连用，正是起到互相注释、互相说明的作用，实际上也可以看作是一种"同义为训"。这种行文方式，既能很好地适应佛经语言四字格的形式，又能使语言浅白易懂，因而这种特点在佛经中表现得尤为明显。

在表达同一个意思时，为了使意义显豁而又避免重复，行文中力图变换其词，既有同义单音词的变换，又有同义的单音词与复音词间的交互运用，还有同义的复音词的相互变换，这就使得同义词大量形成，其中也催生了一批同义复音词。现对我们前面分析过的例子加以说明：

（1）若夫声闻世尊弟子……与俗交通，驱使走役，通致信命，

[①] 张世禄：《"同义为训"与同义复合词的产生》，《扬州师院学报》（社会科学版）1981年第3期。

[②] 朱庆之：《汉译佛典语文中的原典影响初探》，《中国语文》1993年第5期。

贮积钱财饮食衣服稻粟缯帛，于他财物亦复守护藏惜积聚，或复咒术或以书画教他自活。(《月藏经》13－351b)

前文用"贮积"，后文用"积聚"，二词同义，变换运用。

(2) 是以童子，菩萨摩诃萨若欲乐求如是三昧，不可思议诸佛所说之法应善巧知，于不思议佛法应当谘请，应当深信不思议佛法，应当善巧求于不思议佛法，闻不思议佛法，勿怀惊怖，勿增怖畏，勿恒怖畏。(《月灯三昧经》15－574b)

一处用"惊怖"，一处用"怖畏"，变换使用。

(3) 若人偷盗，彼偷盗人若诳惑他，屏处思量，作欺诳事，斗秤治物，作恶业行，如是种种此业具足，云何成业？(《正法念处经》17－2c)

"诳惑"与"欺诳"前后同义变换。

(4) 毗摩质多罗到第四地，入其本城，甚大羞耻，忧悴低头，婇女围绕，忧愦憔悴。(《正法念处经》17－124c)

"忧悴"与"忧愦"同义互用。

(5) 佛告一切诸天人众龙神夜叉，应当养育供给是人，衣服饮食卧具汤药，随其所须，尽给与之，亦当守护，除其灾横，离诸凶衰，殃恶疾病，悉令除灭。(《月藏经》13－302a)

"灾横""凶衰""殃恶"三词变换运用，以使语言丰富多彩且意义显豁。

第五章　北朝反义复音词

反义词与同义词是词汇系统中的两种重要的聚合关系。认识和判定反义词必须以意义上的对立或相反为主，要符合以下四个标准：同一个历史时期；一定语境中具有对举关系；一个或几个义位相对或相反；词性相同。本章归纳出北朝文献中78对反义复音词，包括19对动词，44对形容词以及15对名词。通过对这些词反义关系的分析，可以认识一个词的多义系统，管窥大型语文工具书的缺憾等。

第一节　古汉语反义词研究状况与反思

一　古汉语反义词研究状况的简要回顾

反义词与同义词是词汇系统中的两种重要聚合系统，但是从现有研究状况看，这两种聚合关系的研究并不平衡，同义词研究成果丰富，而反义词研究相对较少。通过对汉语反义词研究成果的调查，笔者发现，古汉语反义词研究自20世纪80年代以来，无论是反义词的理论探讨，还是专书、专门语料的反义词研究都取得了明显的进展，在此笔者主要对这一时期的研究作一简要回顾。

作为20世纪80年代第一部古汉语词汇理论专著，何九盈、蒋绍愚合著的《古汉语词汇讲话》（北京出版社1980年版）详细讨论了古汉语反义词的定义、特点和作用等理论方面的问题。之后，蒋绍愚在《古汉语词汇纲要》（北京大学出版社1989年版）一书中根据现代语义学理论，分析了古汉语反义词的义位对立情况、历时演变、判定办法和研究意义，并指出了反义词界定中应注意的一些问题。高守纲在《古代汉语词义通论》（语文出版社1994年版）一书中，重点探讨了反义词的性质特点、分布和类型、表达作用及研究意义。

探讨古汉语反义词理论的论文主要有赵克勤《古汉语反义词浅论》（《语文研究》1986年第3期）、严廷德《论反义词的同一》（《四川大学学报》1991年第3期）、陈建初《〈列子〉反义词综论》（《古汉语研究》1991年第4期）、饶尚宽《先秦单音反义词简论》（《新疆师范大学学报》1994年第3期）、陈伟武《"义反音亦反"辨议》（《古籍整理研究学刊》1996年第6期）、廖扬敏与雷莉《从〈老子〉中的"有"和"无"看现代反义词研究缺陷》（《广西大学学报》2003年第2期）、李占平《古汉语专书词汇研究中反义关系的确定方法》（《西南师范大学学报》2004年第1期）等。这些论文以泛时语料或专书语料为分析对象，从理论上探讨了反义词的语音关系、意义关系以及判定和研究方法。王冰、徐正考《古汉语反义词研究初探》（《吉林大学社会科学学报》2005年第2期）一文对20世纪80年代以后近30年古汉反义词研究状况进行了回顾，对判定标准、专书反义词的确定方法、研究价值提出了自己的意见。颜洽茂、张建勇在《古汉语反义词研究的回顾与反思》（《浙江大学学报》2006年第5期）一文中，分三个阶段总结了反义词研究的历史，指出了研究中存在的问题，强调了古汉语反义词断代研究的重要性。

在专书或专门语料反义词研究专著方面，以先秦汉语反义词研究占主流。其中，先秦汉语反义词研究主要有下列一些论著：何九盈、蒋绍愚合著的《古汉语词汇讲话》，该书对先秦五部著作——《诗经》《论语》《老子》《荀子》《韩非子》中反义词的语音关系、词义演变特点和语法修辞方面的特点进行了具体分析；张双棣的《〈吕氏春秋〉词汇研究》（山东教育出版社1989年版），书中将《吕氏春秋》的反义词分为语言反义词和言语反义词，并对其中的278对语言反义词从语音、语义和语法方面作了全面研究，对其表现形式也进行了具体描述；毛远明的《〈左传〉词汇研究》（西南师范大学出版社1999年版）一书，对《左传》中的406对反义词从语法分类、语义分析、对应关系及运用等方面进行了全面论述。在中古汉语反义词研究中，周日健、王小莘的《〈颜氏家训〉词汇语法研究》（广东人民出版社1988年版）一书，统计出书中共有192对反义词，并进行了与上古反义词的比较，探讨了反义词演变的原因；胡敕瑞《〈论衡〉与东汉佛典词语对比研究》（巴蜀书社2002年版），从对比角度分析了《论衡》与东汉佛经在反义词运用方面的异同之处，揭示了两种语料中反义词的大致状况。

在这一时期，研究专书或专门语料反义词的论文成果也不少，如陈建初《〈列子〉反义词综论》（《古汉语研究》1991年第4期）对《列子》中361对反义词作了全面研究。饶尚宽《先秦单音反义词简论》（《新疆师大学报》1994年第3期）一文，收录了《尚书》《周易》《诗经》《老子》《论语》《孟子》《荀子》《韩非子》等八部典籍中意义相对相反的词296对，基本上反映了先秦时期汉语中反义词的大致情况。郭加健的《金文反义词的运用》（《广州师院学报》1996年第2期）对两周金文反义词作了静态和动态的考察，并分析了反义词的发展变化对词汇和语言表达的影响。陈伟武《甲骨文反义词研究》（《中山大学学报》1996年第3期）探讨了商代甲骨文反义词的分布规律和反义对举、连用对举对复合词形成的作用。杨荣祥《〈世说新语〉中的反义词聚合及其历史演变》（《语言学论丛》第24辑，商务印书馆2001年版）一文，以《世说新语》的单音反义词为对象，考察了反义词的历时演变。杨建忠《东汉佛经中的反义聚合初探》（《安庆师院学报》2003年第6期）以东汉28部汉译佛经中的反义聚合关系为对象，探讨了东汉佛经对上古反义词的沿用和创新情况。廖扬敏的《〈老子〉专书反义词研究》（博士学位论文，四川大学，2003年）提出了专书反义词的判定方法和研究价值，在此基础上穷尽式地对《老子》一书的反义词进行了考证与分析。此外还有车淑娅的《〈韩非子〉的反义词特征浅析》（《殷都学刊》2006年第4

期)、杨海峰的《〈吕氏春秋〉同义词与反义词研究》(《四川文理学院学报》2007年第4期)等,都对所选语料中的反义词进行了深入的分析。王盛婷《"干—湿"义反义词聚合演变研究》(《语言研究》2007年第6期)一文则对"干—湿"义反义词聚合演变作出了详细的考察。

总之,古汉语反义词研究成果不少,标志着汉语词汇史研究的逐步深入。但是,与同义词研究相比,无论是理论的研究还是断代、专书及专门语料的研究,反义词研究都还有待于进一步深化。古汉语反义词研究中的一些理论问题,如界定标准、分类描写方法等也都还没有很好地解决。从研究对象看,断代、专书反义词的研究主要集中在先秦文献语料,而且又侧重于单音节反义词的研究,中古、近代文献中的反义现象研究不够,特别是复音反义词研究更加薄弱。这种局面不利于考察反义词的历时演变,揭示常用反义词的发展规律,更不利于反义词研究理论与方法的探索以及对大型语文工具书如《汉语大词典》的编纂提供材料支持和改进意见。

二　古汉语反义词研究的意义

蒋绍愚指出,古汉语反义词的研究"有助于义位的判定","有助于词义辨析","有助于了解词义的发展规律"。[①] 通过对《论衡》专书反义词的研究,徐正考、王冰认为古汉语反义词研究具有以下三方面的价值:了解一个词的多义系统,了解常用反义词的发展演变,管窥大型语文工具书如《汉语大词典》的缺憾。[②] 因此,为了推进汉语史的研究和提高大型语文工具书的编纂质量,必须加强古汉语反义词的研究工作,在目前尤应重视断代、专书反义词的研究,改变中古、近代汉语反义词研究的落后局面。

[①] 蒋绍愚:《古汉语词汇纲要》,第137—138页。
[②] 王冰、徐正考:《古汉语反义词研究初探》,《吉林大学社会科学学报》2005年第2期;徐正考、王冰:《古汉语专书反义词研究与大型语文工具书的编纂和修订》,《古籍整理研究学刊》2008年第1期。

第二节 反义词的判定方法

　　一些学者对汉语反义词的界定曾作出过很好的表述,有助于我们认识反义词的性质和特点,现按发表时间的先后对主要观点作一回顾。

　　何九盈、蒋绍愚在他们合著的《古汉语词汇讲话》指出:"反义词是意义相反而又相成(指存在联系的一面)的词。"① 张永言认为:"反义词就是语音不同、意义相反的词。"② 蒋绍愚说:"从义素分析的角度来看,A,B两个词如果中心义素或一部分限定义素都相同,只有一个义素不同,而A,B两词不同的义素,或是互补,或是极性对立,或是反向,那么A,B两词是反义词,否则就不是。"③ 刘叔新的阐述更为具体:"互有反义关系的词语聚合成的整体,是个结构组织。可称之为反义组。进入反义组的单位有词,也可以是固定语。一个反义组的确定,或者说,确定某个或某些词语是另一词语的反义单位,须看是否具备如下一些条件:(一)不同的词语单位之间在语义上相反……语义上的相反,是词语能互为反义单位的基本条件。(二)除了彼此相反,语义上必须互为存在的前提……(三)不同词语的理性意义只在某个方面上相反,其他方面须彼此一致……(四)语义相反而互为前提的单位,须能共同出现在某种语体、某种风格中……(五)词与词之间要确立反义关系,要求两个词的词性相同。"④ 高守纲将反义词定义为:"在一种语言的共时范畴内,在一定的义位上,语义相反或相对的词叫反义词。"⑤

　　上述界定,或从语音、语义关系入手,或只考虑意义关系,或者从义素组成、词性等方面考虑,对古汉语反义词的判定都有重要的参

---

① 何九盈、蒋绍愚:《古汉语词汇讲话》,北京出版社1980年版,第80页。
② 张永言:《词汇学简论》,华中工学院出版社1982年版,第112页。
③ 蒋绍愚:《古汉语词汇纲要》,第132页。
④ 刘叔新:《汉语描写词汇学》,商务印书馆1990年版,第330—335页。
⑤ 高守纲:《古代汉语词义通论》,语文出版社1994年版,第99页。

考意义。为了更有效地判定反义词，笔者对反义词作如下界定：反义词是一种语言在同一历史时期内，在一定语境中具有对举关系，在一个或几个义位上相反或相对而且词性相同的实词。反义词要符合以下四个标准：（一）同一种语言的同一历史时期的词；（二）在一定的语境中具有对举关系；（三）一个或几个义位上相对或相反；（四）词性相同的实词。本章在对北朝反义词进行归纳时，即是按照这些标准确定词的反义关系的。

与同义词研究一样，学术界至今也未形成一个大家普遍认可的判定反义词的方法来有效地指导古汉语反义词的研究。前面已经说过，张联荣曾明确指出遗传义素与核心义对认识同义词与反义词的重要作用，他认为："寻求遗传义素可以借助于同义关系或反义关系的分析；从另一方面讲，对遗传义素的探求又有助于我们辨析同义关系或反义关系"[1]，"如果能进一步把握住一个词的核心义，那么就像找到了一根红线，可以把各个零散的义项贯穿起来，使之成为一个完整的意义网络。"[2] 他的这些观点虽然是从根本上认识词的同义、反义关系的途径和方法，但是由于这种方法需要语义学的研究充分之后方能较好地运用，目前操作起来还有诸多困难，因而学者们在研究中大多是依靠反义词在运用上呈现的特点来认定反义词。郭在贻曾提出"据对文求反义词"[3]，廖扬敏归纳出"根据对文或连文判断反义词的方法"[4]，杨荣祥提出主要"根据语言运用中的对举现象"，"在具体的句子中，甲词的否定式与乙词同义，那么甲乙二词往往构成反义词聚合"[5]。这些理论方法上的探索对指导反义词的研究都具有重要的意义。

笔者认为，反义词之所以在运用时有常常用在一起，或者常常表现为对举形式，是由于其使用语境所决定的，前后文或上下文语义对

---

[1] 张联荣：《古汉语词义论》，第 284 页。
[2] 张联荣：《谈词的核心义》，《语文研究》1995 年第 3 期。
[3] 郭在贻：《俗语词研究概述》，《语文导报》1985 年第 9、10 期。
[4] 廖扬敏：《〈老子〉专书反义词研究》，博士学位论文，四川大学，2003 年，第 75 页。
[5] 杨荣祥：《〈世说新语〉中的反义聚合及其历史演变》，载《语言学论丛》（第 24 辑），商务印书馆 2001 年版，第 196 页。

立或相反为反义词的出现提供了条件。因此我们判定和认识反义词必须以意义对立或相反的语境为主，将运用形式上的一些特点作为参考，同时借助辞书或相关中语考释成果等进行论证，这样才能客观有效地认识和归纳反义词。我们对北朝反义词的归纳即是在这种认识下进行操作的。

第三节　北朝反义复音动词

到目前为止，对北朝的反义复音动词进行研究的成果，现主要有周日健、王小莘主编的《〈颜氏家训〉词汇语法研究》。该书认为《颜氏家训》中有6对反义词："狎侮—礼敬，仕进—隐退、专利—散逸、刑戮—训导、凝滞—雾解、分别—混同"[①]。这些研究为我们的研究提供了参考和借鉴。笔者按照上述第二节中所提出的确定反义词的意见，统计出北朝文献的19对复音反义动词。

1. 减劣—增长

　　夜摩天王如是普为彼一切天和合利益已，说此偈告天众言："汝等乐行境界所迷，然不觉知，天则减劣而不增长，此境界乐，一切无常。"（《正法念处经》17－253b）

《广雅·释诂二》："劣，减也。""减劣"为同义复词。上述"减劣""增长"二词在增长与减少上反义。

2. 劣减—增上

　　既生羞故，威德劣减。彼天如是面色减劣，余天威德，面色增上。（《正法念处经》17－260b）

[①]　周日健、王小莘：《〈颜氏家训〉词汇语法研究》，广东人民出版社1998年版，第109页。

"劣减"与"减劣"异序同义,与"增上"在增长与减少上反义。

3. 增长—消减

　　如是修行,是则能令善业增长,不善消减。(《正法念处经》17-365c)
　　又复如来,于诸众生起欢喜心,彼诸众生心欢喜已,善根增长,恶法消减。(《大乘十法会》11-158a)

"消"有减少义,与"增"反义,且形成复音词"消减",在《论衡》中已出现:案《六略》之书,万三千篇,增善消恶,割截横拓,驱役游慢,期便道善,归正道焉。(《论衡·对作》)[①]
从以上训释可知"消减"有减少义,和"增长"在增长与减少义上反义。上二例中,"增长"与"消减"对举反义,表明"消减"为减少之义[②]。

4. 减损—增长

　　此人发心,欲出生死与魔共战,持戒正行,欲与魔战,减损魔军,增长如来所说正法。(《正法念处经》17-142b)

5. 损减—增长

　　以此人故,众人安稳,此人命终,无量人众,不得利益,护此人故,魔众损减,正法增长。(《正法念处经》17-375c)

"损"之减义在上古已有,如《孟子·滕文公下》"请损之"朱熹集注:"损,减也。"(《故训汇纂》921页损1条。)《论衡》中已有

[①] 徐正考、王冰:《古汉语专书反义词研究与大型语文工具书的编纂和修订》,《古籍整理研究学刊》2008年第1期。
[②] "消减"在上举佛经二例中都原作"消减",笔者认为应是"消减"之讹。

"减损""损减"两个异序同义词,表减少义①。在4、5两例中,"减损""减损"同义,与增长反义。

6. 离别—集会

如是问已,彼佛世尊言:"一切世间愚痴凡夫,无足力故,生老病死,悲啼号哭,愁忧苦恼,无可爱乐,恩爱离别,怨憎集会,毒蛇师子,种种可畏,满彼旷野。"(《正法念处经》17－280a)

7. 离别—和合

行于正念,离于邪念,恒欲头陀,于得不得,无有忧喜,趣向涅槃,畏厌生死,等心憎爱和合离别,不吝身命及一切物。(《胜思惟梵天所问经》15－94c)

8. 离散—和合

尔时难胜如来告罗睺罗言:"罗睺罗,汝莫忧悲,罗睺罗,一切所爱称意等事,有为和合,必皆离散。"(《大悲经》12－951a)

9. 别离—合会

所谓无窟宅涅槃,罗睺罗,生苦老苦病苦死苦,恩爱别离,怨憎合会,所求不得,五阴重担,如是皆苦,罗睺罗。(《大悲经》12－951b)

---

① 徐正考:《〈论衡〉同义词研究》,第194页。

《逸周书·谥法》："和，会也。"（《故训汇纂》338 页和 44 条）"和会"为同义复词，与"合会"同义。

在上述 6、7、8、9 四例中，"离别""离散""别离"三个词与"和合""合会""集会"三个词在分开与聚集义上反义。

10. 赞誉—毁辱

云何毁辱不恚？所谓观察世法悟因果故。云何闻赞誉不高？为求善法出家故。（《月灯三昧经》15-617c）

11. 称赞—毁辱

梵天问言："云何比丘随佛语，随佛教？"答言："梵天，若比丘称赞毁辱其心不动，是名随佛教；不随文字语言，是名随费语。"（《胜思惟梵天所问经》15-79c）

上述 10、11 例中"称赞""赞誉"与"毁辱"在赞扬与毁谤义上反义。

12. 成就—毁坏

若作大事，精进伴故，则能成就而不毁坏。（《正法念处经》17-350b）

二词在成就与损坏义上反义。

13. 敬重—慢易

椿临行，诫子孙曰：闻汝等学时俗人，乃有坐而待客者，有驱驰势门者，有轻论人恶者，及见贵胜则敬重之，见贫贱则慢易之，此人行之大失，立身之大病也。（《魏书》卷 58，1289—1290）

14. 恭敬—轻贱

众生道士不持法服，失十种恭敬，得十种轻贱。(《三洞法服科戒文》18-231a)

不持法服失十种恭敬，得十种轻贱……九者贵人生不恭敬，十者贱人生不恭敬。(《三洞法服科戒文》18-231a)

15. 爱敬—轻笑

若有余业，得生天中，身量形貌，皆悉减劣，一切众宝庄严之具光明微少，不为天女之所爱敬，天女背叛，舍至余天，须陀少味，智能薄少，心不正直，为余天之所轻笑。(《正法念处经》17-180c)

上述13、14、15三例中，"敬重""恭敬""爱敬"三个词语和"慢易""轻贱""轻笑"三个词语在尊重与轻视义上反义。

16. 褒赏—纠罚

秋七月甲戌，诏曰："因以观风辨俗，采访功过，褒赏贤者，纠罚淫慝，理穷恧弊，以称朕心。"(《魏书》卷8，200)

二词在奖赏与惩罚义上反义。

17. 显拔—沙汰

及传位高祖，犹躬览万机，刑政严明，显拔清节，沙汰贪鄙。牧守之廉洁者，往往有闻焉。(《魏书》卷111，2876)

显拔，即提拔，如《后汉书·董卓传》："幽滞之士，多所显拔。"因此，"显拔"与"沙汰"在提拔与淘汰义上反义。

18. 发露—覆藏

何以故？由于重法而能得法，不由重食得正法制……常求静处不乐愦闹，近安隐者非破戒者，近柔软心者非坚硬者，近寂静心者非著心者，近发露罪者非覆藏恶者，近乐一切施者非悭嫉者，近持戒者非破戒者。(《法集经》17-638b)

"发露"的揭露义在中土文献和佛经文献中都有用例，如《后汉书·陈忠传》："其大章著不可掩者，乃肯发露。"又如《百喻经·偷犁牛喻》："破戒之人亦复如是，覆藏罪过，不肯发露。"

"发露"与"覆藏"二词在揭露与隐藏义上反义。

19. 忿怒—喜悦

衍好人佞己，末年尤甚，或有云国家强盛者，即便忿怒，有云朝廷衰弱者，因致喜悦。(《魏书》卷98，2184)

上例中二词在喜与怒上反义。

第四节 北朝反义复音形容词

在上古汉语中，汉语的单音节反义形容词占有较大的数量，这种情况已为学者们的研究成果所揭示，如在先秦《诗经》《论语》《老子》《荀子》《韩非子》五部著作中，共有216对反义词，其中形容词量最多，动词次之，名词最少。[①] 先秦八部典籍——《尚书》《周易》《诗经》《老子》《论语》《孟子》《荀子》《韩非子》中，有296对反义词，其中形容词130对。[②] 专书的情况也是这样，在《吕氏春秋》

---

① 何九盈、蒋绍愚：《古汉语词汇讲话》，第80—81页。
② 饶尚宽：《先秦单音反义词简论》，《新疆师范大学学报》1994年第3期。

中有 278 对反义词,形容词 133 对,占 48%①;《左传》中有单音节反义词有 406 组,形容词有 169 组,占总数的 41%②。

东汉时期《论衡》中的反义词,也存在这种情况,《论衡》一书有共单音节反义词 371 对,其中形容词有 168 对,占 45%③。

根据我们对北朝文献反义复音形容词的考察,其数量比动词和名词都多。具体分析如下。

1. 盛壮—朽老

  于此山中遍山诸树,天欲明时,皆生婴儿,日出能行,至于食时皆成年少,至日中时身色盛壮,至日晡时年已朽老,拄杖而行,头发皓白,如霜着树,至日没时,一切皆死。(《正法念处经》17－402b)

"盛壮"与"朽老"二词在强壮与老弱义上反义。

2. 聪明—顽塞

  居世轻易笑于丑陋,今报以丑陋;居世聪明不教于人,今报以顽塞。(《太上经戒》18－222b)

3. 黠慧—愚顿

  若生人中同业之处,生则愚钝,心不黠慧,则多忘失,少时不忆。(《正法念处经》17－40b)

4. 黠慧—愚痴

  如是正知,唯有分别此鼻香入。如是唯缚,愚痴凡夫,非黠

---

① 张双棣:《〈吕氏春秋〉词汇研究》,山东教育出版社 1989 年版,第 138 页。
② 毛远明:《〈左传〉词汇研究》,西南师范大学出版社 1999 年版,第 275 页。
③ 王冰:《〈论衡〉单音节反义词研究》,硕士学位论文,吉林大学,2005 年,第 18 页。

慧者，比丘如是一种观察。（《正法念处经》17-20c）

在上述 2、3、4 三例中，"聪明""黠慧"与"顽塞""愚顿""愚痴"。在聪明与愚笨义上反义。

5. 正直—曲回

何者妄语？所谓有人认他田地，夺他田地，斗诤妄语，曲回而说，不正直说，劫他田地，言语压他，自取道理。（《正法念处经》17-48a）

《后汉书·城阳恭王祉传》"群臣莫不回从"李贤注："回，曲也。"（《故训汇纂》396 页回 14 条）"曲回"为歪曲义，和"正直"在诚实与虚假义上反义。

6. 正直—谄曲

时天帝释，方便利益，为诸天众，广说妙法："诸天子，云何谄曲心不正直？坚著生死，故名谄曲。云何名妒？于他热恼，故名为妒。"（《正法念处经》17-193b）

7. 正直—邪曲

高祖曰："朕昔置此官，许三年考绩，必行赏罚。既经今考，若无黜陟，恐正直者莫肯用心，邪曲者无以改肃。"（《魏书》卷 21 上，548）

8. 端直—邪曲

比丘如是勤修精进，心不休息，端直不谄，远离邪曲。（《正法念处经》17-103b）

上述6、7、8三组，"正直""端直"与"谄曲""邪曲"在正直与奸邪义上反义。徐正考根据《论衡》用例指出《汉语大词典》在对"邪曲"释义时失收"奸邪"义项①，从上述佛经用例看，其说法很正确。

9. 正直—偏著

所谓独行比丘，寂静调伏，心无所谓，一切处乐，若在山谷，若在山窟，若草蘒边，心无偏著，其心正直。(《正法念处经》17-364b)

二词在正直与偏颇义上反义。

10. 贫贱—富乐

有义之言，第一财物，诸余财物，所不能及；无义之言，虽复富乐，犹如贫贱。(《正法念处经》17-353a)

二词在贫穷与富足义上反义。

11. 谨慎—放逸

而时彼天，不放逸行，谨慎行者，既见如是放逸行者，心生怜愍。(《正法念处经》17-238b)

二词在谨慎与放纵义上反义。

12. 清净—浊乱

嗅彼香已，生第一乐，身所触觉，本未曾得，心意清净，而不浊乱，如心回转，正相应故，则生欢善。(《正法念处经》17-

---

① 徐正考：《〈论衡〉同义词研究》，第347页。

242c)

二词在清净与混乱义上反义。
13. 懈怠—精勤

是故世间若有欲脱生死缚者，则应精勤，舍于懈怠。（《正法念处经》17-257b）

14. 懈怠—精进

我以如是善巧方便，为诸众生赞说是法……亦不见忍辱，不见忍辱果；亦不见瞋恚，不见瞋恚果。亦不见精进，不见精进果，亦不见懈怠，不见懈怠果。（《胜思惟梵天所问经》15-72a）

上述二例中"懈怠"与"精勤""精进"在努力与懈怠义上反义。
15. 清凉—温暖

温凉林者，若人有寒，入则温暖；若有热者，入此林中，即得清凉。（《正法念处经》17-406c）

二词在寒冷与温暖义上反义。
16. 柔软—坚硬

何以故？由于重法而能得法，不由重食得正法利……常求静处不乐愦闹，近安隐者非破戒者，近恭敬者非憍慢者，近安乐行者非刚犷者，近柔软心者非坚硬者，近寂静心者非著心者，近发露罪者非覆藏恶者，近乐一切施者非悭嫉者，近持戒者非破戒者。（《法集经》17-638b）

二词在软与硬义上同义。

17. 真实—虚妄

（1）夫文字者，若依世俗名为文字，若于圣人则非文字，何以故？圣人所说者皆是真实，世俗言语皆为虚妄。（《法集经》17－647a）

（2）彼人闻已，方自生念：我是睡梦，此是虚妄，非是真实，虚假如幻，如是知见身心得安。（《金刚上味陀罗尼经》21－852c）

二词在真实与不真实、虚假义上反义。
徐正考对"虚妄"之虚假、不真实义在《论衡》中的用法已有揭示。①

18. 愦闹—空闲

复次大慧，菩萨为求出离生死，应当专念慈悲之行，少欲知足，厌世间苦，速求解脱，当舍愦闹就于空闲，住尸陀林阿兰若处，冢间树下独坐思惟。（《入楞伽经》17－562b）

二词在混乱与闲适义上反义。
"愦闹"之混乱喧闹义，颜洽茂已指出其在《月灯三昧经》中的用法，如：随喜乐静离愦闹，于家属无爱恋。（《月灯三昧经》卷六）。②

19. 凝重—轻举

而时萨遮尼乾子答严炽王言："大王……我当一一分别显说，沙门瞿昙八十种好……三十四者沙门瞿昙身相凝重，无轻举相；

---

① 徐正考：《〈论衡〉同义词研究》，第366页。
② 颜洽茂：《佛教语言阐释——中古佛经词汇研究》，第89页。

三十五者沙门瞿昙身相广大，不可度量。"（《大萨遮尼乾子所说经》9－344a）

二词在稳重与轻浮义上同义。

20. 广长—短小

而时萨遮尼乾子答严炽王言："大王……我当一一分别显说沙门瞿昙八十种好……三十六者沙门瞿昙身相广长，无有短小相。"（《大萨遮尼乾子所说经》9－344a）

二词在高大与短小义上同义。

21. 倾斜—平正

而时萨遮尼乾子答严炽王言："大王……我当一一分别显说沙门瞿昙八十种好……六十一者沙门瞿昙立不倾斜，平正得所。"（《大萨遮尼乾子所说经》9－344b）

22. 倾曲—平正

而时萨遮尼乾子答严炽王言："大王……我当一一分别显说沙门瞿昙八十种好……六十五者沙门瞿昙行步平正无有倾曲。"（《大萨遮尼乾子所说经》9－344b）

上述第21、22例中，两组词在平正与歪斜义上反义。

23. 柔软—粗犷

答言："大王，行法行王，若欲治彼恶行众生，先起慈心，智能观察，思惟五法，然后当治……三者依义非无义，四者依柔软语非粗犷语，五者依慈非瞋心。"（《大萨遮尼乾子所说经》9－

333b)

二词在粗野与温和义上反义。

24. 精好—鄙拙

譬如画师画虽精好,其中犹有少许鄙拙不端严处,复有画师所作端正,转更胜前。(《大悲经》12-969a)

二词在精妙与拙劣义上反义。

25. 迟缓—促步

凡种,欲牛迟缓行,种人令促步以足蹑垄底。(《齐民要术》卷1"种谷第三",67)

二词在行步快慢义上反义。汪维辉在《〈齐民要术〉词汇语法研究》中指出:"促步,急步,快走。"[1]

26. 枯涸—膏润

不踏即枯涸,皮破即膏润。(《齐民要术》卷3"种葵第十七",181)

二词在干枯与湿润义上反义。汪维辉指出,此例中的"膏润"指"含水分多,不干燥。"[2]

27. 粗大—细小

六月种者,根虽粗大,叶复虫食;七月末种者,叶虽膏润,

---

[1] 汪维辉:《〈齐民要术〉词汇语法研究》,上海教育出版社2007年版,第181页。
[2] 汪维辉:《〈齐民要术〉词汇语法研究》,第206页。

根复细小；七月初种，根叶俱得。(《齐民要术》卷3"种葵第十七"，187)

28. 粗大—微细

　　彼恶毒蛇，罪业所作，极甚微细，入罪人口，既入腹已，即便粗大，地狱人肚亦复增长。(《正法念处经》17-66a)

上述两组词在粗大与细小义上反义。
29. 劲直—曲挠

　　白杨，性甚劲直，堪为屋材；折则折矣，终不曲挠。(《齐民要术》卷5"种杨、白榆第四十六"，343)

二词在挺直与弯曲义上反义。汪维辉认为，"劲直"有坚实挺直义，"曲挠"为弯曲义。①
30. 少壮—衰老

　　何等为八？一者一切生者皆归于死，二者无有强健而不病恼，三者一切少壮，皆归衰老，四者具足财富，当有贫穷。(《正法念处经》17-190c)

二词在步壮与衰老义上反义。
31. 阳燠—阴霖

　　其水阳燠不耗，阴霖不滥，无能测其渊深也。(《水经注》卷13，229)

---

① 汪维辉：《〈齐民要术〉词汇语法研究》，第234、277页。

二词在干旱与阴雨义上反义。

32. 广厚—浅狭

浈水出于其阴,初为浅狭,远乃广厚,可以浮舟筏,巨川矣。(《水经注》卷31,553)

33. 深广—浅狭

温水又西南径滇池城,池在县西,周三百许里,上源深广,下流浅狭,似如倒流,故曰滇池也。(《水经注》卷36,625)

上述第32、33两组词在深广与浅狭义上反义。

34. 质朴—荣华

真道贵于质朴,不务荣华,正有忧道不忧其荣,是故所忧虽同,逆顺不等。(《太上妙法本相经》24-866c)

二词在朴素与虚夸义上反义。

35. 简实—烦华

八月甲辰,诏曰:"利民益治,损化伤政,直言极谏,勿有所隐,令辞无烦华,理从简实。朕将亲览,以知世事之要,使言之者无罪,闻之者足以为戒。"(《魏书》卷7上,154)

二词在简要务实与烦琐不实义上反义。

36. 简约—烦碎

怀性宽容简约,不好烦碎,恒语人曰:"为贵人,理世务当举纲维,何必须太子细也。"(《魏书》卷41,928)

269

二词在简单与繁琐义上反义。

37. 富强—贫弱

冬十月丁未,诏曰:"爰暨季叶,斯道陵替,富强者并兼山泽,贫弱者望绝一廛。"(《魏书》卷7上,156)

二词在富强和贫穷义上反义。

38. 宽柔—刚直

肇外宽柔,内刚直,耽好经传,手不释书。(《魏书》卷55,1218)

二词在宽和与刚硬义上反义。

39. 俭薄—奢厚

太和九年正月,病笃,乃遗令曰:"吾存尚俭薄,岂可没有为奢厚哉?昔王孙裸葬,有感而然;士安鑱籛,颇亦矫厉。"(《魏书》卷60,1349)

二词在节俭与奢侈义上反义。

40. 羸弱—强壮

及临大敌,怖惧交怀,雄图锐气,一朝顿尽。乃令羸弱在前以当锐,强壮居后以安身。(《魏书》卷72,1619)

二词在贫弱与强壮义上反义。

41. 謇正—谄谀

然性浮动,慕权利,外似謇正,内实谄谀。时豪胜已,必相陵驾;书生贫士,矫意礼之。其诡态若此,有识鄙薄焉。(《魏

书》卷 93，2008）

二词在正直与虚伪义上反义。

42. 强盛—衰弱

衍好人佞己，末年尤甚，或有云国家强盛者，即便忿怒，有云朝廷衰弱者，因致喜悦。（《魏书》卷 98，2184）

二词在强盛与衰弱义上反义。

43. 典雅—鄙俗

好属文，既善为典雅之词，又工为鄙俗之句。（《魏书》卷 52，1149）

二词在典雅与粗俗义上反义。

44. 勇悍—伫弱

时金刚聚，处于正殿，独坐思惟：如我今者，兵众勇悍，而所获水少，彼国伫弱，独霸三河。（《贤愚经》4-402c）

以上两个词在勇敢与懦弱义上反义。

第五节　北朝反义复音名词

从常用词的发展演变角度看，"名词是变化最快的一个词类，因为它跟社会的发展、物质文明和精神文明的进步关系最为直接……同一个事物在不同的历史时期用不同的词来指称，这是词汇历时更替的典型现象"。[①] 这种情况，在前面同义复音名词的分析中即可反映出

---

① 汪维辉：《东汉—隋常用词演变研究》，第 23 页。

来。这里我们对常用的反义复音名词加以讨论。

1. 少壮—耆老

　　癸酉，诏曰："入其境，农不恳殖，田亩多荒，则徭役不时，废于力也；耆老饭蔬食，少壮无衣褐，则聚敛烦数，匮于财也……众谤并兴，大小嗟怨，善人隐伏，佞邪当途，则为法混淆，昏于政也。"（《魏书》卷5，114）

2. 少年—老人

　　彼以闻慧，或以天眼，观白发风若不调顺，能令少年发白羸瘦，犹如老人。（《正法念处经》17-394a）

上述1、2两组词，在少年与老年人义上反义。

3. 暗冥—光明

　　如是无量百千年岁，常处暗冥，乃至无有少许光明，如针头处。（《正法念处经》17-29a）

二词在光明与黑暗义上反义。

4. 实语—妄谈

　　时天帝释自观天众告阿修罗曰："汝等畜生，云何如是痴无所知，一切阿修罗力，不及一天之力，独我一天，能破汝军。何以故？天有法力，汝无法力，法以非法，相去玄绝。譬如日光比于暗冥，如以实语比于妄谈，如以须弥山比于众山。"（《正法念处经》17-123b）

二词在实话与假话义上反义。

第五章 北朝反义复音词

5. 利益—衰损

   如以解脱比于系缚，如以利益比于衰损，如以善友比于冤家，如以甘露比于毒药。(《正法念处经》17-123b)

二词在好处与害处义上反义。
6. 善友—冤家

   如以解脱比于系缚，如以利益比于衰损，如以善友比于冤家，如以甘露比于毒药。(《正法念处经》17-123b)

7. 亲友—怨家

   王若实语，亲友爱语，设有怨家，亦为亲友，何况人中本来亲者。(《正法念处经》17-320a)
   一切众生，轮转生孔，或作怨家，或为亲友，无有一处，不生不灭。(《正法念处经》17-381c)

上述6、7两组在友人与仇人义上反义。
8. 恩爱—怨憎

   如是问已，彼佛世尊言："一切世间愚痴凡夫，无足力故，生老病死，悲啼号哭，愁忧苦恼，无可爱乐，恩爱离别，怨憎集会，毒蛇师子，种种可畏，满彼旷野。"(《正法念处经》17-280a)

二词在恩爱的人与怨恨的人义上反义。
9. 恶人—贤圣

   何等为十？一者天人爱敬，二者明人随喜……八者爱乐贤圣

273

默然,九者远离恶人,亲近贤圣,十者身坏命终,得生善道。(《月藏经》13-328a)

二词在恶人与贤人义上反义。

10. 圣人—凡夫

起少心想者是谓凡夫,非谓圣人。(《入楞伽经》16-535a)

二词在圣人与凡人义上反义。

11. 贫人—富人

贫人以少花投中便满;富人以多花供养,正复百千万斛,终亦不满。(《水经注》卷2,18)

二词在穷人与富人义上反义。

12. 贵人—贱人

不持法服失十种恭敬,得十种轻贱……九者贵人生不恭敬,十者贱人生不恭敬。(《三洞法服科戒文》18-231b)

二词在贵人与贱人义上反义。

13. 凶祸—吉庆

世间相师作如是说,或言当丰,或言当俭,或言王者凶祸,或言吉庆;或言兵刃勇起,或言不起。(《正法念处经》17-107c)

二词在吉兆与凶兆义上反义。"凶祸"有祸害、灾害之义[1]。

---

[1] 徐正考:《〈论衡〉同义词研究》,第116页。

14. 中国—边地

生值善世，或值中国，不生边地，或为大王，或为大臣，多饶财宝，为大商主，以余业故。(《正法念处经》17-152c)

二词在中原与边地义上反义。

徐正考指出："中国"有中原地区义，突出强调内属而又处在中心的地位。①

15. 贫贱—贵胜

椿临行，诫子孙曰：闻汝等学时俗人，乃有坐而待客者，有驱驰势门者，有轻论人恶者，及见贵胜则敬重之，见贫贱则慢易之，此人行之大失，立身之大病也。(《魏书》卷58，1289—1290)

二词在富贵之人与贫贱之人义上反义。

第六节　北朝反义词概况及相关问题

在前面的分析中，我们共归纳出北朝反义复音词78对，其中，动词19对，形容词44对，名词15对。这些词在词性上的划分，有时也难以处理，如在名词中就有一些为形容词转化而成为名词的现象。就已归纳的情况看，北朝反义复音词数量与同义复音词相比有较大的悬殊。关于反义词与同义词的数量对比情况，张志毅曾总结指出："总观语言全局，反义词群比同义词群的数量少得多。正是这种情况，迫使古今经典作家在运用一系列最佳反义词的同时，偶尔也拼凑一两对临时充当的'反义词'。"②

---

① 徐正考：《〈论衡〉同义词研究》，第29页。
② 张志毅：《反义词词典收的应是词的最佳反义类聚》，《中国语文》1989年第4期。

刘叔新指出:"两个语义上很不一样的词语单位,如果并不互为反义词语,却常用在一起,互相对比或照应,应该承认,也成为一种人们观念习惯的对立。"① 无论是现代汉语还是古代汉语,在语言实际运用中,不是反义词的单位经常出现在互相对比或照应的语境之中。这种情况的存在给确定反义词带来了困难,在判定反义词时要注意对比词与真正反义词的区别,对此学者们都有很好的意见。刘叔新说:"确定反义词语,如果不把它们与对比的词语区分开来,也是不可能正确反映实际,取得成效的。"② 因而,"只有把反义关系和对比关系区分清楚,才能很好地把真正的反义词语确定下来"。③

这些认识对指导我们判定和归纳反义词,从而厘清研究和分析的对象、明确讨论的范围等都有重要的借鉴意义。正是在这些思想启发和指导下,我们在研究中对反义词的归纳也是从严把握,尽量剔除对比词语。由于对比词与真正反义词的混合运用,形式上互相对比的一些词语并不构成反义关系,因此从形式上认识反义词也具有一定的危险性,在判定反义词时我们还是应从词语本身的意义入手,形式上的特点只能作为参考。

复音反义词数量虽然不多,但也不能忽视对其研究和探索。在研究中,同义词与反义词结合研究至少有两方面的意义。一方面将同义词研究与反义词研究结合起来可以弥补系联时归纳的疏漏,从而使同义词或反义词的研究更客观全面。另一方面,在一个词的具体意义难易确定时,往往可以通过其同义或反义词来有效地解决,这些在我们前文的分析中也时有体现。因此,为了推动汉语词汇史研究的深入开展以及丰富反义词理论,加强反义词研究也是摆在我们面前的一项重要任务。

---

① 刘叔新:《释义中的相对和反义关系》,《辞书研究》1986年第2期。
② 刘叔新:《词语对比的聚合及其与反义聚合的比较》,《语文研究》1991年第3期。
③ 刘叔新、周荐:《同义词语和反义词语》,商务印书馆1992年版,第111页。

第六章 北朝复音词研究与词语探源和释义

通过汉语词汇史的研究，检视《汉语大词典》（以下简称为《大词典》）在收词与释义方面的经验和不足，对于大型语文类工具书的编纂和丰富汉语词义学理论都具有重要的意义。蒋绍愚指出："我们汉语词汇史研究和古汉语词典编纂的长远目标，就是要弄清楚从商周到明清每一个历史时期词义的发展变化，从而编出一部详尽的汉语历史词典。但是就汉语词汇研究的现状来看，我们对先秦的词语了解得比较多，而对汉以后，特别是魏晋以后的词语研究得很不够，还需要经过几代人扎扎实实的努力，才能达到这个目标。"[1] 王小莘认为："同义词，尤其双音同义词的丰富，是魏晋南北朝词汇发展的重要特点之一，怎样对这种词汇现象作出更好的反映，也是词书编纂中应考虑的问题之一。"[2]

我们在北朝复音词的研究中，通过将所讨论的同义复音词与反义复音词和《大词典》对照，发现《大词典》在收词与释义方面对北朝的文献也进行了很好的利用，尤其是在对一些词的释义中，还将北朝文献用例作为首引例来引证。同时我们也发现了《大词典》的一些问题：一是失收一些复音词，二是一些词义的始见例偏晚，三是一些词语解释不当。在本章的两节内容中，笔者着重从这三个方面谈谈有关

---

[1] 蒋绍愚：《古汉语词典的编纂和古汉语词汇的研究》，《湖北大学学报》（哲学社会科学版）1989年第5期。

[2] 王小莘：《魏晋南北朝词汇研究与词书的编纂》，《中国语文》1997年第4期。

的问题。

第一节　北朝复音词研究与新词新义的抉发

一　新词新义研究中的有关问题

在汉语史的研究中，新词新义的确立目前还没有一套成熟的办法，导致研究结果的歧异。学术界在判定新词义时通常采用两种操作方法，一是直接以《大词典》为标准，如朱庆之《佛典与中古汉语词汇研究》等；二是主要以《大词典》为标准，并适当地进行文献检索，如万久富《〈宋书〉复音词研究》（凤凰出版社2006年版）、刘志生《东汉碑刻复音词研究》（巴蜀书社2007年版）等。

由于中国古代的典籍数量众多，存留情况十分复杂，同一时代文献的性质与特点又各不相同，有的文献如史书文献在编纂过程中对前代材料大量引用，有的甚至是直接对前代材料进行剪裁，大量承袭原文，对其中存在的大量间接引用有时很难判断其性质。因而，不论是进行断代或是专书研究，即使进行大量的文献检索，也不能保证没有偏差，这就会造成研究中"说无难"的局面。布龙菲尔德曾就词义变化的材料难以寻找发表过看法："意义的引申决不能认为是理所当然的事，如果要想了解，第一步就非得找出新意义首次出现的上下文，假使我们能够找到的话。这总是办不到的，因为这要求学者很仔细地观察一个形式曾经出现过的一切场合的所有意义；特别困难的是，想要抓住那些消极的特征，例如直到某个时期，某种微妙的意义色彩何以还没有出现。并且，在大多数情况下，这种企图是注定要失败的，因为文献记载并不包括那些关键性的话语"，"语义的变化是个复杂过程……文献记载只给我们提供了说过的话语的极微小的一部分，而这微小部分所包括的几乎总是很讲究的雅语，避免了带有新奇成分的说法。"[①] 董志翘、蔡镜浩对此也有很好的分析说明："中国古籍众多，

[①] ［美］布龙菲尔德：《语言论》，第543—545页。

第六章 北朝复音词研究与词语探源和释义

语言情况又复杂，要真正找到所谓的始见书，有时是十分困难的……由于古籍情况复杂，大量当时的口语材料的失传，溯源工作，是相当困难的。有时会有不同的看法。"① 江蓝生在《〈近代汉语断代语言词典系列〉序》中指出："但是就多数词语来说，很难断然地确定它们产生的时代，语言的继承性表现在很多词语通用于几个时代，意义变化不大，只不过在使用频率或用法上有所不同而已。"②

基于上述学者们对词语溯源难度的认识，我们认为，依靠个人之力，大量地检索文献去抉发某个词的始见书又不一定可靠，不如直接以《大词典》为主，检视其存在的问题。随着研究的深入，在专书或断代的词汇研究比较充分之后，一些词的始见例也许会渐渐明朗。因而我们的讨论是以《大词典》为主要依据，而不对文献进行检索。

高福生曾对近代汉语新词新义的研究发表过很好的意见，他指出："研究近代汉语词义，有一个比较容易患的毛病，就是好立新义。有的词语的意义本来与古代用法并无不同，只不过是在近代的某个或几个用例中，由于语境的关系，乍一看有一些特别，有一个临时的语境义，但实际上还未构成一个新的义项，在数量上也还没有达到质的飞跃，这个临时的语境义在后代也不经见，而有的研究者却要为它另立一说……汉语词语从古代到近代，确实有不少新的发展，呈现出新的面貌。我们有理由也有必要为发展了的词语另立新义。但是，每一种新义的确立，我们都应该尽可能把它的理据说清楚、说准确——我这里所说的'理据'，指的是新义确立的理由和根据，其中也包括词义引申发展的线索和途径，和张永言先生就词源意义上说的'理据'不太一样——我想我的这条意见，对于任何一本研究近代汉语语词的著作来说，都不应该算是苛求吧。"③ 他的这些意见对研究中古汉语的新词新义同样有重要的参考意义。

---

① 董志翘、蔡镜浩：《中古虚词语法例释·前言》，吉林教育出版社1994年版，第12—13页。
② 江蓝生、曹广顺：《唐五代语言词典》，第2页。
③ 高福生：《读〈魏晋南北朝小说词语汇释〉札记》，《江西师范大学学报》1991年第3期。

我们认为，对古汉语的新词新义，一方面要慎重，不随意分立义项；另一方面又要根据实际情况，对那些应当确立的新词与新义予以确立。正像高福生所说的要说出所立新词新义的依据，我们对《大词典》所存在问题的说明与讨论是以北朝复音词的同义、反义关系为基础而揭示的。

在我们下面的讨论中，有时所说明的义项表述与《大词典》中的表述也不完全相同，义项间有时也有交叉。鉴于这些情况，我们在说明一些义项首引例偏晚及义项失收时，一般按《大词典》中所说的意义为准。在所列举的义项偏晚例中，也可能存在被其他学者的研究所揭示的情况，在此特加说明。

二　北朝同义复音词与新词新义

通过将上文归纳出的北朝同义复音词与《大词典》对照，发现《大词典》在一些词语的释、收方面存在以下几个方面的问题。

（一）失收部分复音词

1. 动词（90个）

爱念	薄贱	恶贱	嫌贱	嫌薄	轻弄	憎贱	憎悔	要逼	灼惕
惧畏	畏慑	怖怕	振惧	怪忿	恨忿	憎忿	嫌忿	遮近	临侧
侧临	临际	临对	对临	诱诳	慢诳	迷诳	诱诖	叹尚	覆障
覆翳	映障	藏隐	看睹	临观	诋谩	嘲毁	呵毁	轻毁	敬戴
劣减	解知	觉了	崩亡	缠绞	角络	毁破	妨乱	妨废	斫割
出逾	较数	救赎	渴仰	侵损	求望	违净	望求	希欲	庄校
遮塞	约障	隔障	紊灭	碎灭	雕毁	缺败	缺落	推觅	投趣
投造	爱慜	乐著	耽著	贡赠	绍嗣	约截	振赡	允可	宥原
发闻	诮詈	沦移	尚好	满侧	充遍	切诃	呵嫌	轻呵	贮畜

2. 形容词（30个）

急峻	浚激	奔急	鄙丑	怡适	舒悦	殊好	快妙	策勤	朽耄
宏美	工妙	蔚茂	困极	哀好	丰蔚	疲倦	厌倦	顿乏	详徐
徐庠	勇胜	穰赡	顽塞	顽暗	婴愚	峭举	伛曲	悭惜	悭嫉

280

3. 名词（14个）

等侣　过非　过短　巷路　村营　病过　脍子　饥怖　狱监　殃患
殃恶　衰患　色貌　畔齐

（二）义项首引例偏晚

1. 动词

以下102个词的相关义项首引例偏晚。

（1）鄙贱的轻视、鄙视义首引金王若虚《史记辨惑》。

（2）嫌恶的怨恨、厌恶义首引宋苏轼《答陈师仲书》。

（3）厌恶的讨厌、憎恶义首引宋梅尧臣《和王仲仪咏瘿》诗。

（4）厌贱的厌恶鄙视义首引唐白居易《偶作》诗之二。

（5）惊怕的惊慌惧怕义首引唐杜甫《姜楚公画角鹰歌》诗。

（6）惊畏的惊慌害怕义首引唐李公佐《南柯太守传》。

（7）恐怯的畏怯、害怕义首引现代钱钟书《围城》。

（8）恐怕的畏惧义首引王重民、王庆菽、向达、周一良、启功、曾毅公等《敦煌变文集·王昭君变文》。

（9）惶灼的惶恐焦急义首引唐韩愈《顺宗实录一》。

（10）忧怯的担忧畏怯义首引宋范仲淹《答安抚王内翰书》。

（11）瞋嫌的憎恶嫌疑义首引唐李延寿《北史·尔朱荣传》。

（12）怨嫉的不满、怨恨义首引唐李延寿《北史·崔季舒》。

（13）瞋恨的愤怒怨恨义首引唐李华《律师体公碑》。

（14）忿憾的怨恨义首引隋王通《中说·魏相》。

（15）侵近的接近、靠近义首引元关汉卿《调风月》第一折。

（16）习近的接近义首引清蒲松龄《聊斋志异·张老相公》。

（17）临近的靠近、接近义首引现代鲁迅《故事新编·理水》。

（18）比近的邻近义首引元脱脱等《宋史·孝宗纪二》。

（19）耻愧的羞愧义首引唐刘知几《史通·序》。

（20）惭谢的羞惭谢过义首引唐李延寿《南史·臧质传》。

（21）愁恼的忧愁烦恼义首引明谢肇淛《五杂俎·事部四》。

（22）忧悔的忧愁懊悔义首引唐陈子昂《感遇》诗之三二。

(23) 忧烦的忧愁烦闷义首引唐韦应物《登高望洛城作》诗。

(24) 叹美的赞美义首引宋宋敏求《春明退朝录》卷中。

(25) 赞叹的赞美感叹义首引宋苏轼《上梅直讲书》。

(26) 称美的称赞、赞美义首引唐李延寿《北史·曹世表传》。

(27) 赞说的赞扬评说义首引宋洪迈《容斋随笔·曹操用人》。

(28) 赞诵的赞美称诵义首引现代鲁迅《坟·摩罗诗力说》。

(29) 赞誉的赞美称扬义首引金王若虚《君事实辨》。

(30) 覆蔽的掩蔽、覆盖义首引唐魏徵等《隋书·天文志上》。

(31) 映蔽的遮蔽义首引唐魏徵等《隋书·律历志下》。

(32) 瞻睹的观看、看见义首引唐元稹《翰林承旨学士记》。

(33) 观看的参观、观察、观赏义首引唐郑棨《开天传信记》。

(34) 窥视的暗中观察、偷看义首引元白朴《东墙记》。

(35) 看视的探望、问候义首引清曹雪芹《红楼梦》第七十九回。

(36) 贵重的尊重、持重义首引唐韩愈《柳子厚墓志铭》。

(37) 消减的减少义首引宋范成大《元日马上二绝》之一。

(38) 解了的晓悟义首引唐李延寿《北史·尔朱世隆传》。

(39) 开解的了解义首引唐李延寿《南史·张兴世传》。

(40) 明了的清楚地知道或懂得义首引五代齐己《闭门》诗。

(41) 变异的变化、不同义首引现代丁玲《莎菲女士的日记·十二月二十八号》。

(42) 崩背的帝王之死义首引唐房玄龄等《晋书·傅咸传》。

(43) 缠缚的缠绕束缚义首引宋苏辙《次韵子瞻病中赠提刑段绎》诗。

(44) 奔趣的奔走、奔跑义首引唐房玄龄等《晋书·索靖传》。

(45) 存济的过活、度日义首引唐令狐德棻等《周书·宣帝纪》。

(46) 摧坏的毁坏、损害义首引唐元稹《上令狐相公诗启》。

(47) 抄劫的掠夺义首引唐令狐德棻等《周书·陆腾传》。

(48) 劫剥的掠夺义首引宋李昉等《太平广记》卷三七六唐李亢《独异志·邵进》。

第六章　北朝复音词研究与词语探源和释义

（49）交会的性交义首引明冯梦龙《古今谭概·专愚·蠢夫》。

（50）欺陵的欺压凌辱义首引韩愈《送穷文》。

（51）陵蔑的凌侮蔑视义首引宋司马光等《资治通鉴·梁武帝太清三年》。

（52）希求的谋求、企求义首引唐元稹《代谕淮西书》。

（53）丐乞的求乞、乞求义首引唐罗隐《谗书·市傩》。

（54）抚慰的安慰义首引明《京本通俗小说·冯玉梅团圆》[①]。

（55）依仰的依赖仰仗义首引宋司马光《乞罢修感慈塔札子》。

（56）承藉的凭借义首引唐魏徵等《隋书·长孙晟传》。

（57）遮防的遮挡防护义首引清揆叙《鹰坊歌》。

（58）庄饰的妆饰、装饰义首引唐李延寿《南史·后妃传上·宋文潘淑妃》。

（59）奸欺的虚伪欺诈义首引唐陆贽《兴元论续从贼中赴行在官等状》。

（60）狡诈的狡猾奸诈义首引唐张鷟《朝野佥载》卷三。

（61）阻塞的闭塞不通义首引现代杨朔《黄河之水天上来》。

（62）修复的修整使恢复原样义首引唐李延寿《南史·刘穆之传》。

（63）沦胥的沦陷、沦丧义首引唐房玄龄等《晋书·凉武昭王李玄盛传》。

（64）褫落的废驰败落义首引唐李延寿《北史·魏高阳王雍传》。

（65）颓毁的坍塌毁坏义首引唐房玄龄等《晋书·儒林传序》。

（66）崩颓的倒塌毁坏义首引唐骆宾王《代李敬业传檄天下文》。

（67）阙落的残破零落义首引宋叶适《送林退思四川分司茶马幹官》。

（68）询仰的咨询和仰赖义首引唐李延寿《北史·刘芳传》。

（69）考按的稽考义首引宋欧阳修等《新五代史·李从荣传》。

---

① 《京本通俗小说》的成书年代各家说法不一，这里依郑振铎成书于明代说（参见刘叶秋、朱一玄、张守谦、姜东赋主编《中国古典小说大辞典》，河北人民出版社1998年版）。

（70）闲明的熟悉义首引唐李百药《北齐书·孝昭帝纪》。

（71）闲晓的熟悉义首引《诗经·邶风·柏舟》唐孔颖达疏毛传。

（72）往趣的投奔归附义首引唐李延寿《南史·文学传·祖皓》。

（73）投归的投奔义首引清曾国藩《母弟温甫哀词》。

（74）愍伤的哀伤义首引唐黄滔《代陈益蜀谢崔侍郎书》。

（75）悲愍的慈悲怜悯、哀怜义首引清周亮工《书影》。

（76）嗔嫌的怒怨义首引元官修《元典章新集·刑部·烧埋》。

（77）交诤的互相争吵义首引宋薛居正等《旧五代史·梁书·朱珍传》。

（78）斗诤的争讼争辩义首引唐姚思廉《陈书·傅縡传》。

（79）思量的考虑、忖度义首引唐房玄龄等《晋书·王豹传》。

（80）酬赠的以礼物、金钱等为赠以表谢意义首引唐康骈《剧谈录·潘将军》。

（81）遮障的遮挡遮蔽义首引宋楼钥《送张定叟尚书镇襄阳》诗。

（82）遮止的拦阻、拦住义首引唐魏徵等《隋书·苏威传》。

（83）经营的经办管理义首引唐柳宗元《田家》诗之二。

（84）经理的经营管理、处理义首引宋朱熹《答高国楹书》。

（85）济拔的拯救义首引明施耐庵《水浒传》第一一六回。

（86）宽恕的饶恕、原谅义首引唐魏徵等《隋书·东夷传·高丽》。

（87）矜贷的怜恤宽恕义首引宋岳飞《乞以明堂恩补张所男宗本奏》。

（88）诃詈的厉声责骂义首引明陈继儒《读书镜》卷九。

（89）讥骂的讥笑谩骂义首引宋岳珂《金陀粹编》卷二三。

（90）毁骂的辱骂义首引元关汉卿《绯衣梦》第三折。

（91）引荐指对人的推荐义首引唐李翱《答韩侍郎书》。

（92）怀胎的怀孕义首引现代巴金《家》三六。

（93）埋瘗的埋葬、埋藏义首引唐李延寿《南史·贼臣传·侯景》。

（94）迁流的时间迁移流动义首引宋陆游《皇帝御正殿贺表》。

（95）相度的观察估量义首引宋范仲淹《耀州谢上表》。

（96）侧塞的积满充塞义首引唐杜甫《大云寺赞公房》诗。

第六章　北朝复音词研究与词语探源和释义

（97）陵压的凌辱欺压义首引宋苏洵《审势策》。
（98）轻笑的轻蔑讥笑义首引宋欧阳修等《新唐书·高固传》。
（99）笑弄的讥笑、嘲弄义首引唐柳宗元《答元饶州论政理书》。
（100）鄙笑的轻视、讥笑义首引《新唐书·杨再思传》。
（101）讥调的讥嘲戏弄义首引唐房玄龄等《晋书·孙绰传》。
（102）嗔责的对人不满加以责怪义首引元曾瑞《留鞋记》。

2. 形容词

以下39个词的相关义项首引例偏晚。
（1）迅速的速度高、非常快义首引唐李延寿《北史·杜铨传》。
（2）凡贱的平凡卑贱义首引唐牛增孺《玄怪录·齐推女》。
（3）凡鄙的平庸鄙陋义首引唐房玄龄等《晋书·庾亮传》。
（4）聪黠的聪明而狡黠义首引元辛文房《唐才子传·李季兰》。
（5）聪利的聪明伶利义首引宋李昉等编《太平广记》卷三〇七引唐皇甫□①《原化记·张仲殷》。
（6）聪颖的聪明特出义首引唐李百药《北齐书·文苑传·颜之推》。
（7）聪解的聪明颖悟义首引唐李延寿《南史·萧暎传》。
（8）聪悟的聪明颖悟义首引令狐德棻等《周书·儒林传·沈重》。
（9）聪令的聪明而有美才义首引唐李延寿《北史·李彪传》。
（10）豫乐的安适快乐义首引宋曾巩《贺熙宁十年南郊礼毕大赦表》。
（11）悦乐的欣喜、欢乐义首引唐房玄龄等《晋书·傅玄传》。
（12）殊胜的特别优美义首引宋赵彦卫《云麓漫钞》。
（13）美妙的美好奇妙、美好义首引现代鲁迅《致〈近代美术史潮论〉的读者诸君》。
（14）奇妙的希奇神妙，美妙义首引唐房玄龄等《晋书·律历志中》。

---

①　此字原缺。

（15）上妙的精妙、最好义首引隋江总《梁故度支尚书陆君诔》。

（16）清妙的清新美妙义首引隋卢思道《辽阳山寺愿文》。

（17）丽华的华丽义首引唐万楚《五日观妓》诗。

（18）贫乏的欠缺、不足义首引现代叶圣陶《倪焕之》。

（19）老朽的衰老腐朽义首引唐郑愚《潭州大圆禅师碑铭》。

（20）老弊的年老衰弱义首引唐玄奘《大唐西域记·婆罗疤斯国》。

（21）劳弊的劳累疲弊义首引唐李百药《北齐书·文宣帝纪》。

（22）疲惫的疲惫、困倦义首引唐房玄龄等《晋书·五行志上》。

（23）困乏的疲乏、疲倦义首引唐房玄龄等《晋书·王敦传》。

（24）怯劣的懦弱义首引唐房玄龄等《晋书·刘汲传》。

（25）殊常的异常、不寻常义首引唐房玄龄等《晋书·张载传》。

（26）微少的数量少义首引清褚人获《坚瓠九集·官司俚语》。

（27）瘦损的消瘦义首引宋苏轼《红梅》诗之二。

（28）消瘦的身体消减变瘦义首引唐宋之问《江南曲》。

（29）稠密的多而密义首引宋沈括《梦溪笔谈·药议》。

（30）稠概的稠密义首引唐魏徵等《隋书·天文志上》。

（31）顽痴的愚顿无知义首引唐韦应物《逢场开府》诗。

（32）暗短的愚昧浅陋义首引唐李延寿《北史·王轨传》。

（33）辽廓的辽远义首引唐王昌龄《淇上酬薛据兼寄郭微》诗。

（34）悬远的相距很远义首引汉李陵《答苏武书》。

（35）鄙拙的浅俗拙劣义首引唐房玄龄等《晋书·王隐传》。

（36）沉谨的深沉谨慎义首引唐令狐德棻等《周书·艺术传·冀俊》。

（37）沉厚的朴实稳重义首引唐房玄龄等《晋书·陈骞传》。

（38）悭吝的吝啬义首引唐皇甫氏《原化记·以珠易饼》。

（39）啬吝的吝啬义首引唐高适《东征赋》。

3. 名词

以下 20 个词的相关义项首引例偏晚。

（1）朋侣的朋友、同伴义首引唐白居易《东南行》诗。

（2）同侣的同伴义首引唐李延寿《南史·江智深传》。

（3）同伴的伴侣、同行者义首引唐温庭筠《西州词》。

（4）疵失的缺点、失误义首引明方孝儒《答王秀才书》。

（5）疵谬的差错、谬误义首引清戴名世《四书朱子大全》序。

（6）病患的疾病义首引元关汉卿《绯衣梦》。

（7）恩情的恩惠情谊义首引清吴敬之《儒林外史》第三十回。

（8）魁脍的脍子手义首引唐玄奘《大唐西域记·印度总述》。

（9）奴仆的在主人家从事贱役者义首引唐杜甫《赠毕四曜》。

（10）使人的佣人、奴仆义首引明凌蒙初《初刻拍案惊奇》卷四。

（11）亲眷的亲戚眷属义首引宋孙光宪《北梦琐言》卷三。

（12）宿老的老前辈义首引唐李延寿《北史·陆馥传》。

（13）长宿的年长而素有声望的人义首引后晋刘昫等《旧唐书·良吏传上·韦景骏》。

（14）妄语的谎言、虚妄不实的话话义首引唐姚思廉《梁书·良吏传·何远》。

（15）冤家的仇人义首引唐张鷟《朝野佥载》卷六。

（16）对敌的仇敌、对头义首引唐元稹《厅前柏》诗。

（17）貌相的容貌、外表义首引元人编刊《前汉评话》。

（18）相貌的容貌义首引现代王重民等《敦煌变文集·目莲救母变文》。

（19）眉面的容貌义首引元无名氏《渔樵记》第二折。

（20）荒俭的荒歉义首引唐房玄龄等《晋书·孝武帝纪》。

（三）失收一些词的义项

1. 动词

以下 28 个词的相关义项失收。

（1）贪爱的喜爱义。

（2）侧近的接近义。

（3）映夺的遮蔽义。

（4）障闭的阻挡义。

（5）敬尚的尊重义。

（6）亏损的减少义

（7）达知、解悟、照知、通达、晓解五个词的明白、知晓义。

（8）存在的存活义。

（9）剥脱的掠夺义。

（10）斩截的割断义。

（11）聚合的聚集义。

（12）和集的聚集义。

（13）过逾的超过义。

（14）称量的计算义。

（15）求哀的请求义。

（16）妙善的熟练义。

（17）诤论、言讼二词的争论义。

（18）染著的爱恋义。

（19）埋覆的埋藏义。

（20）营综的操持、料理义。

（21）发闻的揭发义。

（22）提引的推荐义。

（23）陵驾的欺压义。

2. 形容词

以下 15 个词的相关义项失收。

（1）踊跃的高兴义。

（2）翘勤的努力义。

（3）陋短的丑陋义。

（4）晓了的聪明义。

（5）端正、端严二词的美好义。

（6）宽博的宽阔义。

（7）和雅的声音美好义。

（8）殊特的奇异义。

（9）挺特的奇异义。

（10）卓异的奇异义。

（11）微劣的少、不多义。

（12）刚强的坚硬义。

（13）愚近的见识浅短义。

（14）缠绕的纷乱义。

3. 名词

以下7个词的相关义项失收。

（1）阡陌的道路义。

（2）怨怼的仇人、对头义。

（3）病瘦的疾病义未收。

（4）仇匹、伦匹、俦类、誵敌4个词为同义词，义为同类的意思，4个词的此义均未收。

三 北朝反义复音词与新词新义

笔者在前面已经指出，管窥大型语文工具书如《大词典》的缺憾，是反义词研究的一个重要价值体现。在将北朝反义复音词与《大词典》对照后，也可以发现《大词典》在词语和义项失收、首引例偏晚等方面的一些不足。

1. 一些词失收

减劣、增上、曲回、烦华、奢厚、衰损

共6个词失收，其中动词2个，形容词3个，名词1个。

2. 一些词的义项首引例偏晚

（1）实语的实话义首引清夏燮《中西纪事·外夷助剿》。

（2）放逸的不守佛门规矩义首引唐白居易《东都圣善寺钵塔院主智如和荼毗幢记》。

（3）浊乱的混乱义首引后晋刘昫等《旧唐书·萧俛传》。

（4）凝重的庄重、稳重义首引唐房玄龄等《晋书·吕光载记》。

（5）短小的事物短而小义首引现代臧克家《京华练笔三十年》。

（6）倾斜的歪斜、偏斜义首引唐韩愈《雉带箭》诗。

（7）膏润的含水分多，不干燥义首引明谢肇淛《五杂俎·物部二》。

（8）劲直的坚实挺直义首引现代张振金《五峰如指翠相连》。

（9）简实的简要切实义首引宋罗大经《鹤林玉露》卷十。

（10）强壮的壮健有力义首引宋叶梦得《避暑录话》卷上。

以上10个词的相关义项首引例偏晚。

3. 失收一些义项

（1）善友的朋友义。

（2）消减的减少义。

（3）正直的实事求是义。

（4）空闲的清静义。

（5）倾曲的倾斜义。

（6）荣华的华而不实义。

以上6个词的相关义项失收。

第二节　《汉语大词典》对部分复音词释义问题之讨论

　　《大词典》在一些复音词的释义方面存在的问题，通过北朝复音词的同义、反义关系可以揭示出来。我们发现，《大词典》在释义方面既有义项分合的问题，又有释义不当的问题。义项的分合问题在理论上目前仍然是没有解决好的问题，讨论起来比较复杂。在这里我们主要是对一些复音词的释义，尤其是同义复词的释义方面存在的明显问题加以分析讨论。

　　在复音词中，有一大批同义复词，对其进行研究是汉语史研究中的一项重要内容。辞书对同义复词的处理方面存在的问题，学者们也有过深入的研究，如徐流、石美珊《同义复词的收、释刍议》[①] 一文

---

① 徐流、石美珊：《同义复词的收、释刍议》，《辞书研究》1993年第5期。

对《辞海》《辞源》《中文大辞典》对同义复词的释、收问题作了深入的分析讨论；周掌胜《同义复词研究与大型辞典的编纂》[①] 一文则分析了《大词典》《中文大辞典》对同义复词的处理中存在的问题。

在确定复音词判定标准时，我们对一些学者的意见进行过综述，虽然说目前仍未形成一个统一的标准，但是在具体实践中坚持以意义为主要标准已成为大多数学者的共识，这在马真、向熹、张双棣、徐正考等学者的论著中表现得非常明显，这些充分说明，复音词的一个主要特征就是意义的融合。苏新春在其《汉语词义学》中曾概括出复合词的四个意义特征—再生化、狭义化、抽象化、明确化，比较具体地分析了复合词的意义特点。[②] 既然复音词是两个语素意义的有机融合，而不是两个成分的简单相加，或者亦彼亦此，那么在我们对复音词进行释义时就应该充分反映意义的融合性，力求概括出比较恰当的表述以反映词义，而不能简单的处理。笔者通过对照，发现《大词典》对一些复合词，尤其是一些同义复词，往往是分裂开来进行解释，体现不出两个词根结合的核心义，失去了两个同义单音语素复合成词的基础。下面，笔者对这些情况作一具体分析。在讨论时，先列《大词典》的释义，然后分析其问题。一些词义的考释因在前文中已作说明，在此不予重复。

一　动词部分

1. 爱著：佛教谓迷恋于情欲，执着不能解脱。

"爱""著"同有爱义，"爱著"为爱义。上述解释，既不简洁明了，又限制了词语的使用范围，其实许多词汇都是在中土文献与佛教文献中通用的，不必加以限制。李维琦曾指出："佛教中有大量词语是通俗语与佛教语兼用的，最好不要笼统说是佛教用语。"[③]

爱慕：《大词典》释作两个义项：喜欢羡慕；喜爱倾慕。

其实，"慕"有爱义，爱慕为同义复词，义为喜爱。

[①] 周掌胜：《同义复词研究与大型辞典的编纂》，《中国语文》2004 年第 2 期。
[②] 苏新春：《汉语词义学》，广东教育出版社 1992 年版，第 188—190 页。
[③] 李维琦：《佛经词语汇释》，第 189 页。

2. 轻薄：轻视鄙薄，不尊重。

贱薄：轻贱鄙薄。

鄙薄：轻视；厌弃。

三个词可以用轻视、看不起义加以解释，而不必分开来释义。

3. 憎嫉：厌恶妒忌。

根据我们的归纳，"憎嫉"与"怨嫉"等词同义，义为怨恨、憎恨。《大词典》将"怨嫉"释为怨恨，比较恰当，而将"憎嫉"释为厌恶妒忌，则不够准确。

4. 瞋嫌：憎恶嫌疑。

《大词典》这种释义方式，两个词根的意义离得太远。应释为憎恨义，嫌也是恨义。

5. 震跼：震惊屈服。

"震""跼"同义，"震跼"为同义复词，义为害怕，前文中已作过分析。《大词典》引《魏书·韩均传》："均皆诱慰追捕，远近震跼。"该例中的"震跼"即害怕义。

6. 谄诳：奉承欺诳。

诳惑：欺骗迷惑。

诳诱：欺骗诱惑。

欺诳：欺骗迷惑。

"谄"有欺义，"谄诳"同义复词，义为欺骗。"诳惑""诳诱""欺诳"三词同义，均为欺骗义，《大词典》释义不够精准。

7. 愧悔：惭愧懊悔。

惭谢：羞惭谢过。

愧谢：谓对他人给予的照顾感到惭愧，并表示感谢。

惭负：羞惭；惭愧辜负。

这是一组同义词，与"惭愧"同义，前文已指出。《大词典》的上述解释不够准确。

8. 愁悴：忧伤憔悴。

愁恼：忧愁烦恼。

忧慼：忧愁烦恼。

忧愦：忧虑烦乱。

忧悔：忧愁懊悔。

忧烦：忧愁烦闷。

忧懑：愁闷。

忧悲：忧愁悲痛。

这是一组同义词，与"忧悴"一样，均有忧伤、忧愁义。《大词典》将"忧悴"释为忧伤，而上面一些词的释义不够确切。

9. 赞叹：赞美感叹。

赞说：赞扬评说。

赞诵：赞美称诵。

三个词均为赞美义，《大词典》都采取列举两个语素意义的释义方法进行释义，体现不出词的核心义。

10. 依仰：依赖仰仗。

"依仰"与"依赖""依恃"等词同义，如果将其释为依赖，就比较简明。

11. 遮防：遮挡防护。

"遮"也有防义，遮防为同义复词，《大词典》分开释义，不当。

12. 谄伪：谄媚诈伪。

谄诡：阿谀和诡诈。

谄也有伪义，谄伪同义连文，义为虚伪。谄诡也是虚伪义。《大词典》的释义不够简洁准确。

13. 奸谄：奸邪谄媚。

谄诈：逢迎、诈伪。

二词同为奸诈义，《大词典》这样释义表达不够确切。

14. 阻阔：阻隔遥远。

阔有隔义，阻阔为同义复词，义为阻隔。

15. 沦褫：消失；废除。

《大词典》首引《水经注·渭水三》："自汉武帝穿昆明池于是地，

基构沦褫,今无可究。"

根据笔者的归纳,"沦褫"与"崩褫""崩颓""崩坏""崩夷""倾颓"等词为同义词,具有崩塌、损坏义,并作了分析论证。《大词典》解作"消失""废除",不确切。

16. 识达:识鉴并洞达。

《大词典》在此义项下首引《颜氏家训·治家》下面用例:

"如有聪明才智,识达古今,正当辅佐君子,助其不足。"

"识""达"都有知义,二者组成同义复词,与"达知""达解""解达"等词在知晓、了解义上为同义词。因此释为知晓、了解即可。《大词典》的解释,较为繁琐。

17. 悭贪:吝啬而贪得。

"悭贪"应释为吝啬,"贪"也有吝惜义,前文已作过分析。王梵志有诗云:"布施生生富,悭贪世世贫。"① 从"布施"和"悭贪"的对比中可以看出"悭贪"有吝啬义。

18. 拦约:拦挡约束。

拦、约二词同义,均为拦截之义,《大词典》释为约束义,不够精准。

19. 听许:听而许之。

听许即允许之义,前文已作引证分析。陈秀兰《敦煌变文词汇研究》一书也指出,"听许"一词是同义连文,义为允许。② 《大词典》这样释义,不够简洁,不易把握。

此外,还有一些复音词,《大词典》大都是采取将两个词素的意义相加,或者是列出两个明显不同的意义,如:

迷乱:迷惑错乱。

诃詈:厉声责骂。

讥骂:讥笑谩骂。

---

① 周国瑞:《王梵志诗中的浚县俚词俗语浅释》,《殷都学刊》2006 年第 4 期。
② 陈秀兰:《敦煌变文词汇研究》,四川民族出版社 2002 年版,第 182 页。

相度：观察估量。

侧塞：积满充塞。

鄙笑：轻视讥笑。

讥调：讥嘲戏弄。

尘谤：诬蔑诽谤。

慢易：忽怠；轻慢。

显拔：显扬并提拔。

询仰：咨询和仰赖。

寻问：询问；探索。

沙汰：淘汰；拣选。

这些词的释义体现不出复合词的意义特征。

二 形容词部分

1. 浚急：水深而急。

"浚"有深义，也有急义，前文举《水经注》中的用例已经揭示出其用法。"浚急"为同义复词，指速度快。

2. 聪了：聪明懂事。

聪黠：聪明而狡黠。

黠慧：机敏聪慧。

聪慧：聪明而有智慧。

辩慧：聪明而富于辩才。

聪颖：聪明特出。

聪达：聪明而通达事理。

聪识：聪明而记忆力强。

聪辩：聪慧明辩。

黠了：机敏。

聪令：聪明而有美才。

这是一组表聪明义的同义复词，《大词典》的释义比较混乱，我们认为，直接释为聪明即可。其中"辩慧"一词的释义之误，周掌胜

《同义复词的研究与大型辞典的编纂》已指出：辩慧连文，同义复词，义为聪明。①

3. 严丽：庄严华丽。

华美：委婉华丽，多指诗文。

"严"有好义，在中古与另外的同义单音语素构成一些同复义词，表示美丽、华丽义，《大词典》释义时却分开解释，"华美"的释义中对使用范围的限制不当。

4. 哀雅：谓声音哀切雅正。

"哀雅"表示声音美好动听义，"哀切雅正"不够明白和简洁。

5. 暗短：愚昧浅陋。

短暗：浅薄愚昧。

愚短：愚顿无能。

通过笔者的归纳，这是一组同义词，义为见识浅短。《大词典》的释义不够清晰。

6. 勇果：勇敢果断。

果有勇义，勇果为同义复词，义即勇敢。

7. 辽旷：辽阔广大。《水经注·河水五》："昔燕齐辽旷，分置营州。"

根据《大词典》所举例句，释为距离远更为确切。

8. 竦杰：高耸特出。

杰秀：高峻秀美。

峭秀：挺拔秀丽。

谢灵运《过始宁墅》："岩峭岭稠叠"李善注："峭，高也。"（《故训汇纂》637页峭4条）

"杰""秀"二词均有高义，在这里，"竦杰""杰秀""峭秀"三词为同义复词，都有高峻义。其中《大词典》对"峭秀"一词的误释

---

① 周掌胜：《同义复词研究与大型辞典的编纂》，《中国语文》2004年第2期。

问题，王东在其博士论文中已作了说明①。

9. 疏妄：浅薄无知。

"疏妄"与"疏远""疏罔""疏阔""疏僻"同义，都有虚妄不实义。其余四个词均被《大词典》作为首例加以释义，释为虚妄不实义，而对"疏妄"这样释义则不确。

三　名词部分

1. 长旧：长辈与老者。
释为长者即可。
2. 真容：真实的面貌。亦指画像、塑像。

"真"是像貌、肖像之义，郭在贻《〈太平广记〉词语考释》《〈辞海·语词分册〉义项漏略举例》②，项楚《寒山诗注附拾得诗注》中都有分析说明③。"真容"是同义复词，可以释为像貌、容貌，而不能理解为偏正结构。

通过对上文例子的分析，不难看出，《大词典》对一部分同义复词的释义存在明显的问题，这是对同义复词意义的特征认识及研究不充分所致。

方一新、王云路指出："倘要对东汉以来的新词新义作详尽全面的调查研究，揭示中古词汇演变的基本面貌，并在大型语文辞书中得到充分体现，先唐佛典无疑是最具开采价值的语言宝藏，有待人们去开发。"④ 笔者也曾说过："东汉至隋的汉译佛经是中古汉语语料的宝藏，需要广大学者投入更多的精力进行系统的、全面的研究。"⑤ 以上的研究表明，包括佛经在内的北朝文献，能够反映大量的新词新义，需要研究的问题还很多，有必要花大力气进一步深入研究。

---

① 王东：《〈水经注〉词汇研究》，博士学位论文，四川大学，2003 年，第 26 页。
② 郭在贻：《〈太平广记〉词语考释》，载《郭在贻文集》（一），第 146 页。
③ 项楚：《寒山诗注附拾得诗注》，第 499 页。
④ 方一新、王云路：《读〈佛典与中古汉语词汇研究〉》，《古汉语研究》1994 年第 1 期。
⑤ 王冰：《三十年来国内汉译佛经词汇研究述评》，载《华夏文化论坛》（第六辑），吉林文史出版社 2011 年版，第 173 页

结　　语

　　北朝自北魏439年统一北方，历经北魏、东魏、西魏、北齐、北周的发展，于589年南北重归一统，虽历时不足二百年，却是处于汉、唐两个盛世之间中国历史上的重要阶段，有着重要的地位，正如李凭所言："北朝是中国社会从东汉以降的分裂动乱走向隋唐统一兴盛时代的关键阶段，是中国历史上值得重视的篇章。"[①]

　　在中华民族的历史上，民族的融合与大量的移民运动不断发生，因而对汉语发展产生了重大的影响。何大安曾作过明确的概括："汉语的外部和内部的语言和方言的接触，一直甚为频繁。汉族向南方的开发，以及北方民族自塞外内徙的运动，使汉语与非汉语在南北两线展开的语言接触，无论是汉语的非汉语化或非汉语的汉语化，从历史时期开始就一直持续不断。"[②]南北朝时期，南北分裂，语言环境与语言特色具有明显的不同。从语言的影响来说，"南染吴、越，北杂夷虏，皆有深弊，不可具论"。[③]北朝由鲜卑民族建立，在其发展历程中不断与汉民族及其他民族交融，一些民族风俗与语言深刻地影响着当时人们的生活。据《魏书》卷28"贺狄干传"记载："狄干在长安幽闭，因习读书史，通《论语》、《尚书》诸经，举止风流，有似儒者。

[①] 李凭：《北朝发展的轨迹》，载《北朝研究存稿》，商务印书馆2006年版，第22页。
[②] 何大安：《规律与方向：变迁中的音韵结构》，北京大学出版社2004年版，第14页。
[③] （北齐）颜之推撰，王利器集解：《颜氏家训集解》（增补本），中华书局1993年版，第530页。

初，太祖普封功臣，狄干虽为姚兴所留，遥赐爵武侯，加秦兵将军。及狄干至，太祖见其言语衣服，有类羌俗，以为慕而习之，故忿焉，既而杀之。"① 《魏书》59卷"刘昶传"称："昶好犬马，爱武事，入国历纪，犹布衣皂冠，同凶素之服。然呵叱童仆，音杂夷夏。虽在公坐，诸王每侮弄之。"②

面对这种情况，北魏孝文帝已切身认识到改变这种情况的困难，他曾说过："但国家兴自北土，徙居平城，虽富有四海，文轨未一，此间用武之地，非可文治，移风易俗，信为甚难。"③ 为此，在其执政期间，果断地实行迁都及一系列的重大改革，于"（太和十九年）六月己亥，诏不得以北俗之语言于朝廷，若有违者，免所居官"。④ 尽管实行"断诸北语，一从正音"以及其他方面的一些改革，包括推行汉语、整理和规范汉字、重视语言人才的作用等⑤，但是鲜卑语言及文化的影响仍然存在。从另一方面看，由于对汉文化的态度与接受程度不一致，北魏、北齐、北周的内部汉化政策与过程也不尽相同，"东魏—北齐相继承袭了北魏洛阳时代建立起来的礼、乐、政、刑等典章制度和学术文化，西魏—北周则熔胡、汉习俗为一体，创立了适应当时社会结构的府兵制度"。⑥ 表现在文献上，其通俗化的程度也有差异，北魏、北齐比较接近，而北周则有些古奥。在汉化过程中，北周有复古倾向，陈寅恪认为："魏孝文以来，文化之正统仍在山东，遥与江左南朝并为衣冠礼乐之所萃，故宇文泰所不得不深相畏忌，而与苏绰之徒别以关陇为文化本位，虚饰周官旧文以适鲜卑野俗，非驴非马，藉用欺笼一时之人心。"⑦ 谢保成指出，由于北周为了力

---

① （北齐）魏收：《魏书》卷28，第686页。
② （北齐）魏收：《魏书》卷59，第1308页。
③ （北齐）魏收：《魏书》卷19中，第464页。
④ （北齐）魏收：《魏书》卷7下，第177页。
⑤ 王冰：《北朝语言文字政策及其影响论略》，《许昌学院学报》2012年第6期。
⑥ 李凭：《魏晋南北朝时期的移民运动与中华文明的整体升华》，《学习与探索》2007年第1期。
⑦ 陈寅恪：《隋唐制度渊源略论稿》，第43页。

图在文化上与北齐争胜，又维系各族人心，"官制依《周礼》，文体准《尚书》，完善府兵制。北周一代文字古奥，绝非文字本身的问题，而是有其深刻政治原因的。"① 在这个背景下，北周的文献就有典雅古奥特色，我们从北周译经《大同乘性经》即可见一斑，该经与北朝同期其他译经相比，风格典雅化倾向非常明显。

语言与社会共变，特别是语言中的词汇变化更快。"语汇是语言中最敏感的构成部分"，"凡是社会生活出现了新的东西，不论是新制度，新体制，新措施，新思潮，新物质，新观念，新工具，新动作，总之，这新的东西千方百计要在语言中表现出来。"② 从汉语史的角度来看，北朝时期正处于复音词大量形成、新词新义不断产生的中古时期。根据汪维辉的研究及其对中古汉语时段的内部分期，在480—618年间（齐梁陈隋），"许多常用词的最后发育成熟是在这一时期……这一时期的语言跟唐代已经相当接近了"。③ 北朝正当其中，在北朝时期，由于译经事业的发达，翻译水平的提高，民族之间文化交流的加深，使得作为文化载体的语言不断出现新的质素，许多语言要素已成为隋唐语言的源头。从《汉语大词典》对北朝复音词的收、释情况以及研究成果看，一部分词语在北朝或更早的时期已经出现，因此可以说，北朝词汇在近代汉语词语推源方面有着重要的作用。对北朝民族语言间的接触及其对北朝语言的影响等一些问题的研究还不很充分，在这种情况下，我们从现存比较口语化的北朝文献中选取复音词进行探讨，也是一个初步尝试，旨在对北朝复音词进行共时的断代描写，揭示其间的同义、反义关系，以了解同义词、反义词状况，并对同义、反义关系的确定进行理论上的探讨。通过研究，我们发现这一工作对检视大型语文工具书如《汉语大词典》等在编纂中存在的问题，以及从中土文献与佛教文献结合角度弥补文献整理与校勘方面的不足之处等都有着重要的意义。

---

① 谢保成：《隋唐五代史学》，商务印书馆2007年版，第65—66页。
② 陈原：《社会语言学》，学林出版社1982年版，第204—206页。
③ 汪维辉：《东汉—隋常用词演变研究》，第415页。

结　语

同时我们认为，在研究中古汉语时，应将佛经语料与中土文献放在同等重要的位置[①]，只有这样，才更有利于考察汉语史发展的轨迹，进而揭示其演变发展规律。鉴于佛教语料在中古汉语研究方面的重要地位及佛教本身存在的问题，为了更有成效地开展佛经语言研究，集中一部分精力对各个时期的一些重要佛经文献予以整理，以方便研究者利用，也是摆在学者面前的一项重要任务。

[①] 关于在汉语史研究中对佛教语料与中土文献并重的观点，朱庆之 2007 年 11 月 30 日在吉林大学所做的"语言接触和语言变异——佛教汉语研究的新视角"的学术报告上已经阐明，笔者同意朱先生的这个观点。

参考文献

一 古籍类

《大正新修大藏经》，台湾新文丰出版有限公司1994年版。

《道藏》，文物出版社、上海书店、天津古籍出版社1988年版。

（后魏）贾思勰著，缪启愉校释：《齐民要术校释》（第二版），中国农业出版社1998年版。

（唐）李百药：《北史》，中华书局1974年版。

（北魏）郦道元撰，陈桥驿校释：《水经注校释》，杭州大学出版社1999年版。

（唐）释慧琳、（辽）释希麟：《正续一切经音义》，上海古籍出版社1986年版。

（北齐）魏收：《魏书》，中华书局1974年版。

（唐）魏徵等：《隋书》，中华书局1973年版。

（北齐）颜之推撰：《还冤志》，《四库全书》第1042册，上海古籍出版社1987年版。

（北齐）颜之推撰，王利器集解：《颜氏家训集解》（增补本），中华书局1993年版。

（北魏）杨衒之撰，杨勇校笺：《洛阳伽蓝记校笺》，中华书局2006年版。

（北周）庾信撰，（清）倪璠注，许逸民校点：《庾子山集注》，中华书局1980年版。

二 专著类

北京大学生物系等：《〈齐民要术〉选释》，科学出版社1975年版。

北京大学中国文学史教研室：《魏晋南北朝文学史参考资料》，中华书局1962年版。

蔡镜浩：《魏晋南北朝词语例释》，江苏古籍出版社1990年版。

柴德赓：《史籍举要》，北京出版社2002年版。

陈士强：《大藏经总目提要》，上海古籍出版社2007年版。

陈秀兰：《敦煌变文词汇研究》，四川民族出版社2002年版。

陈寅恪：《隋唐制度渊源略论稿》，上海古籍出版社1982年版。

陈原：《社会语言学》，学林出版社1982年版。

陈原：《语言与社会生活——社会语言学札记》，生活·读书·求知三联书店1999年版。

程湘清：《汉语史专书复音词研究》，商务印书馆2003年版。

池昌海：《〈史记〉同义词研究》，上海古籍出版社2002年版。

《词汇学理论与应用》编委会编：《词汇学理论与应用》（三），商务印书馆2006年版。

邓奕琦：《北朝法制研究》，中华书局2005年版。

董秀芳：《词汇化：汉语双音词的衍生和发展》，四川民族出版社2002年版。

董秀芳：《汉语的词库与词法》，北京大学出版社2004年版。

董志翘：《中古文献语言论集》，巴蜀书社2000年版。

董志翘、蔡镜浩：《中古虚词语法例释》，吉林教育出版社1994年版。

范祥雍：《洛阳伽蓝记校注》，上海古籍出版社2006年版。

方经民：《现代语言学方法论》，河南人民出版社1993年版。

方立天：《魏晋南北朝佛教》，中国人民大学出版社2006年版。

方立天：《中国佛教与传统文化》，长春出版社2007年版。

方一新：《东汉魏晋南北朝史书词语笺释》，黄山书社1997年版。

方一新、王云路：《中古汉语读本》，上海教育出版社2006年版。

冯蒸：《〈说文〉同义词研究》，首都师范大学出版社 1995 年版。
符淮青：《汉语词汇学史》，安徽教育出版社 1996 年版。
符淮青：《现代汉语词汇》，北京大学出版社 1985 年版。
高守纲：《古代汉语词义通论》，语文出版社 1994 年版。
高小方：《中国语言文字学史料学》，南京大学版社 1998 年版。
葛本仪：《汉语词汇学》，山东大学出版社 2003 年版。
葛剑雄：《人在时空之间》，中华书局 2007 年版。
郭朋：《汉魏两晋南北朝佛教》，齐鲁书社 1986 年版。
郭锡良：《汉语史论集》（增订本），商务印书馆 2005 年版。
郭在贻：《郭在贻文集》，中华书局 2002 年版。
何大安：《规律与方向：变迁中的音韵结构》，北京大学出版社 2004 年版。
何九盈：《中国古代语言学史》，广东教育出版社 2000 年版。
何九盈、蒋绍愚：《古汉语词汇讲话》，北京出版社 1980 年版。
洪诚：《洪诚文集》，江苏古籍出版社 2000 年版。
胡国瑞：《魏晋南北朝文学史》，上海文艺出版社 2004 年版。
胡竹安、杨耐思、蒋绍愚主编：《近代汉语研究》，商务印书馆 1992 年版。
黄晖：《论衡校释》，中华书局 1990 年版。
黄晓冬：《〈荀子〉单音节形容词同义关系研究》，巴蜀书社 2003 年版。
黄永年：《文史探微——黄永年自选集》，中华书局 2000 年版。
黄征：《敦煌语言文字学研究》，甘肃教育出版社 2002 年版。
贾彦德：《汉语语义学》，北京大学出版社 1999 年版。
江蓝生：《魏晋南北朝小说词语汇释》，语文出版社 1988 年版。
江蓝生：《著名中年语言学家自选集——江蓝生卷》，安徽教育出版社 2002 年版。
江蓝生、曹广顺：《唐五代语言词典》，上海教育出版社 1997 年版。
蒋礼鸿：《敦煌变文字义通释》（增补定本），上海古籍出版社 1997 年版。

蒋绍愚:《古汉语词汇纲要》,北京大学出版社1989年版。

蒋绍愚:《汉语词汇语法史论文集》,商务印书馆2000年版。

蒋绍愚:《蒋绍愚自选集》,河南教育出版社1994年版。

蒋绍愚:《近代汉语研究概况》,北京大学出版社1994年版。

蒋绍愚、江蓝生主编:《近代汉语研究(二)》,商务印书馆1999年版。

李剑国:《唐前志怪小说辑释》(修订本),上海古籍出版社2011年版。

李凭:《北朝研究存稿》,商务印书馆2006年版。

李凭:《北魏平城时代》,中国社会科学文献出版社2000年版。

李守奎:《汉字学论稿》,人民美术出版社2016年版。

李维琦:《佛经词语汇释》,湖南师范大学出版社2004年版。

李维琦、王玉堂、王大年、李运富:《古汉语同义修辞》,湖南师范大学出版社1989年版。

李振东:《〈太平经〉与东汉确译佛经复音词比较研究》,黑龙江人民出版社2018年版。

梁启超:《佛学研究十八篇》,辽宁教育出版社1998年版。

梁晓虹、徐时仪、陈五云:《佛经音义与汉语词汇研究》,商务印书馆2005年版。

刘坚:《近代汉语读本》,上海教育出版社2005年版。

刘叔新:《词汇学和词典学问题研究》,天津人民出版社1984年版。

刘叔新:《汉语描写词汇学》,商务印书馆1990年版。

刘叔新:《语义学和词汇学问题新探》,天津人民出版社1993年版。

刘叔新、周荐:《同义词语和反义词语》,商务印书馆1992年版。

刘志生:《东汉碑刻复音词研究》,巴蜀书社2007年版。

柳士镇:《魏晋南北朝历史语法》,南京大学出版社1992年版。

鲁国尧:《鲁国尧语言学论文集》,江苏教育出版社2003年版。

路学军:《隋唐之际山东士族的文化传承与变迁》,中国社会科学出版社2020年版。

陆志韦:《汉语的构词法》,科学出版社1957年版。

吕澂:《新编汉文大藏经目录》,齐鲁书社1980年版。

吕叔湘：《汉语语法论文集》，商务印书馆1999年版。

吕叔湘等：《语法研究入门》，商务印书馆1999年版。

马庆株：《汉语动词和动词性结构 一编》，北京大学出版社2005年版。

毛远明：《〈左传〉词汇研究》，西南师范大学出版社1999年版。

潘允中：《汉语词汇史概要》，上海古籍出版社1989年版。

钱钟书：《管锥编》，中华书局1995年版。

钱钟书：《谈艺录》，中华书局1984年版。

任继愈、钟肇鹏：《道藏提要》，中国社会科学出版社1991年版。

商务印书馆编辑部编：《21世纪的中国语言学》（一），商务印书馆2004年版。

商务印书馆编辑部编：《21世纪的中国语言学》（二），商务印书馆2006年版。

石安石：《语义论》，商务印书馆1993年版。

石安石：《语义研究》，语文出版社1994年版。

史存直：《汉语词汇史纲要》，华东师范大学出版社1989年版。

四川大学汉语史研究所编：《汉语史研究集刊》（一）（二）（三）（四）（八）（九）（十），巴蜀书社1998—2006年版。

苏杰：《〈三国志〉异文研究》，齐鲁书社2006年版。

苏新春：《汉语词义学》，广东教育出版社1992年版。

孙常叙：《汉语词汇》（重排本），商务印书馆2006年版。

汤用彤：《汉魏两晋南北朝佛教史》，商务印书馆2015年版。

万久富：《〈宋书〉复音词研究》，凤凰出版社2006年版。

万绳楠：《魏晋南北朝史论稿》，安徽教育出版社1983年版。

万绳楠：《魏晋南北朝文化史》，黄山书社1989年版。

汪维辉：《〈齐民要术〉词汇语法研究》，上海教育出版社2007年版。

汪维辉：《东汉—隋常用词演变研究》，南京大学出版社2000年版。

汪维辉：《汉语词汇史新探》，上海人民出版社2007年版。

王凤阳：《古辞辨》，吉林文史出版社1993年版。

王力：《汉语词汇史》，商务印书馆1993年版。

王力：《汉语史稿》，中华书局 1980 年版。

王力：《中国语法理论》，中华书局 1954 年版。

王力：《中国语言学史》，山西人民出版社 1981 年版。

王宁：《训诂学原理》，中国国际广播出版社 1996 年版。

王绍峰：《初唐佛典词汇研究》，安徽教育出版社 2004 年版。

王宣武：《汉语大词典拾补》，贵州人民出版社 1999 年版。

王铁均：《中国佛典翻译史稿》，中央编译局出版社 2006 年版。

王锳：《近代汉语词汇语法散论》，商务印书馆 2004 年版。

王锳：《诗词曲语辞例释》（第二次增订版），中华书局 2005 年版。

王锳：《唐宋笔记语辞汇释》（修订本），中华书局 2001 年版。

王云路：《词汇训诂论稿》，北京语言文化大学出版社 2002 年版。

王云路：《汉魏六朝诗歌语言论稿》，陕西人民教育出版社 1997 年版。

王云路：《六朝诗歌语词研究》，黑龙江教育出版社 1999 年版。

王云路、方一新：《中古汉语语词例释》，吉林教育出版社 1992 年版。

王云路、方一新编：《中古汉语研究》，商务印书馆 2000 年版。

王仲荦：《魏晋南北朝史》，上海人民出版社 2003 年版。

伍宗文：《先秦汉语复音词研究》，巴蜀书社 2001 年版。

向熹：《简明汉语史》，高等教育出版社 1993 年版。

向熹：《诗经语言研究》，四川人民出版社 1987 年版。

项楚：《寒山诗注附拾得诗注》，中华书局 2000 年版。

项楚：《著名中年语言学家自选集——项楚卷》，安徽教育出版社 2002 年版。

谢保成：《隋唐五代史学》，商务印书馆 2007 年版。

邢福义：《汉语语法学》，东北师范大学出版社 1996 年版。

邢福义：《邢福义自选集》，河南教育出版社 1993 年版。

徐仁甫：《广释词》，四川人民出版社 1981 年版。

徐时仪：《古白话词汇研究论稿》，上海教育出版社 2000 年版。

徐时仪：《玄应〈众经音义〉研究》，中华书局 2005 年版。

徐通锵：《汉语研究方法论初探》，商务印书馆 2004 年版。

徐通锵：《历史语言学》，商务印书馆1991年版。

徐通锵：《语言论——语义型语言的结构原理和研究方法》，东北师范大学出版社1997年版。

徐正考：《〈论衡〉同义词研究》，中国社会科学出版社2004年版。

徐正考、王冰、李振东：《〈论衡〉词汇研究》，吉林大学出版社2014年版。

许威汉：《二十世纪的汉语词汇学》，书海出版社2000年版。

严修：《二十世纪的古汉语研究》，书海出版社2001年版。

颜洽茂：《佛教语言阐释——中古佛经词汇研究》，杭州大学出版社1997年版。

杨爱姣：《近代汉语三音词研究》，武汉大学出版社2005年版。

袁宾：《二十世纪的近代汉语研究》，书海出版社2001年版。

袁宾：《近代汉语概论》，上海教育出版社1992年版。

曾良：《敦煌文献字义通释》，厦门大学出版社2001年版。

詹石窗：《道教文化十五讲》，北京大学出版社2003年版。

张联荣：《古汉语词义论》，北京大学出版社2000年版。

张沛：《隐喻的生命》，北京大学出版社2004年版。

张双棣：《吕氏春秋词汇研究》，山东教育出版社1989年版。

张相：《诗词曲语辞汇释》，中华书局1953年版。

张永言：《词汇学简论》，华中工学院出版社1982年版。

张永言：《训诂学简论》，华中工学院出版社1985年版。

张永言：《语文学论集》（增补本），语文出版社1999年版。

张永言等：《古汉语字典》，巴蜀书社1998年版。

张志毅、张庆云：《词汇语义学》，商务印书馆2001年版。

浙江大学汉语史研究中心编：《汉语史学报》（二）—（六），上海教育出版社2002—2005年版。

浙江大学汉语史研究中心编：《中古近代汉语研究》（第一辑），上海教育出版社2000年版。

周法高：《中国古代语法·构词编》，"中央研究院"历史语言研究所

1962 年版。

周荐：《二十世纪现代汉语词汇论著指要》，商务印书馆 2004 年版。

周荐：《汉语词汇新讲》，语文出版社 2000 年版。

周荐：《汉语词汇研究史纲》，语文出版社 1995 年版。

周荐、杨世铁：《汉语词汇研究百年史》，外语教学与研究出版社 2006 年版。

周俊勋：《魏晋南北朝志怪小说词汇研究》，巴蜀书社 2006 年版。

周日健、王小莘：《〈颜氏家训〉词汇语法研究》，广东人民出版社 1988 年版。

周一良：《魏晋南北朝史论集》，中华书局 1963 年版。

周一良：《魏晋南北朝史论集续编》，北京大学出版社 1991 年版。

周一良：《魏晋南北朝史札记》，中华书局 1985 年版。

周祖谟：《汉语词汇讲话》，外语教学与研究出版社 2006 年版。

朱德熙：《语法讲义》，商务印书馆 1982 年版。

朱广祁：《诗经双音词论稿》，河南人民出版社 1985 年版。

朱庆之：《佛典与中古汉语词汇研究》，台湾文津出版社 1992 年版。

朱庆之编：《中古汉语研究（二）》，商务印书馆 2005 年版。

朱彦：《汉语复合词语义构词法研究》，北京大学版社 2004 年版。

朱越利：《道藏分类解题》，华夏出版社 1996 年版。

宗福邦、陈世饶、萧海波：《故训汇纂》，商务印书馆 2003 年版。

邹嘉彦、游汝杰主编：《语言接触论集》，上海教育出版社 2004 年版。

三　论文

蔡镜浩：《论汉魏六朝词语的节略现象》，《语言研究》1988 年第 2 期。

蔡镜浩：《魏晋南北朝词语考释方法论——〈魏晋南北朝词语汇释〉编撰琐议》，《辞书研究》1989 年第 6 期。

蔡镜浩：《魏晋南北朝词语拾零》，《苏州大学学报》（哲学社会科学版）1988 年第 3 期。

蔡镜浩：《魏晋南北朝词语与辞书编纂》，《语言研究集刊》（第 3 辑），江苏教育出版社1989年版。

蔡镜浩：《魏晋南北朝佛经翻译中的几个俗语词》，《中国语文》1986年第5期。

蔡镜浩：《魏晋南北朝口语材料与汉语辞书》，《辞书研究》1988年第2期。

蔡镜浩：《魏晋南北朝俗词语试释》，《扬州师院学报》（社会科学版）1988年第3期。

曹伯韩：《字·词·短语》，《语文学习》1954年8月号。

曹小云：《〈六度集经〉语词札记》，《语言研究》2001年第4期。

陈冬仿：《北朝语言认同探析》，《中州学刊》2015年第11期。

陈焕良：《古书文例在训诂中的运用》，《中山大学学报》（社会科学版）1991年第3期。

陈焕良：《利用文例释读古书》，《古籍整理研究学刊》1990年第6期。

陈克炯：《〈左传〉复音词初探》，《华中师院学报》（哲学社会科学版）1978年第4期。

陈明娥：《试论汉语双音词的判定标准》，《泰安师专学报》1999年第4期。

陈桥驿：《〈水经注〉版本和校勘的研究》，《杭州师范学院学报》2000年第1期。

陈涛：《漫谈古汉语的复音词》，《语言文学》1980年第4期。

陈卫兰：《汉代连用动词的语义特征和语法贡献》，《学术交流》1998年第2期。

陈文杰：《〈生经〉词语考释四则》，《语言研究》2002年第2期。

陈文杰：《〈贤愚经〉词语考》，《钦州师范高等专科学校学报》2000年第1期。

陈燕：《论南北朝的"卿"字》，《古汉语研究》1998年第2期。

程湘清：《〈论衡〉复音词研究》，《汉语史专书复音词研究》，商务印书馆2002年版。

程湘清：《汉语史断代专书研究方法论》，《汉字文化》1991年第2期。

程湘清：《先秦双音词研究》，《汉语史专书复音词研究》，商务印书馆 2003 年版。

池昌海：《对汉语同义词研究重要分歧的再认识》，《浙江大学学报》（人文社会科学版）1999 年第 1 期。

池昌海：《古代汉语同义词研究的现状和存在的主要问题》，《杭州师范学院学报》2000 年第 1 期。

池昌海：《五十年来汉语同义词研究焦点概述》，《杭州大学学报》（哲学社会科学版）1998 年第 2 期。

董琨：《"同经异译"与佛经语言特点管窥》，《中国语文》2002 年第 6 期。

董为光：《汉语词汇双音代换管窥》，《语言研究》1992 年第 2 期。

董志翘：《〈高僧传〉词语通释（一）——兼谈汉译佛典口语词向中土文献的扩散》，《汉语史研究集刊》（第二辑），巴蜀书社 1999 年版。

董志翘：《故训资料的利用与古汉语词汇研究——兼评〈故训汇纂〉的学术价值》，《中国语文》2005 年第 3 期。

董志翘：《汉文佛教文献语言研究与训诂学》，《汉语史研究集刊》（第八辑），巴蜀书社 2005 年版。

董志翘：《漫议 21 世纪中古、近代汉语词汇研究》，《21 世纪的中国语方言学》（一），商务印书馆 2004 年版。

董志翘：《试论〈洛阳伽蓝记〉在中古汉语词汇史研究上的语料价值》，《古汉语研究》1998 年第 2 期。

董志翘：《唐五代文献词语考释五则》，《中国语文》2000 年第 2 期。

董志翘：《训诂学与汉语史研究》，《语言研究》2005 年第 2 期。

董志翘：《也论中古汉语词汇研究中的推源问题》，《汉语史研究集刊》（第一辑），巴蜀书社 1998 年版。

董志翘：《中古汉语中的"快"及与其相关的词语》，《古汉语研究》2003 年第 1 期。

董志翘：《中土佛教文献词语零札》，《南京师大学报》（社会科学版）2004 年第 5 期。

范晓：《词同词素、词组的区别》，《语文学习》1980 年第 9 期。

方向东：《〈水经注〉词语举隅》，《语文研究》2002 年第 4 期。

方一新：《〈大方便佛报恩经〉语汇研究》，《浙江大学学报》（人文社会科学版）2001 年第 5 期。

方一新：《〈兴起行经〉语词札记》，《福州大学学报》（哲学社会科学版）2000 年第 1 期。

方一新：《从中古词汇的特点看汉语史的分期》，《汉语史学报》（四），上海教育出版社 2004 年版。

方一新：《东汉六朝佛经词语札记》，《语言研究》2000 年第 2 期。

方一新：《东汉语料与词汇史研究刍议》，《中国语文》1996 年第 2 期。

方一新：《汉魏六朝翻译佛经释词》，《语言研究》1992 年第 2 期。

方一新：《魏晋南北朝小说语词校释札记》，《杭州师范学院学报》2000 年第 1 期。

方一新：《中古汉语词义求证法论略》，《浙江大学学报》（人文社会科学版）2002 年第 5 期。

方一新：《中古近代汉语词汇学研究刍议》，《21 世纪的中国语言学》（二），商务印书馆 2006 年版。

方一新、王云路：《读〈佛典与中古汉语词汇研究〉》，《古汉语研究》1994 年第 1 期。

方一新、王云路：《六朝史书与汉语词汇研究》，《庆祝中国社会科学院语言研究所建所 45 周年纪念论文集》，商务印书馆 1997 年版。

符淮青：《同义词研究的几个问题》，《中国语文》2000 年第 3 期。

高福生：《读〈魏晋南北朝小说词语汇释〉札记》，《江西师范大学学报》1991 年第 3 期。

高明：《中古史书词汇研究述评》，《西藏民族学院学报》（哲学社会科学版）2001 年第 3 期。

高明：《中古史书词汇与语文词典的编纂——以〈汉语大词典〉书证为中心》，《西藏民族学院学报》（哲学社会科学版）2007 年第 4 期。

葛本仪：《再论同义词》，《文史哲》2003 年第 1 期。

葛本仪、扬振兰：《词义演变规律述略》，《文史哲》1990年第6期。

顾久：《六朝词语杂释》，《贵州师范大学学报》（社会科学版）1989年第4期。

顾义生：《王充语言理论初探》，《徐州师范学院学报》1984年第3期。

管锡华：《1980年以来中国大陆古汉语词汇研究硕博学位论文综论》，《语言历史论丛》，巴蜀书社2007年版。

郭春环：《〈尔雅〉与同义复合词研究》，《古汉语研究》2000年第4期。

郭良夫：《语素和词与词和短语》，《中国语文》1988年第6期。

郭锡良：《先秦汉语构词法的发展》，《汉语史论集》（增补本），商务印书馆2005年版。

郭在贻：《敦煌变文校议》，《郭在贻文集》（二），中华书局2002年版。

郭在贻：《俗语词研究参考文献要目》，《郭在贻文集》（一），中华书局2002年版。

郭在贻：《俗语词研究概述》，《语文导报》1985年第9、10期。

郭在贻：《唐诗与俗语词》，《文史》第25辑。

韩陈其：《〈史记〉中字序对换的双音词》，《中国语文》1983年第3期。

韩慧言：《汉语复音词实际义与字面义的关系》，《古汉语研究》1991年第2期。

何耿镛：《古代汉语单音词发展为复音词的转化组合》，《厦门大学学报》（哲学社会科学版）1992年第1期。

何亚南：《中古汉语词汇考释三则》，《中国语文》2001年第3期。

何亚南：《中古汉语词汇通释两则》，《中国语文》1997年第6期。

胡湘荣、肖小敏：《佛经语词选释》，《古汉语研究》1992年第4期。

黄金贵：《论古汉语同义词的识同》，《浙江大学学报》（人文社会科学版）2002年第1期。

黄金贵：《评"近义"说之误》，《杭州师范学院学报》2002年第5期。

黄金贵：《说"某一义相同"——兼评古汉语同义词研究的现状》，《王力诞辰百年纪念文集》，商务印书馆2002年版。

黄灵庚：《古汉语词义琐记》，《中国语文》1983年第3期。

黄绮：《关于古代汉语复音词问题的探讨》（上）（下），《河北大学学报》（哲学社会科学版）1985 年第 4 期、1986 年第 1 期。

黄易青：《古汉语词义系统中的量变质变关系》，《北京师范大学学报》（社会科学版）1991 年第 6 期。

黄永年：《论北齐的文化》，《陕西师大学报》（哲学社会科学版）1994 年第 4 期。

黄云鹤：《北魏时期对经籍整理与著述概说》，《古籍整理研究学刊》1990 年第 1 期。

黄征：《〈魏书〉俗语词辑释》，《语文研究》2003 年第 2 期。

黄征：《敦煌俗语词辑释》，《语言研究》1994 年第 1 辑。

黄征：《敦煌写本异文综析》，《敦煌语言文字学研究》，甘肃教育出版社 2002 年版。

黄征：《敦煌愿文"庄严""资熏""资庄"考辨》，《敦煌语言文字学研究》，甘肃教育出版社 2002 年版。

黄征：《汉语俗语词研究的几个问题》，《杭州大学学报》（哲学社会科学版）1992 年第 2 期。

黄征：《魏晋南北朝词语零札：指授、指取》，《中国语文》1993 年第 3 期。

黄征：《魏晋南北朝俗语词考释》，《杭州大学学报》（哲学社会科学版）1990 年第 3 期。

黄志强：《关于〈左传〉复合词的几个问题》，《研究生论文选集·语言文字分册》，江苏古籍出版社 1985 年版。

黄志强、杨剑桥：《论汉语词汇双音节化的原因》，《复旦学报》1990 年第 1 期。

季云起：《汉魏南北朝时脂之微用韵的几个问题》，《语言研究论丛》（第九辑），天津人民出版社 2002 年版。

蒋冀骋：《隋以前汉译佛经虚词笺识》，《古汉语研究》1994 年第 2 期。

蒋礼鸿：《读论衡校释》，《杭州大学学报》（哲学社会科学版）1979 年第 1、3 期。

蒋绍愚：《词义的发展和变化》，《语文研究》1985年第2期。

蒋绍愚：《古汉语词典的编纂和古汉语词汇的研究》，《湖北大学学报》（哲学社会科学版）1989年第5期。

蒋绍愚：《关于汉语词汇系统及其发展变化的几点想法》，《中国语文》1989年第1期。

蒋绍愚：《唐诗词语札记》，《北京大学学报》（哲学社会科学版）1980年第3期。

蒋绍愚：《同义词和反义词的几个问题》，《北京大学学报》（哲学社会科学版）2015年第3期。

蒋宗许：《六朝语词杂释》，《四川大学学报》（哲学社会科学版）1992年第3期。

李国英：《异体字的定义与类型》，《北京师范大学学报》（社会科学版）2007年第3期。

李嘉言：《北朝的三部散文著作》，《开封师院学报》1962年第1期。

李嘉言：《佛教对于六朝文学的影响》，《开封师院学报》1964年第3期。

李开：《试论词典释义中的几个问题》，《语言研究集刊》（第3辑），江苏教育出版社1989年版。

李凭：《北朝发展的轨迹》，《北朝研究存稿》，商务印书馆2006年版。

李凭：《魏晋南北朝时期的移民运动与中华文明的整体升华》，《学习与探索》2007年第1期。

李维琦：《"经行"、"应时"和"前却"》，《古汉语研究》1997年第3期。

李维琦：《〈六度集经〉词语例释》，《古汉语研究》1995年第1期。

李维琦：《考释佛经中疑难词语例说》，《湖南师范大学社会科学学报》2003年第4期。

李维琦：《隋以前佛经释词》，《古汉语研究》1992年第2期。

李新建：《〈搜神记〉复合词研究——就词性看联合式、偏正式复合词的构成》，《郑州大学学报》（哲学社会科学版）1991年第4期。

李新建：《〈搜神记〉复合词研究——就语义看〈搜神记〉中联合式复

合词的构成》,《郑州大学学报》(哲学社会科学版) 1989 年第 3 期。

李新建:《〈搜神记〉复合词研究——就语义看〈搜神记〉中偏正式复合词的构成》,《郑州大学学报》(哲学社会科学版) 1990 年第 3 期。

李新建:《〈搜神记〉复音词研究——重叠式和附加式》,《郑州大学学报》(哲学社会科学版) 1992 年第 6 期。

李绪洙:《汉语佛教语词浅析》,《山东大学学报》(哲学社会科学版) 1995 年第 3 期。

李运富:《修辞的同义选择与训诂的同义解读》,《古汉语研究》2021 年第 4 期。

李运富、孙倩:《论汉语词汇语法化与用字变化的互动关系》,《北京师范大学学报》(社会科学版) 2020 年第 2 期。

李占平:《古汉语专书词汇研究中反义关系的确定方法》,《西南师范大学学报》(人文社会科学版) 2004 年第 1 期。

梁春胜:《新出北朝墓志俗字例释》,《汉字汉语研究》2018 年第 2 期。

梁晓虹:《〈六度集经〉语词札记》,《古汉语研究》1990 年第 3 期。

梁晓虹:《佛家俗语与民间俗语》,《古汉语研究》1991 年第 4 期。

梁晓虹:《汉魏六朝译经对汉语词汇双音化的影响》,《南京师大学报》(社会科学版) 1991 年第 2 期。

梁晓虹:《简论佛教对汉语的影响》,《汉语学习》1992 年第 6 期。

梁晓虹:《口语词研究的宝贵材料》,《福建师范大学学报》(哲学社会科学版) 1990 年第 3 期。

廖集玲:《论〈韩非子〉复音词》,《广西大学学报》(哲学社会科学版) 1991 年第 4 期。

林焘:《汉语基本词汇中的几个问题》,《中国语文》1954 年 7 月号。

林汉达:《名词的连写问题》(上),《中国语文》1953 年 5 月号。

林汉达:《名词的连写问题》(下),《中国语文》1953 年 6 月号。

刘广和:《南朝梁语声母系统初探——〈孔雀王咒经〉僧伽婆罗译咒研究之一》,《音韵论丛》,齐鲁书社 2004 年版。

刘国泰:《古汉语联合式双音词试析》,《江西师范大学学报》1985 年第 2 期。

刘叔新：《词语对比的聚合及其与反义聚合的比较》，《语文研究》1991 年第 3 期。

刘叔新：《词语意义间的依赖关系》，《汉语学习》1992 年第 5 期。

刘叔新：《论词的单位的确定——兼谈以词为词目的问题》，《词汇学和词典学问题研究》，天津人民出版社 1984 年版。

刘叔新：《论反义聚合的条件和范围》，《语言研究论丛》第五辑，南开大学出版社 1988 年版。

刘叔新：《释义中的相对和反义关系》，《辞书研究》1986 年第 2 期。

刘晓虹：《研究词汇系统的途径问题》，《语言研究论丛》（第九辑），天津人民出版社 2002 年版。

刘学敏：《佛典与汉语词汇的发展》，《神州学人》1999 年第 5 期。

刘屹：《中古道教的"中国"观念》，《唐史论丛》（第九辑），三秦出版社 2007 年版。

柳士镇：《从语言角度看〈齐民要术〉卷前〈杂说〉非贾氏所作》，《中国语文》1989 年第 2 期。

柳士镇：《试论中古语法的历史地位》，《南京大学学报》（哲学·人文科学·社会科学版）2001 年第 5 期。

鲁国尧：《"布文"辨识本末及其他》，《鲁国尧语言学论文集》，江苏教育出版社 2003 年版。

鲁国尧：《论"历史文献考证法"与"历史比较法"的结合——兼议汉语研究中的"犬马鬼魅法则"》，《古汉语研究》2003 年第 1 期。

陆俭明：《关于词的兼类问题》，《中国语文》1994 年第 1 期。

吕叔湘：《汉语语法分析问题》，《汉语语法论文集》，商务印书馆 2002 年版。

罗正坚：《〈史记〉中的同义词语连用》，《安徽大学学报》1994 年第 1 期。

骆晓平：《魏晋六朝汉语词汇双音倾向三题》，《古汉语研究》1990 年第 4 期。

马真:《先秦复音词初探》,《北京大学学报》(哲学社会科学版)1980年第5期、1981年第1期。

毛远明:《〈汉语大词典〉书证中的几个问题》,《中国语文》2000年第1期。

孟广道:《佛教对汉语词汇的影响》,《汉字文化》1997年第1期。

缪钺:《略谈五胡十六国与北朝时期的民族关系》,《魏晋南北朝史研究》,四川社会科学院出版社1986年版。

牛太清:《〈汉语大词典〉书证迟后例补》,《中国语文》2004年第2期。

皮鸿鸣:《汉语词汇双音化演变的性质和意义》,《古汉语研究》1992年第1期。

钱光:《〈墨子〉复音词初探》,《甘肃社会科学》1992年第1期。

钱群英:《魏晋南北朝佛经词语考释》,《杭州师院学报》1999年第5期。

饶尚宽:《先秦单音反义词简论》,《新疆师范大学学报》1994年第3期。

沈士英:《字序对换的双音词新探》,《安徽师范大学学报》(哲学社会科学版)1979年第3期。

盛九畴:《汉语由单音词渐变为复音词的发展规律》,《学术论坛》1983年第5期。

施向东:《北朝译经反映的北方共同汉语音系》,《音韵论丛》,齐鲁书社2004年版。

史光辉:《20世纪80年代以来中古汉语词汇研究的回顾与反思》,《福州大学学报》(哲学社会科学版)2004年第3期。

宋永培:《文献正文的训诂与专书词汇研究的基本方法》,《古汉语研究》2005年第2期。

汤其领:《寇谦之与北朝道教》,《中国魏晋南北朝史国际学术研讨会论文集》,2004年。

汤用彤、汤一介:《寇谦之的著作与思想——道教史杂论之一》,《历史研究》1961年第5期。

唐钰明:《金文复音词简论——兼论汉语复音化的起源》,《著名中年语言学家自选集·唐钰明卷》，安徽教育出版社 2002 年版。

唐钰明：《据出土文献评论两部辞书释义得失三则》，《中国语文》2003年第 1 期。

唐钰明：《利用佛经材料考察汉语词汇语法史札记》，《中山大学学报》（社会科学版）1993 年第 4 期。

汪大昌：《佛教对汉语及汉语研究的影响》，《百科知识》1992 年第 3 期。

汪维辉：《佛经词语考释四则》，《浙江大学学报》（人文社会科学版）2005 年第 5 期。

汪维辉：《汉语常用词演变研究的若干问题》，《南开语言学刊》2007年第 1 期。

汪维辉：《试论〈齐民要术〉的语料价值》，《古汉语研究》2004 年第 4 期。

汪维辉：《先唐佛经词语札记六则》，《中国语文》1997 年第 2 期。

汪维辉：《纵横结合研究汉语词汇》，《21 世纪的中国语言学》（二），商务印书馆 2006 年版。

王艾录：《论偏正复词的内部组合特征》，《汉语学习》1989 年第 4 期。

王冰：《河南方言中保留的北朝文献古语词》，《南阳师范学院学报》2011 年第 10 期。

王冰：《北朝汉语语料概况及价值分析》，《许昌学院学报》2011 年第 4 期。

王冰：《三十年来国内汉译佛经词汇研究述评》，《华夏文化论坛》第六辑，吉林文史出版社 2011 年版。

王冰：《北朝语言文字政策及其影响论略》，《许昌学院学报》2012 年第 6 期。

王冰、徐正考：《古汉语反义词研究初探》，《吉林大学社会科学学报》2005 年第 2 期。

王海棻：《六朝以后汉语叠架现象举例》，《中国语文》1991 年第 5 期。

王记录：《北朝史学与北朝政治》，《烟台师范学院学报》（哲学社会科学版）1997年第1期。

王继如：《词语溯源与词典编纂》，《语言研究集刊》（第3辑），江苏教育出版社1989年版。

王理嘉、侯学超：《怎样确定同义词》，《词汇学论文汇编》，商务印书馆1989年版。

王力：《词和仂语的界限问题》，《中国语文》1953年9月号。

王立军：《谈碑刻文献的语言文字学价值》，《古汉语研究》2004年第4期。

王宁：《训诂学与汉语双音词的结构和意义》，《语言教学与研究》1997年第4期。

王启涛：《〈魏书〉词语小札》，《汉语史研究集刊》（第3辑），巴蜀书社2000年版。

王启涛：《近五十年来的中古汉语词汇研究》，《四川师范大学学报》（社会科学版）2003年第1期。

王盛婷：《"干湿"义反义词聚合演变研究》，《语言研究》2007年第6期。

王盛璋、刘盛举：《试论汉魏六朝碑文中的同素异序词》，《乐山师院学报》2003年第5期。

王士元、涂又光：《语言变化的词汇透视》，《语文研究》1982年第2期。

王士元：《语言的出现与传播》，梁洁译，《语言研究论丛》（第九辑），天津人民出版社2002年版。

王小莘：《〈高僧传〉词汇研究》，《语言学论丛》（第二十二期），商务印书馆1999年版。

王小莘：《〈颜氏家训〉中反映魏晋南北朝时代色彩的新词》，《语文研究》1998年第2期。

王小莘：《从魏晋六朝笔记小说看中古汉语词汇新旧质素的共融和更替》，《南京师范大学文学院学报》2003年第1期。

王小莘：《试论中古汉语词汇的同步引申现象》，《南开学报》1998年第4期。

王小莘：《魏晋南北朝词汇研究与词书的编纂》，《中国语文》1997年第4期。

王小莘、魏达纯：《〈颜氏家训〉中联合式双音词的词义构成论析》，《广西大学学报》（哲学社会科学版）1994年第6期。

王忻：《从〈颜氏家训〉管窥魏晋时期汉语词汇复音化的发展》，《古汉语研究》1998年第3期。

王锳：《〈太平广记〉语词释义》，《语言学论丛》（第十四辑），商务印书馆1984年版。

王锳：《近代汉语词汇研究与中古汉语》，《贵州大学学报》（社会科学版）2003年第4期。

王锳：《唐宋笔记语词释义》，《语文研究》1986年第4期。

王云路：《辞书失误考略》，《古汉语研究》1993年第3期。

王云路：《汉魏六朝诗歌校注释例》，《古籍整理研究学刊》1999年第4期。

王云路：《汉魏六朝诗歌语言研究与辞书编纂》，《古典文献与文化论丛》，中华书局1997年版。

王云路：《汉魏六朝语言研究与中古文献校理》，《词汇训诂论稿》，北京语言文化大学出版社2002年版。

王云路：《试论外族文化对中古汉语词汇的影响》，《语言研究》2004年第1期。

王云路：《中古常用词研究漫谈》，《中古近代汉语研究》，上海教育出版社2000年版。

王云路：《中古汉语词汇研究综述》，《古汉语研究》2003年第2期。

王云路：《中古诗歌附加式双音词举例》，《中国语文》1999年第5期。

魏达纯：《〈颜氏家训〉中的"断代"性词义现象研究》，《华南师范大学学报》（社会科学版）1993年第4期。

魏达纯：《〈颜氏家训〉中反义语素并列双音词研究》，《东北师大学报》1998年第1期。

吴金华：《〈汉语大词典〉商补》，《南京师大学报》（社会科学版）1997

年第 1 期。

吴金华：《〈三国志〉词语简释》，《语言研究集刊》（第 3 辑），江苏教育出版社 1989 年版。

伍宗文：《先秦汉语中字序对换的双音词》，《汉语史研究集刊》（第三辑），巴蜀书社 2000 年版。

武振玉：《魏晋六朝汉译佛经中的同义连用总括范围副词初论》，《吉林大学社会科学学报》2002 年第 4 期。

夏广兴：《〈六度集经〉俗语词例释》，《上海师范大学学报》（哲学社会科学版）2002 年第 5 期。

向熹：《〈诗经〉里的复音词》，《词汇学论文汇编》，商务印书馆 1989 年版。

萧天柱：《略论词同短语的区分》，《信阳师范学院学报》（哲学社会科学版）1984 年第 3 期。

谢质彬：《同义连用辨析》，《中国语文》1990 年第 1 期。

徐流：《论同义复词》，《重庆师院学报》（哲学社会科学版）1990 年第 4 期。

徐流、石美珊：《同义复词的收、释刍议》，《辞书研究》1993 年第 5 期。

徐时仪：《古代口语与佛经中的口语成分考探》，《宜春师专学报》1991 年第 4 期。

徐正考：《古汉语同义词研究的历史与现状述评》，《北华大学学报》（社会科学版）2002 年第 2 期。

徐正考：《古汉语专书词汇研究中同义关系的确定方法问题》，《吉林大学社会科学学报》2002 年第 2 期。

徐正考：《古汉语专书同义词的研究方法与原则问题》，《吉林大学社会科学学报》2003 年第 4 期。

徐正考：《古汉语专书同义词研究与大型语文辞书的修订》，《古籍整理研究学刊》2003 年第 4 期。

徐正考、孙元成：《汉代铜器铭文异体字研究》，《吉林大学社会科学学报》2019 年第 4 期。

徐正考、焦英杰：《两汉铜镜铭文异体字述论》，《古文字研究》第 33 辑，中华书局 2020 年版。

徐正考、王冰：《〈论衡〉同素异序同义词并用与演变分析》，《华夏文化论坛》（第二辑），吉林大学出版社 2007 年版。

徐正考、王冰：《古汉语专书反义词研究与大型语文工具书的编纂和修订》，《古籍整理研究学刊》2008 年第 1 期。

徐正考、王冰：《两汉词汇语法史研究语料述论》，《南开语言学刊》2007 年第 1 期。

徐正考、于飞：《汉语的基本词与常用词》，《词汇学理论与应用》（四），商务印书馆 2008 年版。

颜洽茂：《〈大正新修大藏经〉平议二题》，《汉语史学报》（第二辑），上海教育出版社 2002 年版。

颜洽茂：《中古佛经借词略说》，《浙江大学学报》（人文社会科学版）2002 年第 3 期。

杨钢：《试论汉语复音化与语音简化的关系》，《四川师范大学学报》（社会科学版）1989 年第 5 期。

杨继光：《〈大藏经〉词语札记》，《长沙电力学院学报》（社会科学版）2003 年第 2 期。

杨荣祥：《〈世说新语〉中的反义聚合及其历史演变》，《语言学论丛》（第 24 辑），商务印书馆 2001 年版。

易熙吾：《汉语中的双音词》（下），《中国语文》1954 年 11 月号。

殷国光：《〈吕氏春秋〉同类词并列连用考察》，《古汉语研究》1997 年第 1 期。

殷孟伦：《谈谈汉语词汇研究的断代问题》，《文史哲》1981 年第 2 期。

尤俊成：《试论佛教对汉语词汇的影响》，《内蒙古师大学报》（哲学社会科学版）1993 年第 2 期。

于飞：《浅论两汉时期常用词"皮"、"肤"的历时替换》，《长春大学学报》2008 年第 1 期。

俞理明:《东汉佛道文献词汇研究的构想》,《汉语史研究集刊》(第八辑),巴蜀书社2005年版。

俞理明:《汉魏六朝佛经在汉语研究中的价值》,《四川大学学报》(哲学社会科学版)1987年第4期。

俞理明:《汉语词汇和词汇历史研究琐见》,《21世纪的中国语言学》(二),商务印书馆2006年版。

俞理明、谭代龙:《共时材料中的历时分析——从〈根本说一切有部毗奈耶破僧事〉看汉语词汇的发展》,《四川大学学报》(哲学社会科学版)2004年第5期。

袁宾:《〈五灯会元〉词语释义》,《中国语文》1986年第5期。

袁宾:《〈五灯会元〉词语续释》,《语言研究》1987年第2期。

曾昭聪:《中古佛经中的字序对换双音词举例》,《古汉语研究》2005年第1期。

张联荣:《〈孟子〉赵注中的并列复合结构》,《汉语史研究集刊》(第六辑),巴蜀书社2003年版。

张联荣:《读〈魏晋南北朝词语例释〉》,《古汉语研究》1992年第3期。

张联荣:《对古汉语词汇研究中义位归纳的几点思考》,《语言文字论坛》(第一辑),中国社会科学出版社2002年版。

张联荣:《古代汉语词义变化的几个问题》,《古汉语研究》1997年第4期。

张联荣:《汉魏六朝佛经释词》,《北京大学学报》(哲学社会科学版)1988年第5期。

张联荣:《谈词的核心义》,《语文研究》1995年第3期。

张能甫:《〈汉语大词典〉疏漏拾零》,《四川师范大学学报》(社会科学版)2001年第2期。

张能甫:《从郑玄笺注看东汉时代的新词新义》,《汉语史研究集刊》(第二辑),巴蜀书社2000年版。

张能甫:《东汉语料及同素异序的时代问题——对〈东汉语料与词汇史研究刍议〉的补说》,《古汉语研究》2000年第3期。

张生汉：《敦煌变文语词杂释》，《语言研究》1996年第1期。

张生汉：《关于古汉语同义词研究的一点看法》，《语言研究》2005年第1期。

张世禄：《"同义为训"与"同义并行复合词"的产生》，《扬州师院学报》（社会科学版）1981年第3期。

张世禄：《词汇讲话》，《语文知识》1956年2月号。

张双棣：《〈吕氏春秋〉词汇简论》，《北京大学学报》（哲学社会科学版）1989年第5期。

张万起：《〈世说新语〉复音词问题》，《中古汉语研究》，商务印书馆2000年版。

张锡德：《〈百喻经〉词语札记》，《语文园地》1985年第9期。

张永绵：《近代汉语中字序对换的双音词》，《中国语文》1980年第3期。

张永言：《〈水经注〉中语音史料点滴》，《中国语文》1983年第2期。

张永言：《郦道元语言论拾零》，《中国语文》1964年第3期。

张永言、汪维辉：《关于汉语词汇史研究的一点思考》，《中国语文》1995年第6期。

张志达：《假设义类词同义连用举隅》，《古汉语研究》1993年第2期。

张志毅、张庆云：《反义词词典收的应是词的最佳反义类聚》，《中国语文》1989年第4期。

赵世举：《关于汉语词汇系统宏观问题的初步思考》，《词汇学理论与应用》（三），商务印书馆2006年版。

赵振铎：《论中古汉语》，《乐山师范学院学报》2001年第3期。

郑奠：《汉语词汇史随笔》，《中国语文》1959年第6、7、8、9、11、12期；1960年第3期；1961年第3、4、6期。

钟梫：《谈怎样分别词和语》，《中国语文》1954年12月号。

周法高：《中国古代语法·构词编》，"中央研究院"历史语言研究所1962年版。

周国瑞：《王梵志诗中的浚县俚词俗语浅释》，《殷都学刊》2006年第

4 期。

周荐：《从字、词、组合的分野谈词的单位的确定》，《南开语言学刊》，南开大学出版社 2004 年版。

周荐：《复合词词素间的意义结构关系》，《语言研究论丛》第六辑，天津教育出版社 1991 年版。

周荐：《论词的构成、结构和地位》，《中国语文》2003 年第 2 期。

周荐：《双字组合与词典收条》，《中国语文》1999 年第 4 期。

周俊勋：《中古汉语分期及相关问题》，《汉语史研究集刊》（第十辑），巴蜀书社 2007 年版。

周日健：《〈颜氏家训〉复音词的构成方式》，《华南师范大学学报》（社会科学版）1998 年第 2 期。

周生亚：《〈世说新语〉中的复音词问题》，《吉林大学社会科学学报》1982 年第 2 期。

周掌胜：《同义复词研究与大型辞典的编纂》，《中国语文》2004 年第 2 期。

周一良：《〈洛阳伽蓝记〉的几条补注》，《文献》1980 年第 3 期。

周一良：《关于崔浩国史之狱》，《北魏平城时代》，社会科学文献出版社 2000 年版。

周一良：《魏晋南北朝史学著作的几个问题》，《魏晋南北朝史论集续编》，北京大学出版社 1991 年版。

朱诚：《同义连用浅论》，《古汉语研究》1990 年第 4 期。

朱大渭：《魏晋南北朝文化的基本特征》，《中国史研究动态》1994 年第 9 期。

朱庆之：《佛典翻译中的仿译及其对汉语词汇的影响》，《中古近代汉语研究》（第一辑），上海教育版社 2000 年版。

朱庆之：《佛经翻译与中古汉语词汇二题》，《中国语文》1990 年第 2 期。

朱庆之：《汉译佛典语文中的原典影响初探》，《中国语文》1993 年第 5 期。

朱庆之：《论佛教对古代汉语词汇发展演变的影响》，《21世纪的中国语言学》（二），商务印书馆2006年版。

朱庆之：《试论佛典翻译对中古汉语词汇发展的若干影响》，《中国语文》1992年第4期。

朱庆之：《释"悲"、"哀"》，《文史知识》1989年第4期。

朱庆之：《谈谈我的佛教汉语研究》，《文史知识》1996年第2期。

竺家宁、李昱颖：《台湾中古汉语研究成果综述》，《中古汉语研究》（二），商务印书馆2005年版。

祝敏彻：《从〈史记〉〈汉书〉〈论衡〉看汉代复音词的构词法——汉语构词法展史探索之一》，《语言学论丛》（第八辑），商务印书馆1981年版。

四　译著

［美］布龙菲尔德：《语言论》，袁家骅、赵世开、甘世福译，钱晋华校，商务印书馆1980年版。

［英］帕默尔：《语言学概论》，李荣、王菊泉、周焕常、陈平译，吕叔湘校，商务印书馆1983年版。

［美］萨丕尔：《语言论》，陆卓元译，陆志韦校，商务印书馆2000年版。

［瑞士］索绪尔：《普通语言学教程》，高名凯译，岑麒祥、叶蜚声校注，商务印书馆1980年版。

［日］太田辰夫：《中国语历史文法》，蒋绍愚、徐昌华译，北京大学出版社2003年版。

［荷兰］许理和：《佛教征服中国》，李四龙、裴勇等译，江苏人民出版社2003年版。

［荷兰］许理和：《最早的佛经译文中的东汉口语成分》，蒋绍愚译，《语言学论丛》（第十四辑），商务印书馆1984年版。

［美］赵元任：《汉语口语语法》，吕叔湘译，商务印书馆1979年版。

五　硕博士论文

丁喜霞:《中古常用并列双音词的成词和演变研究》,博士学位论文,浙江大学,2004年。

呼叙利:《〈魏书〉复音同义词研究》,博士学位论文,浙江大学,2006年。

化振红:《〈洛阳伽蓝记〉词汇研究》,博士学位论文,四川大学,2001年。

李丽:《〈魏书〉词汇研究》,博士学位论文,南京师范大学,2006年。

廖扬敏:《〈老子〉专书反义词研究》,博士学位论文,四川大学,2003年。

王东:《〈水经注〉词汇研究》,博士学位论文,四川大学,2003年。

徐盛芳:《〈六度集经〉同义词研究》,硕士学位论文,吉林大学,2006年。

杨会永:《〈佛本行集经〉词汇研究》,博士学位论文,浙江大学,2005年。

词语索引

本索引收录书中所讨论的所有双音词。所收条目按音序排列。

A

哀好　188，280
哀和　188
哀愍　139
哀雅　188，296
爱好　157
爱敬　89，259
爱乐　48
爱恋　141
爱愍　139，280
爱慕　48，291
爱念　48，280
爱尚　157
爱悦　48
爱重　48，239
爱著　48，291
隘迮　206
安慰　117

安详　194
暗短　203，242，286，296
暗钝　201
暗冥　272
暗塞　203

B

拔济　149
白言　97
败坏　129
伴党　214
伴侣　214
谤讟　86
谤毁　86，241
谤讪　86
谤诬　86
褒美　77
褒赏　259

薄贱　52，280

薄少　194

暴疾　167

卑贱　170

悲号　98

悲愍　138，284

悲忧　76

奔急　167，280

奔趣　101，282

奔走　101

崩背　99，282

崩褫　127

崩坏　127

崩毁　127

崩沦　126

崩颓　127

崩亡　99，280

崩夷　127

偪狭　206

逼近　66

逼迫　54

逼切　54

逼胁　54

比近　66，281

鄙薄　52，292

鄙丑　170，280

鄙贱　52，281

鄙劣　170

鄙浅　211

鄙俗　211，271

鄙笑　161，285，295

鄙拙　170，286

蔽覆　79

边鄙　219

边陲　219

边地　218，275

边方　218

边际　235

边疆　219

边境　219

边戍　219

边裔　218

褊狭　206

变化　98

变异　98，282

变易　98

便习　135

遍满　159

辩慧　173，295

辩悟　173

别离　140，257

病垢　220

病过　220，281

病患　220，287

病疾　220

病瘦　220，289

剥落　130

剥缺　130

剥脱　103，288

怖惧　56

怖怕　56，280
怖畏　56，239
怖吓　56

C

财宝　219
财贿　219
财利　219
财物　219
采访　131
惭耻　70
惭负　70，292
惭愧　70
惭谢　70，281，292
藏匿　81
藏隐　81，280
侧近　66，287
侧临　69，280
侧满　159
侧塞　159，284，295
测量　158
策勤　179，280
差谬　172，215
差失　215
差违　215
觇伺　82
觇视　82
缠缚　99，282
缠裹　99
缠绞　99，280

缠绕　99，289
缠络　99，204
缠縻　99
谄诡　212，293
谄曲　262
谄谀　122，270
谄诳　72，292
谄伪　212，293
谄诈　122，293
敞丽　183
抄劫　103，282
抄掠　103
嘲毁　86，280
嗔嫌　64
嗔责　163，285
瞋忿　63
瞋恨　64，281
瞋恚　62
瞋怒　62
瞋嫌　63，281，292
尘谤　86，295
沉厚　211，286
沉谨　211，286
沉毅　211
沉重　211
称号　236
称计　107
称量　107，288
称美　77，282
称数　107

称叹	77	稠概	201, 286
称谓	236	稠密	201, 286
称扬	77	愁怖	56
称赞	77, 258	愁悴	76, 292
成就	258	愁恼	76, 281, 292
承藉	118, 283	丑恶	170
承继	146	丑陋	170
嗤鄙	161	出逾	106, 280
嗤诋	161	储畜	139
嗤嫌	161	舛谬	215
嗤笑	161	疵谬	215, 287
驰奔	101	疵失	215, 287
驰走	101	聪辩	173, 295
迟缓	267	聪达	173, 295
耻愧	70, 240, 281	聪惠	173
褫落	127, 283	聪慧	173, 295
褫缺	130	聪解	173, 285
充遍	159, 280	聪了	173, 295
充满	159	聪利	173, 285
充牣	159	聪令	173, 285, 295
崇峻	207	聪敏	173
崇丽	183	聪明	173, 261
崇峭	207	聪睿	173
宠爱	48	聪识	173, 295
仇雠	228	聪悟	173, 285
仇敌	228	聪黠	173, 285, 295
仇疾	63	聪颖	173, 285, 295
仇匹	234, 289	粗大	267, 268
俦类	234, 289	粗犷	266
酬赠	144, 284	殂没	99

促步　267
摧坏　102，282
村落　218
村邑　218
村营　218，281
存活　101
存济　101，282
存劳　117
存立　101
存生　101
存慰　117
存问　117
存恤　117
存在　101，288
挫陋　170
错乱　171
错谬　171
訵敌　234，289

D

达解　92
达知　92，288
代称　236
耽著　141，280
倒错　171
悼愍　138
道路　216
道陌　216
等类　234
等侣　214，281

敌对　228
诋谩　86，280
典雅　271
凋毁　129
雕毁　129，280
雕饰　120
洞晓　135
斗诤　140，284
读诵　144
笃爱　48
妒嫉　112
妒忌　112
度量　158
端严　181，288
端正　181，288
端直　200，262
短暗　203，242．296
短乏　184
短陋　170，242
短失　215
对敌　228，287
对临　69，280
顿弊　189
顿乏　189，280
遁匿　81
遁逃　115
夺取　103
短小　266，289

E

讹谬　172

恶人 273
恩爱 273
恩分 222
恩情 222,287
恩义 222

F

发露 260
发闻 153,280,288
发扬 153
发摘 153
凡鄙 170,285
凡贱 170,285
凡夫 274
繁茂 187
烦华 269,289
烦碎 269
防保 120
防捍 152
防护 120
防拒 152
防卫 152
妨碍 104
妨废 104,280
妨害 104
妨乱 104,280
放逸 263,289
非毁 86
非笑 161
诽谤 86

分绝 140
分齐 235
分散 140
分违 140
分张 140
纷纶 204
忿憾 63,281
忿恨 63
忿恚 62,240
忿怒 62,260
忿阋 63
愤怒 62
丰饶 200
丰蔚 187,280
丰足 200
讽诵 144
抚慰 117,283
父老 226
附近 66
富强 270
富乐 263
富人 274
覆蔽 79,282
覆藏 79,81,260
覆盖 79
覆翳 79,280
覆障 79,280

G

丐乞 114,283

词语索引

刚坚	199，242	顾问	134
刚强	199，289	顾瞻	82
刚直	270	乖错	171
高峻	207	乖离	140
高慢	165	乖谬	172
高秀	207	怪岔	62，280
膏润	267，290	怪骇	56
告白	97	怪责	163
告语	97	观察	82
割截	105	观睹	82
隔绝	123	观看	82，282
隔塞	123	观视	82
隔障	123，280	观望	82
工丽	183	观瞻	82
工妙	183，280	观瞩	82
工巧	183	光丽	181
恭敬	89，259	光明	272
贡高	165	广长	266
贡赠	144，280	广厚	269
诟骂	153	瑰异	192
估客	235	诡谲	192
贾客	235	诡异	192
古老	226	贵人	274
故老	226	贵重	89，282
顾看	82	贵胜	275
顾恋	143	过短	215，281
顾念	143	过非	215，281
顾盼	82	过失	215
顾视	82	过误	215
顾望	82	过逾	106，288

· 335 ·

H

扞御　152
捍拒　152
捍御　152
好乐　157
好尚　157
号哭　97
号泣　97
号咷　97
耗减　91
诃詈　153, 284, 294
呵毁　86, 280
呵谴　163
呵嫌　163, 280
呵责　163
合会　257
和合　109, 257
和集　106, 288
和雅　188, 288
和悦　175
恨忿　63, 280
恨愤　63
薨殁　99
弘丽　183
宏美　183, 280
吼唤　98
华丽　181
华美　181, 296
华妙　183

怀妊　155
怀娠　155
怀胎　155, 284
怀孕　155
欢爱　48
欢悦　175
荒毁　129
荒俭　236, 287
惶怖　56
惶惧　56
惶灼　56, 281
毁败　129
毁谤　86, 241
毁恶　86
毁废　129
毁坏　102, 129, 258
毁落　129
毁骂　153, 284
毁破　102, 280
毁辱　258
毁訾　86
毁訾　241
恚忿　62, 240
恚愤　63
恚恨　63
恚怒　62
祸变　229
祸祟　229
祸难　229
祸灾　229

词语索引

惑著 141

J

讥刺 161
讥调 161, 285, 295
讥毁 86
讥骂 153, 284, 294
讥讪 161
讥笑 161
饥怖 236, 281
饥俭 236
饥馑 236
积聚 139
吉庆 223, 274
吉祥 223
汲引 154
急峻 167, 280
急浚 167, 242
集会 106, 257
嫉妒 112
计数 107
际畔 235
济救 149
济拔 149, 284
继绍 146
继嗣 146
冀望 118
佳丽 181
嘉美 77
嘉祥 223

奸谄 122, 293
奸欺 122, 283
奸通 109
奸伪 122
奸诈 122
坚刚 199, 242
坚固 198
坚牢 198
坚硬 199, 264
俭薄 270
俭短 184
俭乏 184
减劣 91, 241, 255, 289
减少 91
减损 91, 256
简取 145
简实 269, 290
简选 145
简约 269
简择 145
謇正 270
荐举 154
贱薄 52, 292
贱人 274
疆陲 219
交关 125
交会 109, 283
交接 109
交络 99
交市 125

交通	109	劲直	268，290
交易	125	经理	148，284
交诤	140，284	经营	148，284
侨慢	165	惊怖	56
姣好	177	惊愕	56
骄大	165	惊怪	56
骄豪	165	惊骇	56
骄慢	165	惊悸	56
角络	99，280	惊惧	56
狡诈	122，283	惊恐	56
矫诈	122	惊怕	56，281
叫啸	98	惊畏	56，281
较数	107，280	精好	267
校计	107	精丽	181
校饰	120	精励	179
接引	154	精妙	177
街巷	217	精勤	179，264
劫剥	103，282	精通	135
劫夺	103	精进	264
劫掠	103	敬戴	89，280
杰秀	207，296	敬尚	89，288
诘让	163	敬重	89，258
解达	92，135	迥阔	204
解了	92，282	窘乏	184
解悟	92，288	纠发	153
解知	92，280	纠罚	259
矜贷	151，284	救护	108
矜恕	151	救济	149
谨厚	211	救摄	108
谨慎	263	救赎	108，280

拒违	116
倨傲	165
惧恐	56
惧慑	56
惧畏	56，280
聚合	106，288
聚会	106
聚积	139
聚集	106
聚落	218
眷属	225
觉了	92，280
绝殊	192，243
绝异	192
绝远	204
谲诈	122
峻激	167
峻极	207
峻峭	207
峻竦	207
浚激	167，280
浚急	167，242，295

K

开解	92，282
看睹	82，280
看视	85，282
考按	134，283
考校	134
考寻	134

渴仰	110，280
空闲	265，290
恐怖	56
恐惧	56
恐怕	56，281
恐怯	56，281
恐畏	56
枯涸	267
快乐	175
快妙	177，280
脍子	223，281
宽博	185，288
宽大	185
宽广	185
宽假	151
宽柔	270
宽恕	151，284
恇惧	56
诳惑	72，292
诳诱	72，240，292
诳诈	72，122
亏损	91，288
窥觇	82，282
窥看	82
窥视	82
魁脍	223，287
愦闹	265
愧耻	70，240
愧悔	70，292
愧谢	70，292

困弊 184

困厄 184

困乏 184，189，286

困极 189，280

困苦 184

L

拦约 147，294

劳弊 189，286

劳倦 189

劳问 117

牢固 198

牢槛 224

牢狱 224

老弊 186，286

老成 226

老朽 186，286

老人 272

乐著 141，280

了达 92

了了 92

了知 92

羸薄 196

羸弱 185，270

羸劣 185

羸瘦 196

离别 140，257

离绝 140

离散 140

丽华 181，286

丽妙 181

利养 219

利益 273

詈辱 153

怜爱 48

怜愍 139

恋著 141

亮直 200

辽迥 204

辽旷 204，296

辽阔 204

辽廓 204，286

辽远 204

劣减 91，241，255，280

劣弱 185

邻接 69

临侧 69，280

临对 69，280

临观 82，280

临际 69，280

临近 66，281

临望 82

吝啬 212

吝妒 112

囹圄 224

凌藉 161

陵逼 54

陵驾 161，288

陵蔑 111，283

陵辱 111

陵侮　111
陵压　161，285
陵易　111
流移　156
陋短　170，242，288
伦匹　234，289
沦败　129
沦褫　127，293
沦覆　126
沦毁　127
沦落　130
沦缺　130
沦碎　126
沦胥　126，283
沦移　156，280
沦坠　126

M

慢诞　72，280
漫捍　72
迷诞　72，280
眄视　82
明了　92，282
明解　92
慕仰　110
迷惑　112
迷乱　112，294
贸易　125
磨灭　126
明闲　135

明练　135
妙善　135，288
愍悼　138
愍伤　138，284
骂辱　153
骂詈　153
埋瘗　156，284
埋藏　156
埋覆　156，288
满侧　159，280
敏达　173
美丽　181
美妙　177，285
妙好　177
妙美　177
茂密　187
茂盛　187
谬误　215
貌相　232，287
眉面　232，287
面貌　232
面首　232
名字　236
名号　236
慢易　258，295

N

怒恚　62
逆晓　92
奴婢　224

· 341 ·

奴仆 224, 287
凝重 265, 289

P

畔齐 235, 281
朋侣 214, 286
纰缪 172
疲弊 189
疲怠 189, 286
疲顿 189
疲极 189
疲倦 189
疲劳 189
疲惓 189
疲厌 191
偏著 263
贫薄 184
贫乏 184, 286
贫贱 263, 275
贫穷 184
贫人 274
贫弱 270
凭藉 118
凭恃 118
凭依 118
凭倚 118
平正 266
迫隘 206
迫近 66
破坏 102

破落 129, 130
仆隶 224
仆使 224

Q

欺诡 72
欺诳 72, 292
欺陵 111, 283
欺慢 72
欺罔 72
欺诈 122
奇妙 177, 285
奇特 192
奇异 192
耆旧 226
耆老 226, 272
耆宿 226
乞丐 114
乞求 114
企慕 110
企尚 157
企望 118
启白 97
启告 97
绮丽 181
阡陌 217, 289
迁流 156, 284
迁贸 156
悭嫉 212, 280
悭吝 212, 286

悭贪	212，294	侵损	113，280
悭惜	212，280	侵侮	111
浅鄙	211	亲爱	48，225
浅俗	211	亲近	113
浅狭	269	亲眷	225，287
强盛	271	亲类	225
强硬	199	亲里	225
强壮	270，290	亲戚	225
巧丽	183	亲善	113
巧伪	212	亲友	113，273
诮詈	153，280	亲族	225
诮让	163	轻薄	52，292
诮责	163	轻呵	163，280
峭举	207，280	轻忽	52
峭秀	207，296	轻毁	86，280
翘勤	179，288	轻贱	52，259
切诮	163，280	轻举	265
切让	163	轻慢	52
切责	163	轻弄	52，280
怯怖	56	轻笑	161，259，285
怯劣	191，286	轻易	52
怯弱	191	倾曲	266，290
钦爱	48	倾颓	127
钦敬	89	倾斜	266，290
钦慕	110	清净	263
钦羡	110	清凉	264
侵逼	113	清妙	177，286
侵犯	113	清直	200
侵近	66，281	求哀	114，288
侵陵	113	求访	131

求觅　131
求乞　114
求索　114
求望　114，280
曲挠　268
曲回　262，289
衢道　216
衢路　216
取悉　92
铨简　145
缺败　130，280
缺落　130，280
阙落　130，283

R

染著　141，288
软弱　191
穰赡　200，280
容貌　232
荣华　269，290
柔软　264，266

S

丧亡　99
色貌　232，281
啬吝　212，286
沙汰　259，295
讪谤　86
讪鄙　86
扇惑　75

扇奖　75
扇诱　75
善友　273，290
赡救　149
赡恤　149
赡赈　149
商度　158
商贾　235
商人　235
商校　158
上妙　177，286
尚好　157，280
少年　272
少壮　268，272
绍承　146
绍继　146
绍嗣　146，280
绍续　146
奢厚　270，289
赦宥　151
慑惮　56
呻号　98
深广　269
圣人　274
胜妙　177
盛壮　261
识达　92，294
实语　272，289
使人　224，287
驶疾　167

词语索引

驶速	167	死灭	99
恃怙	118	死亡	99
瘦瘠	196	悚惧	56
瘦损	196，243，286	悚栗	56
姝丽	181	悚惕	56
殊常	192，286	竦杰	207，296
殊好	177，280	诵习	144
殊绝	192，243	搜觅	131
殊妙	177	搜索	131
殊胜	177，285	速疾	167
殊特	192，288	速捷	167
殊挺	192	宿老	226，287
殊异	192	碎落	126
舒悦	175，280	碎灭	126，280
疏阔	209	损耗	91
疏僻	209	损瘠	196
疏罔	209	损减	91，256
疏妄	209，297	损瘦	196，243
疏远	209		
术衢	216	**T**	
数计	107	贪爱	48，287
衰患	229，281	贪惜	212
衰老	268	贪著	141
衰弱	185，271	谈引	77
衰损	273，289	谈誉	77
说言	97	叹美	77，282
私通	109	叹尚	77，280
思量	143，284	逃奔	115
思惟	143	逃避	115
思寻	143	逃遁	115

· 345 ·

提引	154，288	顽顿	201
惕惧	56	顽塞	201，261，280
听许	150，294	顽暗	201，280
挺特	192，289	婉丽	181
通达	92，288	往趣	137，284
通解	135	往诣	137
通利	135	妄语	227，287
通晓	92	妄谈	227，272
同伴	214，287	望求	114，280
同侣	214，287	微妙	177
僮客	224	微少	194，286
僮仆	224	微薄	194
僮使	224	微劣	185，194，289
投归	137，284	微细	194，268
投趣	137，280	微小	194
投造	137，280	违戾	116
推访	131	违反	116
推敬	89	违返	116
推觅	131，280	违逆	116
推求	131	违诤	116，280
推问	134	违背	116
推校	134	畏惧	56
推移	156	畏慑	56，280
推引	154	畏怖	56，239
推重	89	蔚茂	187，280
颓褫	127	慰抚	117
颓毁	129，283	慰劳	117
		温暖	264
W		縈灭	126，280
顽痴	201，286	縈碎	126

蓊蔚	187		嫌恨	63
我慢	165		嫌责	163
诬谤	86		显拔	259，295
误错	215		相度	158，284，295
恶贱	53，280		相貌	232，287
			详审	194

X

			详徐	194，280
畜积	139		庠序	194
希求	114，283		饷馈	144
希欲	118，280		巷陌	217
希冀	118		巷路	217，281
熙怡	175		骁勇	197
习近	66，281		消瘦	196，286
习诵	144		消损	91
喜悦	175，260		消减	91，256，282，290
细小	267		痟瘦	196
黠慧	173，261，295		晓了	173，288
黠了	173，295		晓习	135
下贱	170		晓知	92
纤丽	181		晓解	92，288
鲜丽	181		笑弄	161，285
闲习	135		邪曲	262
闲明	135，284		懈怠	264
闲晓	135，284		忻乐	175
闲练	135		忻悦	175
贤圣	273		欣乐	175
嫌贱	53，280		欣喜	175
嫌薄	53，280		形容	232
嫌恶	53，281		形状	232
嫌忿	63，280		形色	232

形相 232
凶祸 229, 274
凶衰 229
修复 125, 283
修理 125, 148
修饰 120, 125
羞耻 197
羞惭 197
羞愧 197
朽老 186, 261
朽耄 186, 280
虚劣 185
虚诈 122
虚妄 265
徐庠 194, 280
许可 150
宣告 97
玄绝 206
玄远 206
玄殊 206
悬绝 206
悬远 204, 286
选择 145
寻求 131
寻访 131
寻思 143
寻问 134, 295
询请 134
询求 131
询访 134

询问 134
询仰 134, 283, 295
讯访 134
迅疾 167
迅急 167
迅捷 167
迅激 167
迅驶 167
迅速 167, 285

Y

雅好 157
雅丽 181
严丽 181, 296
严饰 120
言讼 140, 288
颜貌 232
掩蔽 79
厌恶 53, 281
厌患 53
厌贱 53, 281
厌倦 191
殃恶 229, 281
殃患 229, 281
殃祸 229
殃咎 229
阳燧 268
仰慕 110
仰瞻 82
妖惑 75

要逼	54，280	踊悦	175
依附	118	踊跃	175，288
依恃	118	优赡	200
依仰	118，283，293	忧悲	76，293
夷毁	129	忧怖	76
夷灭	129	忧悴	76
怡适	175，280	忧烦	76，282，293
怡悦	175	忧悔	76，281，293
移易	156	忧惧	56
疑迷	112	忧愤	76，293
异常	192	忧闷	76
邑落	218	忧慼	76，293
阴霖	268	忧慽	76，293
荫覆	79	忧怯	56，281
引荐	154，284	忧灼	56
隐蔽	79	幽茂	187
隐藏	81	宥原	151，280
隐遁	81	诱诳	72，240，280
隐翳	79	诱枉	75，280
婴愚	201，280	逾过	106
营理	148	愚暗	203
营综	148，288	愚痴	201，261
映蔽	79，282	愚短	203，296
映夺	79，287	愚钝	201
映障	79，280	愚顿	201，261
勇果	197，296	愚戆	201
勇悍	197，271	愚近	203，289
勇健	197	愚昧	201
勇猛	197	愚矇	201
勇胜	197，280	伛偻	210

伛曲	210，280	赞说	77，282，293
郁茂	187	赞诵	77，282，293
狱监	224，281	赞叹	77，282，293
豫乐	175，285	赞誉	77，258，282
冤家	228，273，287	葬埋	156
原贷	151	责让	163
原恕	151	迮狭	206
原宥	151	谮毁	86
怨仇	228	增上	255，289
怨敌	228	增长	255，256
怨对	228，289	憎恶	63
怨恶	63	憎忿	63，280
怨嫉	63，281	憎恨	63
怨家	228，273	憎嫉	63，292
怨嫌	63	憎贱	53，280
怨责	163	赠赐	144
怨憎	273	赠赗	144
约截	147，280	赠送	144
约障	123，280	赠遗	144
悦乐	175，285	诈欺	122
悦豫	175	瞻睹	82，282
允可	150，280	瞻观	82
		瞻省	85
Z		瞻视	82
		瞻望	82
灾变	229	瞻仰	82
灾害	229	瞻瞩	82
灾横	229	斩截	105，288
灾殃	229	长老	226
灾异	229	长旧	226，297
赞美	77		

词语索引

长宿	226，287	知晓	92
障闭	123，287	指笑	161
障覆	79	衹敬	89
障塞	123	质朴	269
照知	92，288	质直	200
遮防	120，283，293	中国	275
遮近	66，280	钟爱	48
遮塞	123，280	重爱	48，239
遮障	147，284	賙恤	149
遮止	147，284	瞩望	82
真容	232，297	伫弱	271
真实	265	贮畜	139
臻集	106	贮积	139
振惧	56，280	贮聚	139
振赡	149，280	庄饰	120，283
赈赡	149	庄校	120，280
赈恤	149	庄严	120
震跼	56，292	装饰	120
震惧	56	壮丽	183
震恐	56	壮勇	197
震慑	56	状貌	232
震悚	56	灼惕	56，280
拯济	149	卓异	192，289
正直	262，263，290	斫割	105，280
诤斗	140	浊乱	263，289
诤对	140	资产	219
诤竞	140	资货	219
诤论	140，288	滋茂	187
诤讼	140	訾毁	86，241
知悉	92	宗戴	89

宗敬　89
综练　135
阻碍　123
阻藉　118

阻阔　123，293
阻塞　123，283
尊敬　89
尊重　89

后　　记

本书是在我的博士学位论文《北朝汉语复音词研究》基础上修改而成的。

2005年硕士毕业后我继续师从徐正考教授在吉林大学攻读汉语言文字学专业博士学位，研究方向为汉语词汇史。在确定论文选题时，徐老师指导我以北朝汉语复音词研究为博士论文选题。

中国历史上的南北朝时期，南北方不但在政治经济、社会文化、时代风尚等方面都有很大不同，而且在语言上也存在明显差异。学界认为当时存在南北两个通语，但对南北朝语言特点的研究还很薄弱。我对此问题有较浓厚的兴趣，想尝试这方面的研究。在恩师的指导下，我拟定论文框架和写作大纲，总结以往相关研究成果，分析北朝汉语词汇研究的可行性，全面调查梳理研究语料，系联和考辨出北朝汉语文献中的复音词，从同义关系和反义关系两个角度进行较为深入的观察和分析，并在此基础上探讨北朝复音同义词的形成原因，概括北朝反义词概况，讨论北朝复音词在补充、纠正辞书引例和释义方面的价值。博士论文凝结着徐老师的辛劳。论文于2008年3月初完成后，徐老师在3月至5月期间对论文进行了4次全面认真的修改。每一次修改，徐老师都十分强调要充分尊重学术史、严格遵守学术规范、写作和修改过程不能有半点马虎等。这些都使我终身受益。

论文完成后，北京大学朱庆之教授，南开大学马庆株教授、周荐教授，南京大学汪维辉教授，浙江大学方一新教授，东北师范大学张世超教授对论文提出了非常中肯的修改意见和建议。马庆株教授和汪维辉教授还不辞劳苦到长春主持我和其他几位同学的论文答辩，与吉林大学徐正考教授、李守奎教授、武振玉教授一起，再次对论文进行指导，使论文避免了不少失误。在此向各位先生表示衷心的感谢！当年给我们授课、进行开题指导、参加论文答辩的深受同学们尊敬的柳英绿老师已于去年不幸病逝，在此对柳老师表示深切的怀念。

在吉大攻读硕士和博士学位期间，有幸聆听了王光全、吕明臣、刘富华、武振玉、宁继福等先生的教诲，我还参加了吉大古籍所多位老师有关课程的学习，获益良多。吉大图书馆、文学院及古籍所资料室藏书丰富，负责老师服务细心周到，给我的论文写作提供了极大的方便。在吉大学习期间师兄赵海宝博士给予了多方面的热情帮助。

在论文写作过程中得到了于飞博士、石彦霞博士、史维国博士、李振东博士等的帮助，于飞博士通读了初稿全文，石彦霞博士通读了绪论部分，他们都提出了很好的修改意见。在吉大学习期间，由于经常在一起上课和参加学术报告的机缘，我和吉大古籍所一些同学有较多的联系，特别是与现在吉大古籍所工作的历史学博士刘军副教授交流甚多，他在秦汉魏晋南北朝史领域功力深厚，成果颇丰。多年来，在与刘军博士的交流中我得到了多方面的启发和教益。

到平顶山学院工作后，我一方面继续从事北朝汉语词汇研究，另一方面主要围绕河南地方文献开展了一些研究工作。清代中期文学家李绿园撰著的优秀长篇小说《歧路灯》，是研究近代汉语和河南方言的极其宝贵的资料，也是学校人文社会科学的重要研究领域之一，2010年以来学校多次举办"海峡两岸《歧路灯》学术研讨会"，推进《歧路灯》的研究。在这种学术背景下，《歧路灯》语言研究成了我的主要研究方向，先后发表了十余篇《歧路灯》研究学术论文，并于2022年出版学术专著《〈歧路灯〉清代抄本异文研究》。

为加强学科建设，平顶山学院新闻与传播学院于2020年底将《北朝汉语复音词研究》作为河南省重点学科"广播电视艺术学"和河南省高等学校人文社会科学重点研究基地"伏牛山文化圈研究中心"的

后　记

学术成果予以资助，2022年6月和中国社会科学出版社达成出版协议，这使我有机会对多年前的博士论文进行一次认真全面的修改。在保持博士论文基本框架不变的情况下，经过反复核对全部词语例句和参考文献引文，修改完善表述的不妥之处，增加"词语索引"，终于呈现在大家面前。

在书稿修改过程中，徐老师给予了多方面的指导和帮助。平顶山学院伏牛山文化圈研究中心原主任陈建裕教授两次认真通读了书稿，提出了很好的修改意见。中国社会科学出版社张湉老师认真负责，不避烦琐往复多次审校修改，最大限度地减少了本书的疏失。中国艺术研究院张立敏教授在本书的修改出版过程中自始至终给予了多方面的指导和帮助。

在本书出版之际，感谢平顶山学院新闻与传播学院暨伏牛山文化圈研究中心对本书的支持。新闻与传播学院院长吕静教授、伏牛山文化圈研究中心主任段纳教授对本书的出版给予了大力支持。新闻与传播学院路学军教授、张玉华博士、赵鹏博士在书稿修改过程中给予了许多热情帮助。2021级播音与主持艺术专业兰怡靓同学在帮助整理"词语索引"时付出了辛勤的劳动。

从博士论文的写作到此书的出版，我得到了许多师长和友人的帮助和支持，在此向各位致以诚挚的谢意。

本书的不足之处，敬请广大读者和各位专家批评指正。

王　冰

2023年6月